Versteh Mich Bitte

Charakter- und Temperament-Typen

David Keirsey

Marilyn Bates

Vertrieb durch:

PROMETHEUS NEMESIS BOOK COMPANY
Post Office Box 2748, Del Mar, CA 92014 U.S.A.

Deutsch von Barbara M. Wolf

ISBN: 0-9606954-4-3

INHALTSVERZEICHNIS

I

VERSCHIEDENE MENSCHEN, VERSCHIEDENE CHARAKTERE

Wenn ich nicht das will, was du willst, sage mir bitte nicht, daß das, was ich will, falsch ist, oder

wenn ich an etwas anderes glaube als du, halte wenigstens einen Augenblick inne, ehe du versuchst, meine Ansicht zu berichtigen, oder

wenn unter den gleichen Gegebenheiten meine Emotionen schwächer oder stärker sind als deine, erwarte von mir nicht, entweder stärker oder weniger stark zu empfinden, oder

wenn meine Handlungen deinen Vorstellungen nicht entsprechen, so laß mich dennoch gewähren.

Ich erwarte nicht – jedenfalls im Moment noch nicht – daß du mich verstehst. Dies kann nur dann geschehen, wenn Du es aufgibst, aus mir eine Nachbildung deiner selbst machen zu wollen.

Ich bin vielleicht dein Ehepartner, deine Mutter oder dein Vater, dein Kind, dein Freund oder dein Kollege. Wenn du mir meine eigenen Wünsche oder Emotionen, Überzeugungen oder Handlungsweisen zugestehst, dann wirst du meinen Eigenarten gegenüber aufgeschlossener sein, so daß sie dir eines Tages weniger fremdartig oder falsch und letzten Endes sogar richtig – richtig für mich – erscheinen werden. Sich mit meiner Art abzufinden, ist der erste Schritt dahin, mich zu verstehen. Meine Art ist nicht unbedingt die richtige für dich, nur sollst du nicht länger von mir und meinem vermeintlichen Eigensinn irritiert und enttäuscht sein. Indem du mir Verständnis entgegenbringst, lernst du die Unterschiede zwischen dir und mir schätzen, wirst weniger versucht sein, mich ändern zu wollen, und sogar möglicherweise diese Unterschiede zu erhalten und zu fördern suchen.

Das zentrale Thema dieses Buches ist die Verschiedenartigkeit der Menschen. Jegliches Bemühen, einen anderen Menschen zu ändern, muß erfolglos bleiben. Zur Veränderung besteht auch kein Grund, da die Verschiedenartigkeit der Menschen eher etwas Wünschenswertes und nicht etwas Schlechtes oder Negatives bedeutet.

Die Menschen unterscheiden sich grundlegend voneinander. Sie unterscheiden sich in ihren Wünschen, ihren Motiven, ihren Absichten, ihren Zielen, ihren Wertvorstellungen, ihren Bedürfnissen, ihren Impulsen und ihrem Schaffensdrang. Sie unterscheiden sich ferner in ihren Überzeugungen, in der Art des Denkens, ihren Kenntnissen, ihrem Begriffs- und Wahrnehmungsvermögen, ihrem Verständnis, ihrer Einsichtigkeit und ihren Gedanken. Selbstverständlich müssen auch Handeln und emotionales Verhalten, die von Bedürfnissen und Überzeugungen bestimmt sind, in die Verschiedenartigkeit der Menschen mit eingeschlossen werden.

Diese Unterschiede zwischen den Menschen sind ganz offensichtlich, wenn man einmal darauf achtet, und sie rufen in uns allen ähnliche Reaktionen hervor. Wenn sich andere von uns unterscheiden – wenn ihr Verhalten anderes ist als das unsrige – schließen wir oft daraus, daß es sich bei den anderen um den Ausdruck zeitweiliger Unvernunft, Schlechtigkeit, Dummheit oder Krankheit handelt. Mit anderen Worten, wir suchen abweichendes Verhalten ganz selbstverständlich im Sinne von Mängeln oder Krankheit zu erklären. Wir sehen es als unsere Aufgabe an, diese Mängel zu beseitigen – zumindest bei denen, die uns nahestehen. Unser Pygmalion-Vorhaben besteht also darin, die Menschen, die uns etwas bedeuten, nach unserem eigenen Vorbild zu formen.

Glücklicherweise ist dieses Vorhaben nicht zu realisieren. Der Versuch, andere nach unserem Abbild zu gestalten, ist von vornherein zum Scheitern verurteilt. Das Wesen des Menschen läßt sich nicht verändern, ganz gleich wie sehr und in welcher Weise man sich darum bemüht. Die Grundzüge seines Wesens sind dem Menschen immanent, sind tief in ihm verwurzelt und unauslöschlich.

Wie könnte man von einer Schlange verlangen, daß sie sich selbst verschlingt? Verlangt man von einem Menschen, daß er sein Wesen ändert – daß er sein Denken und Wollen ändert –, so verlangt man das Unmögliche, da ja das Denken und das Wollen die Voraussetzung für ein verändertes Denken und Wollen darstellen. Das Wesen in seinen Grundzügen kann sich nicht einer Selbstwandlung unterziehen.

Obwohl gewisse Veränderungen möglich sind, stellen diese aber lediglich Nuancen der bestehenden Grundmerkmale dar. Durch das Entfernen der Fangzähne wird aus dem Löwen keine zahme Hauskatze, sondern ein zahnloser Löwe. Unsere Bemühungen, den Ehegefährten, den Nachkömmling oder andere umzuformen, können Veränderungen bei ihnen bewirken, aber das Ergebnis ist nicht eine Umwandlung, sondern eine Entstellung.

Die Ansicht, daß sich die Menschen im wesentlichen gleichen, scheint eine Vorstellung des zwanzigsten Jahrhunderts zu sein. Dieser Gedanke ist wahrscheinlich im Zusammenhang mit der Entwicklung der Demokratie in der westlichen Welt zu erklären. Wenn Gleichheit für alle gilt, so müßte das auch bedeuten, daß sich alle Menschen gleichen. Freud war der Überzeugung, daß Eros als Triebfeder unser aller Verhalten bestimmt und daß die scheinbar "edleren" Motive eine verhüllte Form von Eros darstellen. Freuds Mitarbeiter und Nachfolger modifizierten seine Meinung, obwohl die meisten von ihnen an dem Gedanken einer allein bestimmenden Motivation festhielten. Adler setzte anstelle des Freudschen Libido den Machttrieb. Sullivan, der Adlers spätere These übernahm, sah das Zusammengehörigkeitsbedürfnis als die grundlegende instinktive Triebkraft menschlichen Verhaltens an. Schließlich kamen die Existentialisten (z.B. Fromm) mit der Suche nach dem Selbst. Jeder von ihnen berief sich auf das Instinktive als Antriebskraft und darauf, daß jeweils ein Instinkt die primäre Triebkraft für das Verhalten aller Menschen darstellt.

Im Jahre 1920 machte Jung deutlich, daß er anderer Meinung war. Er vertrat die Ansicht, daß sich die Menschen auf fundamentale Weise voneinander unterscheiden, obwohl ihnen die gleichen zahlreichen Instinkte (Archetypen) als innere Antriebskräfte eigen sind. Keiner dieser Instinkte nimmt jedoch eine vorrangige Stellung ein. Bedeutsam hingegen ist es, welcher Funktionsweise wir den Vorzug geben. Die Bevorzugung einer bestimmten Funktion ist für den einzelnen charakteristisch, so daß man ihn aufgrund dessen typisieren kann. Somit schuf Jung die "Funktionstypen" oder "psychologischen Typen".

Im Jahre 1907 erklärte Adickes, daß der Mensch in vier Weltanschauungen einzuteilen ist: die dogmatische, agnostische, traditionale, und innovative. Kretschmer erklärte 1920, daß abnormes Verhalten vom Character bestimmt wird, das ähnlich wie bei Adickes in vier Gruppen eingeteilt wurde: das überempfindliche, unempfindliche, melancholische, und hypomanische. Somit sind manche Menschen von Natur aus übermäßig sensibel und manche übermäßig gefühllos, manche zu ernst und manche zu leicht erregbar. Adler wies etwa 1920 darauf hin, daß Menschen, die verärgert oder ungehalten sind, vier verschiedene "irrtümliche Ziele" verfolgen, nämlich Aufmerksamkeit, Überlegenheit, Unzulänglichkeit und Vergeltung. Spränger sprach 1920 gleichermaßen von vier verschiedenen Werten, nach denen sich die Menschen gruppieren lassen, nämlich die religiösen, theoretischen, wirtschaftlichen und künstlerischen. So ließ sich zu Beginn des 20. Jahrhunderts ein kurzzeitiges Wiederaufleben einer Anschauung beobachten, die vor mehr als zweitausend Jahren von Hippokrates vertreten wurde. In seinem Versuch, menschliches Verhalten zu erklären, sprach Hippokrates von vier Temperamenten – dem cholerischen, phlegmatischen, melancholischen und sanguinischen –, denen die von Adickes, Kretschmer, Adler und Spränger eindeutig entsprechen.

Um 1930 waren die Anschauungen von Jung ebenso wie die von Adickes, Kretschmer, Adler, Spränger, und Hippokrates in Vergessenheit geraten. Sie wurden abgelöst durch die sogenannte "dynamische" Psychologie einerseits und den "Behaviorismus" andererseits. Verhalten suchte man nun als die Folge unbewußter Motive oder Erfahrungen oder beider zu erklären. Die Idee der Temperamente wurde aufgegeben.

Das Wiederaufleben dieser Idee in den 50er Jahren geschah rein zufällig. Isabel Myers befaßte sich mit Jungs Buch der psychologischen Typen, und zusammen mit ihrer Mutter, Katheryn Briggs, entwickelte sie den "Myers-Briggs Type Indicator", ein Instrumentarium zur Identifikation sechzehn verschiedener Handlungsweisen. Dieser Test wurde derart weitverbreitet angewandt, daß er ein internationales Interesse an der Idee der Menschentypen und ein erneutes Interesse an Jungs Theorie der psychologischen Typen bedingte. Ebenso erweckte er ein erneutes Interesse an der antiken Theorie der vier Temperamente, da die Myers-Briggs-Typen den vier Temperamenten von Hippokrates, Adickes, Kretschmer, und Spränger genau entsprachen.

Angenommen die Menschen unterscheiden sich in ihrem Temperament, und ihre Verhaltensweise ist ihnen ebenso angeboren wie ihr Körperbau. Dann tun wir anderen Unrecht, wenn wir annehmen, ihr unterschiedliches Verhalten sei auf Mängel oder Krankheit zurückzuführen. Indem wir andere auf diese Weise mißverstehen, wird auch für uns die Möglichkeit geringer, ihr Verhalten vorherzusagen. Auch sind wir nicht einmal in der Lage, andere zu belohnen, sollten wir das wünschen, weil das, was uns als Belohnung erscheint, für den anderen wahrscheinlich eine belanglose Sache ist. Um den Vorsatz eines Sprichwortes wie "jedem das Seine" auszuführen, bedarf es großer Anstrengungen, damit wir letztendlich erreichen, die Unterschiede zwischen den Menschen als etwas anderes als Fehler oder Mängel zu betrachten.

Anstrengungen dieser Art zahlen sich in der Weise aus, daß man zum Beispiel in der Lage ist, seinen Ehepartner als einen anderen Menschen zu betrachten – als einen Menschen, den man nicht unbedingt versteht, der uns etwas rätselhaft erscheint, den wir aber in zunehmenden Maße zu schätzen wissen. In ähnlicher Weise lernt man seine Kinder, Eltern, Vorgesetzten, Untergebenen, Kollegen und Freunde schätzen. Man kann hierbei nur gewinnen und nichts verlieren.

Zunächst aber ist eine Selbsterforschung notwendig, denn nur wer eine gute Selbstkenntnis besitzt, wird auch in der Lage sein, andere Menschen richtig einzuschätzen. Dem Leser helfen, dieses Buch mit mehr persönlichem Bezug als sonst möglich zu lesen.

Das Formular zur Eintragung der Antworten befindet sich auf Seite 15; zusätzliche Formulare befinden sich am Schluß des Buches. Entscheiden Sie sich für Antwort a oder b und kreuzen Sie das entsprechende Feld an. Die Anleitung zur Auswertung des Fragebogens befindet sich auf Seite 15. Hierbei gibt es weder richtige noch falsche Antworten; etwa die Hälfte der Befragten wählt die Antwort, für die Sie sich entscheiden.

Der Keirsey-Temperament-Test

1. Suchen Sie bei einer Party den Kontakt mit

a) möglichst vielen, einschließlich Fremden

b) nur wenigen, die Sie kennen

2. Sind Sie eher

a) realistisch als spekulativ

b) spekulativ als realistisch

3. Ist es schlimmer,

a) sich Träumereien hinzugeben

b) sich in einem immer gleichen Trott zu bewegen

4. Sind Sie mehr beeindruckt von

a) Prinzipien b) Emotionen

5. Fühlen Sie sich mehr hingezogen zu dem, was Sie

a) überzeugt b) berührt

6. Bevorzugen Sie das Arbeiten

a) nach Terminvorgabe b) wann auch immer

7. Treffen Sie eine Wahl

a) eher überlegt b) eher impulsiv

8. Bei einem geselligen Zusammensein

a) bleiben Sie lange mit Energiezunahme

b) gehen Sie frühzeitig mit Energieverlust

9. Was zieht Sie mehr an:

a) vernünftige Menschen b) einfallsreiche Menschen

10. Sind Sie mehr interessiert an dem, was

a) tatsächlich ist b) möglich ist

11. Lassen Sie sich in der Beurteilung anderer mehr beeinflussen

a) von festen Regeln als von Umständen

b) von Umständen als von festen Regeln

12. Treten Sie anderen eher

a) objektiv entgegen b) persönlich entgegen

13. Sind Sie vorwiegend

a) pünktlich b) nachlässig

14. Beunruhigt es Sie mehr, wenn die Dinge

a) unvollendet sind b) vollendet sind

15. Sind Sie in Ihrem Bekanntenkreis in dem, was andere betrifft,

a) auf dem Laufenden

b) nicht auf dem neuesten Stand

16. Verrichten Sie die alltäglichen Dinge vorwiegend

a) auf die allgemein übliche Art und Weise

b) auf Ihre eigene Art und Weise

17. Schriftsteller sollten sich

a) klar und unmißverständlich ausdrücken

b) mehr unter Zuhilfenahme von Analogien ausdrücken

18. Was spricht Sie mehr an:

a) konsistentes Denken

b) harmonische menschliche Beziehungen

19. Fällt es Ihnen leichter,

a) Urteile auf logischer Basis zu treffen

b) Werturteile zu treffen

20. Sehen Sie Angelegenheiten lieber

a) abgeschlossen und entschieden

b) schwebend und noch nicht entschieden

21. Sehen Sie sich selbst als eher

a) ernsthaft und bestimmt

b) lässig und unbekümmert

22. Wenn Sie telefonieren,

a) machen Sie sich selten Gedanken darüber, daß möglichst alles gesagt wird

b) präparieren Sie sich vorher auf das, was Sie sagen wollen

23. Fakten

a) sprechen für sich

b) veranschaulichen Prinzipien

24. Visionäre haben

a) etwas Beunruhigendes b) etwas Faszinierendes

25. Sind Sie vorwiegend

a) besonnen b) warmherzig

26. Ist es schlimmer,

a) ungerecht zu sein b) unbarmherzig zu sein

27. Sollte man in der Regel Ereignisse

a) durch sorgfältiges Abwägen und Auswählen geschehen machen

b) wahllos und zufällig geschehen lassen

28. Fühlen Sie sich wohler,

a) nachdem Sie gekauft haben

b) noch die Möglichkeit zum Kauf zu haben

29. Verhalten Sie sich in Gesellschaft so, daß Sie

a) den ersten Schritt tun, die Unterhaltung in Gang zu bringen

b) warten, bis Sie angesprochen werden

30. Ein gesunder Menschenverstand ist

a) selten in Frage zu stellen b) häufig in Frage zu stellen

31. Ist es so, daß Kinder häufig

a) sich nicht nützlich genug machen

b) nicht genügend Gebrauch von ihrem Vorstellungsvermögen machen

32. Treffen Sie Entscheidungen lieber auf der Grundlage von

a) Normen b) Gefühlen

33. Sind Sie eher

a) standfest und bestimmt

b) gütig und liebenswürdig

34. Was ist bewundernswerter:

a) die Fähigkeit, zu organisieren und systematisch vorzugehen

b) die Fähigkeit, sich anzupassen und sich zu behelfen

35. Was schätzen Sie mehr:

a) das Endgültige b) das Uneingeschränkte

36. Neue und nicht gewohnheitsmäßige Interaktion mit anderen bedeutet für Sie

a) Anregung und Antrieb b) Belastung Ihrer Reserven

37. Sind Sie häufiger

a) ein praktischer Mensch

b) ein schwärmerischer Mensch

38. Sind Sie eher geneigt,

a) in anderen das für Sie Nützliche zu sehen

b mit den Augen anderer zu sehen

39. Was ist für Sie befriedigender:

a) eine Sache eingehend zu diskutieren

b) zur Einigung in einer Sache zu gelangen

40. Wovon werden Sie vorwiegend geleitet:

a) Ihrem Verstand b) Ihrem Herzen

41. Welche Art der Arbeit ist für Sie angenehmer:

a) die vertraglich festgelegte

b) die zwanglos ausgeführte

42. Neigen Sie dazu, Ihre Aufmerksamkeit mehr

a) dem Ordnungsgemäßen zu schenken

b) dem, was sich gerade so ergibt, zu schenken

43. Haben Sie lieber

a) viele Freunde mit kurzzeitigem Kontakt

b) einige Freunde mit länger andauerndem Kontakt

44. Wodurch lassen Sie sich eher leiten:

a) durch Fakten b) durch Prinzipien

45. Woran sind Sie mehr interessiert:

a) an Produktion und Vertrieb

b) an Design und Forschung

46. Welches ist das größere Kompliment:

a) "er ist ein sehr logischer Mensch"

b) "er ist ein sehr sentimentaler Mensch"

47. Schätzen Sie an sich selbst mehr,

a) daß Sie unerschütterlich sind

b) daß Sie hingebungsvoll sind

48. Bevorzugen Sie häufiger

a) die endgültige Erklärung b) die vorläufige Erklärung

49. Fühlen Sie sich wohler,

a) nachdem Sie eine Entscheidung getroffen haben

b) bevor Sie eine Entscheidung getroffen haben

50. Ist es so, daß

a) es Ihnen leichtfällt, sich eingehend mit Fremden zu unterhalten

b) Sie Fremden gegenüber wenig zu sagen wissen

51. Verlassen Sie sich eher auf Ihre

a) Erfahrungen b) Ahnungen

52. Glauben Sie von sich, daß Sie

a) eher praktisch als einfallsreich sind

b) eher einfallsreich als praktisch sind

53. Welcher Mensch verdient das größere Kompliment:

a) der mit klarem Verstand

b) der mit intensiven Gefühlen

54. Neigen Sie mehr dazu,

a) fair zu sein b) mitfühlend zu sein

55. Ist es meistens besser,

a) die Dinge zu arrangieren

b) die Dinge einfach geschehen zu lassen

56. In einer Beziehung sollten

a) die meisten Angelegenheiten wiederverhandelt werden können

b) Angelegenheiten eher den Umständen entsprechend behandelt werden

57. Wie verhalten Sie sich beim Läuten des Telefons:

a) Sie beeilen sich, um als erster den Hörer abzunehmen

b) Sie hoffen, daß ein anderer den Hörer abnehmen wird

58. Was schätzen Sie an sich selbst mehr:

a) einen ausgeprägten Sinn für Realität

b) ein lebhaftes Vorstellungsvermögen

59. Was zieht Sie mehr an:

a) das Fundamentale b) "die Zwischentöne"

60. Welcher erscheint Ihnen als der größere Fehler:

a) zu leidenschaftlich zu sein b) zu objektiv zu sein

61. Sehen Sie sich selbst als grundsätzlich

a) unsentimental b) weichherzig

62. Welche Situation sagt Ihnen mehr zu:

a) die strukturierte und planmäßige

b) die unstrukturierte und unplanmäßige

63. Sind Sie ein Mensch, der eher

a) gleichbleibend als launenhaft ist

b) launenhaft als gleichbleibend ist

64. Sind Sie meistens

a) eicht ansprechbar b) etwas reserviert

65. Bevorzugen Sie in schriftlichen Abfassungen

a) mehr das Wortgetreue b) mehr die Bildsprache

66. Was fällt Ihnen schwerer:

a) sich mit anderen zu identifizieren

b) sich andere zunutze zu machen

67. Was wünschen Sie sich selbst mehr:

a) einen klaren Verstand b) starkes Mitgefühl

68. Welcher ist der größere Fehler:

a) kritiklos zu sein b) kritisch zu sein

69. Bevorzugen Sie

a) geplante Ereignisse b) ungeplante Ereignisse

70. Neigen Sie mehr dazu,

a) vorsätzlich als spontan zu handeln

b) spontan als vorsätzlich zu handeln

Antwortbogen

Tragen Sie für jede Antwort in der Spalte für A bzw. B ein Kreuzchen ein.

	A	B		A	B		A	B		A	B		A	B		A	B		A	B
1			2			3			4			5			6			7		
8			9			10			11			12			13			14		
15			16			17			18			19			20			21		
22			23			24			25			26			27			28		
29			30			31			32			33			34			35		
36			37			38			39			40			41			42		
43			44			45			46			47			48			49		
50			51			52			53			54			55			56		
57			58			59			60			61			62			63		
64			65			66			67			68			69			70		
1			2 3			4 3			4 5			6 5			6 7			8 7			8

1 2 — 3 4 — 5 6 — 7 8

E I — **S N** — **T F** — **J P**

Anleitung zur Auswertung

1. Addieren Sie vertikal, so daß die Gesamtzahl der "A"-Antworten in dem dafür vorgesehenen Feld am unteren Ende der jeweiligen Spalte erscheint (bitte umseitiges Beispiel beachten). Verfahren Sie gleichermaßen mit den "B"-Antworten. Jedes der 14 Felder sollte eine Zahl enthalten.

2. Übertragen Sie die Zahl von Feld Nr.1 auf das darunterliegende Feld Nr.1. Verfahren Sie gleichermaßen mit Feld Nr.2. Beachten

Sie jedoch, daß jeweils zwei Zahlen in den Feldern 3 bis 8 vorhanden sind. Übertragen Sie die Zahl des ersten dieser Felder auf das jeweils darunterliegende Feld der nächsten Spalte, so, wie es anhand der Pfeile gekennzeichnet ist. Addieren Sie nun alle Zahlenpaare und tragen Sie die Summe in die untersten Felder des Fragebogens ein, so daß jedes der Felder nur eine Zahl enthält.

3. Das ergibt vier Zahlenpaare. Versehen Sie den Buchstaben unter der jeweils größeren Zahl jedes Zahlenpaares mit einem Kreis (als Beispiel bitte nachfolgenden Fragebogen beachten). Falls beide Zahlen eines Paares gleich sind, umkreisen Sie keine von ihnen, sondern schreiben ein großes X darunter und kreisen dieses ein.

	A	B		A	B		A	B		A	B		A	B		A	B		A	B
1	×		2	×		3	×		4		×	5		×	6	×		7		×
8	×		9	×		10	×		11		×	12		×	13	×		14	×	
15	×		16	×		17	×		18		×	19		×	20	×		21	×	
22		×	23	×		24	×		25		×	26		×	27	×		28	×	
29	×		30	×		31		×	32		×	33		×	34	×		35	×	
36	×		37	×		38	×		39		×	40		×	41	×		42	×	
43		×	44		×	45	×		46		×	47		×	48	×		49		×
50	×		51	×		52	×		53		×	54	×		55	×		56	×	
57	×		58	×		59	×		60		×	61		×	62	×		63		×
64	×		65	×		66		×	67		×	68		×	69	×		70	×	
1	8	2	2 3	9	1	4 3	8	2	4 5	0	10	6 5	1	9	6 7	10	0	8 7	7	3
							9	1					0	10					10	0

1	8	2	2	3	17	3	4	5	1	19	6	7	17	3	8
	(E)	I			(S)	N			T	(F)			(J)	P	

Sie haben nun bestimmt, welcher Typus Sie sind. Es sollte sich um eine der folgenden Möglichkeiten handeln:

ESTP	ESTJ	ENTJ	ENFJ
ISTP	ISTJ	INTJ	INFJ
ESFP	ESFJ	ENTP	ENFJ
ISFP	ISFJ	INTP	INFP

Falls sich in Ihrer Typusbezeichnung ein X befindet, handelt es sich um einen Mischtypus. Ein X kann in jedem der vier Paare erscheinen: E oder I, S oder N, T oder F und J oder P. Daher gibt es außer den bereits genannten 16 Typen 32 gemischte Typen:

XNTP	EXTP	ENXP	ENTX
XNTJ	EXTJ	INXP	INTX
XNFP	EXFP	ENXJ	ENFX
XNFJ	EXFJ	INXJ	INFX
XSTP	IXTP	ESXP	ESTX
XSTJ	IXTJ	ISXP	ISTX
XSFP	IXFP	ESXJ	ESFX
XSFJ	IXFJ	ISXJ	ISFX

Nachdem der Typus bestimmt wurde, besteht die Aufgabe darin, dessen Beschreibung zu lesen und zu entscheiden, wie genau oder ungenau diese zutrifft. Die Beschreibung oder das Porträt Ihres Typus finden Sie auf der im Inhaltsverzeichnis angegebenen Seite. Sollte zum Beispiel bei E und I die gleiche Punktzahl erreicht werden, wobei es sich angenommenerweise um den Typus XSFJ handelt, so lesen Sie beide Porträts – das des ESFJ und das des ISFJ – und entscheiden für sich selbst, welche Teile der beiden Beschreibungen auf sie zutreffen.

Man kann unter Umständen auch davon profitieren, die Beschreibung des gegensätzlichen Typus zu lesen, um zu erfahren, wie die Dinge "auf der anderen Seite" aussehen. (Wie man im Anschluß an das Lesen der eigenen Typusbeschreibung verfährt, hängt im wesentlichen vom Temperament ab. Während manche zuerst einige der weiteren Typenbeschreibungen lesen, wenden sich andere zunächst einmal dem allgemeinen Text des Buches zu. Wieder andere verzichten völlig darauf, die sie nicht betreffenden Typenbeschreibungen zu lesen.) Wie sich später zeigen wird, ist es nützlich, wenn der Leser unter vier Temperamenttypen zu unterscheiden vermag. Es ist also keineswegs notwendig, die feineren Unterschiede zu kennen. Nur wer sich eingehend mit der Thematik beschäftigt, wird auch davon profitieren, die Feinheiten unterscheiden zu können.

Die vier Paare gegensätzlicher

Grundhaltungen Nachdem man die Beschreibung des eigenen Typus und möglicherweise auch einige andere Typenbeschreibungen gelesen hat, wird man sich fragen, worauf der "Temperament-Test" oder "type indicator" eigentlich beruht. Was meinte Jung mit Extraversion (E), Introversion (I), Empfindung (S), Intuition (N), Denken (T), Fühlen (F), Wahrnehmung (P) und Urteilen (J)?

Erstens ist zu bemerken, daß Jung nicht sagte, der Mensch müsse entweder die eine oder die andere dieser Grundeinstellungen aufweisen, sondern daß er jeweils beide Mechanismen besitze – den der Extraversion und den der Introversion, den des Denkens und den des Fühlens usw. – und nur das relative Überwiegen des einen oder des anderen mache den Typus aus.

Zweitens sagte Jung nicht, daß das Ausmaß des Überwiegens der einen oder anderen Grundeinstellung oder -funktion unabänderlich sei. Die Neigung zu dieser oder jener Grundeinstellung kann sich im Laufe der Zeit verstärken oder abschwächen, wobei nicht ganz klar ist, was Jung unter "Neigung" versteht, außer daß der Mensch aus irgendwelchen Gründen diese und nicht jene Art des Tuns und Seins wählt.

Drittens ist die Frage, ob diese Neigungen angeboren sind oder sich zufällig in der frühen Kindheit und Jugend entwickelt haben, unbeantwortet geblieben. Jung war offensichtlich von ersterem überzeugt, obwohl er seine Meinung zu diesem Punkt nicht klar äußerte.

Ob nun angeboren oder erworben, die "Funktionen" entwickeln sich laut Jung, indem man sie gebraucht. Das heißt also, je häufiger man beispielsweise von der Intuition Gebrauch macht, desto stärker prägt diese sich aus. Je häufiger man die Gefühle walten läßt, desto mehr gewinnen diese die Oberhand. Das gleiche gilt für den umgekehrten Fall: wenn man das Denken oder Urteilen oder irgendeine der anderen Funktionen nicht benutzt, können sich diese nicht entwickeln und rosten sozusagen ein. Dies ist eine interessante Hypothese, die näher untersucht werden sollte.

Jungs Typologie ist auf jeden Fall insofern wichtig, als sie beschreibt, wie sich die Menschen in ihren Neigungen unterscheiden. Wie zutreffend Jungs Bezeichnungen für diese Neigungen sind, ist dabei von untergrordneter Bedeutung.

Extraversion und Introversion

Wer sich an anderen Menschen orientiert und durch sie Energie erhält, neigt wahrscheinlich zur Extraversion, während derjenige, der die Einsamkeit zum Schöpfen neuer Energie bevorzugt, einen Hang zur Introversion besitzt. Die hier gewählte Abkürzung für Extraversion ist der Buchstabe E und für Introversion der Buchstabe I.

Ursachen von Mißverständnissen: Extravertierte, die ein Bedürfnis nach Geselligkeit haben, scheinen Antrieb und Energie durch andere Menschen zu erhalten. Mit anderen Menschen zu sprechen, sich mit ihnen zu vergnügen oder mit ihnen zu arbeiten, vermittelt dem Extravertierten neue Kraft und Anregung. Extravertierte fühlen sich einsam, wenn sie nicht mit Menschen in Kontakt stehen. Verläßt ein extrem extravertiert Veranlagter gegen zwei Uhr morgens eine Party, kann er durchaus in der Stimmung sein, eine weitere aufzusuchen. Seine "Batterie" ist durch die Energie, die ihm aufgrund des Umgangs mit anderen zuteil wurde, fast "überladen".

Während der Extravertierte zur Geselligkeit neigt, ist der Introvertierte territorial veranlagt. Das heißt, er hat das Verlangen nach Distanz – er benötigt eine geistige und eine räumliche Privatsphäre. Introvertierte scheinen ihre Energien aus anderen Quellen als Extravertierte zu beziehen. Sie gehen Einzelbetätigungen nach, arbeiten still und ruhig allein, lesen, meditieren und beteiligen sich an Aktivitäten, die sich nur in geringem Maße oder gar nicht mit anderen Menschen befassen. Dies scheint dem Introvertierten zum "Aufladen" seiner "Batterie" zu verhelfen. Wenn also ein extrem introvertiert Veranlagter an einer Party teilnimmt, so ist er nach Ablauf einer gewissen Zeitspanne – sagen wir, nach einer halben Stunde – bereit, nach Hause zu gehen. Für ihn ist die Party vorüber. Er versucht dabei jedoch nicht, sich vor der Party zu drücken, sondern fühlt sich durch sie erschöpft.

Auch bei den Introvertierten kann ein Gefühl der Einsamkeit auftreten, und zwar dann, wenn sie sich unter Menschen befinden. Sie fühlen sich am meisten "allein", wenn sie von Menschen umgeben sind, besonders wenn es sich dabei um Fremde handelt. Beim Warten in einem überfüllten Flughafengebäude oder bei dem Versuch, sich auf einer lebhaften Cocktailparty zu amüsieren, erfahren manche Introvertierte ein starkes Gefühl der Isolation und des Abgetrenntseins. Dies bedeutet jedoch nicht, daß Introvertierte nicht gern mit Menschen zusammen sind. Sie mögen das Zusammensein mit anderen, jedoch zehrt es ihre Energien in einer Weise auf, wie dies bei Extravertierten nicht vorkommt. Introvertierte brauchen ruhige Orte und Einzelbeschäftigungen, um sich zu regenerieren, während Extravertierte durch derartige Aktivitäten ermüden. Falls der Letztere zum Beispiel Nachforschungen in einer Bücherei betreiben will, könnte es seiner ganzen Willenskraft bedürfen, sich selbst davon abzuhalten, nach etwa einer viertel Stunde bereits eine "kleine Gedankenpause" einzulegen und ein Gespräch mit der Bibliothekarin anzufangen. Bei Introvertierten ist das Gegenteil der Fall, indem sie nur begrenzte Zeit den persönlichen Verkehr mit anderen aufrechterhalten können, bevor ihre Reserven erschöpft sind.

Die Frage, die immer wieder gestellt wird, ist folgende: "Besitzt der Extravertierte nicht auch eine introvertierte, und der Introvertierte eine extravertierte Seite?" Ja, natürlich. Jedoch ist die bevorzugte Einstellung – ob Extraversion oder Introversion – die höherwertige, während die andere die "unterdrückte Minorität" darstellt. Die bevorzugte Einstellung ist immer der Ausdruck der bewußten Persönlichkeit, ihre Absicht, ihr Wille und ihre Leistung, während die unterdrückte Minorität (die minderdifferenzierte Einstellung) geringeres Bewußtsein besitzt und zu den Dingen gehört, die "einem passieren". Diese unterdrückte Seite des Temperaments eines Menschen ist weniger differenziert und erhält weniger Antrieb. Sie neigt somit dazu, primitiv und unterentwickelt zu sein. Jung behauptet sogar, daß bei einem Kind, welches vonseiten der Mutter unter Druck gesetzt und dazu gezwungen wird, seine minderwertige Seite auszuleben, aufgrund dieser Typusverfälschung spätere Störungen auftreten.

Die zur Extraversion Neigenden machen etwa 75 Prozent der Bevölkerung aus (Bradway, 1964). Nur 25 Prozent der Bevölkerung geben laut Myers an, zur Introversion zu neigen (Bradway, 1964). Die westliche Kultur scheint in der Tat das aus sich herausgehende, gesellige Temperament gutzuheißen. Der Wunsch oder das Verlangen nach Zurückgezogenheit wird oft als Ausdruck einer unfreundlichen Haltung und allein ausgeübte Betätigungen als eine Art des Zeittotschlagens gewertet – eine Art der Beschäftigung, wenn es nichts besseres zu tun gibt. Dieses "Bessere" wird stets als etwas, das menschliche Beziehungen beinhalt, definiert. Infolgedessen werden die Introvertierten oft als die "häßlichen Entlein" der Gesellschaft betrachtet, in der die Mehrzahl die Geselligkeit liebt. Es gibt die Geschichte einer Mutter, die man in einer Abwehrhaltung laut und vernehmlich protestieren hörte: "meine Tochter ist nicht introvertiert. Sie ist ein hübsches Mädchen!"

Introvertierte haben berichtet, einen großen Teil ihres Lebens geglaubt zu haben, daß sie eigentlich ein größeres Verlangen nach Geselligkeit verspüren sollten. Da dies jedoch nicht so war, fühlten sie sich tatsächlich als "häßliche Entlein", die nie ein Schwan werden können. Daraus folgt, daß Introvertierte ihr berechtigtes Verlangen nach Territorialität, nach Distanz, selten in ausreichendem Maße befriedigen können, ohne dabei ein vages Schuldgefühl zu verspüren.

Schlüsselworte: Der Hauptbegriff, der den Extravertierten vom Introvertierten unterscheidet, ist Geselligkeit im Gegensatz zu Territorialität. Der Extravertierte findet den Begriff Breite anziehend im Gegensatz zum Introvertierten, den die Vorstellung von Tiefe anspricht. Andere Begriffe, die die Vorstellung von Breite und Tiefe unterstreichen, sind extern im Gegensatz zu intern, extensiv im Gegensatz zu intensiv, Interaktion im Gegensatz zu Konzentration, Vielfalt der Beziehungen im Gegensatz zu begrenzten Beziehungen, Verbrauch von Energie im Gegensatz zu Konservieren von Energie, Interesse an äußeren Geschehnissen im Gegensatz zu Interesse an inneren Reaktionen.

Intuition und Empfindung

Der Mensch, der von Natur aus eine Vorliebe für die Empfindung besitzt, beschreibt sich wahrscheinlich selbst in erster Linie als praktisch veranlagt, während derjenige, der von Natur aus zur Intuition neigt, sich wahrscheinlich als innovativ bezeichnet. Die Neigung zur Empfindung (sensation) wird abgekürzt durch den Buchstaben S gegennzeichnet und die Neigung zur Intuition durch den Buchstaben N (der erste Buchstabe des Wortes Intuition, I, kann nicht benutzt werden, da er Introversion bedeutet). 75 Prozent der Befragten gaben an, zur Empfindung zu neigen, während sich 25 Prozent zu einer Neigung zur Intuition bekannten (Bradway, 1964).

Ursachen von Mißverständnissen: Obwohl der Unterschied zwischen Extraversion und Introversion von großer Bedeutung für das Verständnis unserer selbst und anderer ist – besonders derer, mit denen wir zusammenleben –, so scheint dieser Unterschied im Vergleich zu dem, der zwischen Empfindung und Intuition besteht, gering zu sein. Die zwei gegensätzlichen Neigungen – Empfindung und Intuition – sind diejenigen, die am häufigsten Anlaß zu Fehlkommunikationen, Mißverständnissen, Verleumdungen und Verunglimpfungen geben. Der Unterschied zwischen diesen beiden Neigungen schafft die größte Kluft, die zwischen Menschen bestehen kann. Es handelt sich hierbei um den Unterschied, den Kretschmer so deutlich als Schizothemie und Zyklothemie erkannte. Die Schizothemiker (die Intuitiven) sind im Sinne von Sensitivität/Insensitivität, bewußter Wahrnehmung/unbewußter Wahrnehmung zu verstehen, während die Zyklothemiker (die Empfindenden) im Sinne von Fröhlichkeit/Traurigkeit, Optimismus/Pessimismus zu verstehen sind. Nach Kretschmer ist dies die fundamentale Dimension menschlicher Verschiedenheit, während es für Jung lediglich einer von vier grundlegenden Unterschieden ist.

Der zur Empfindung neigende Mensch besitzt einen ausgeprägten Tatsachensinn; er verläßt sich auf Tatsachen und behält sie im Gedächtnis. Er vertraut auf Erfahrungen und leitet sein Wissen aus Erfahrung ab, und zwar sowohl im persönlichen als auch im allgemeinen Bereich. Man könnte ihn als erdgebunden bezeichnen, als Mensch der tastbaren Wirklichkeit, als fest in der Erde verankert – als einen Irdischen. Wenn der zur Empfindung Neigende sich mit anderen unterhält, interessieren ihn deren Erfahrungen, deren Vergangenheit. Falls zum Beispiel ein zur Empfindung neigender Arbeitgeber einen Bewerber befragt, so möchte er wissen, welche Erfahrungen dieser hat. Für ihn ist dies ein wichtiger Punkt, denn kann ein Bewerber Erfahrungen nachweisen, so schafft das für den Arbeitgeber eine solide Entscheidungsbasis. Der zur Intuition neigende Arbeitgeber, andererseits, vertraut wahrscheinlich weniger auf die Erfahrungen des Bewerbers, sondern eher darauf, was dieser über die Zukunft der Organisation zu sagen hat – wie er sich in einer hypothetischen Situation verhalten würde, wo er Möglichkeiten für das Wachstum des Unternehmens sieht oder welche Vorschläge zur Lösung eines bestimmten Problems er machen kann.

Die Empfindungstypen befassen sich mit dem Tatsächlichen. Sie konzentrieren sich auf das in Wirklichkeit Geschehene, anstatt über das nachzudenken, was hätte sein können oder was in Zukunft passieren wird. Diese Menschen sind realitätsbezogen und tolerieren, wenn es sich um berufliche Angelegenheiten handelt, kein dummes Zeug. Sie sind sehr genau im Beobachten von Einzelheiten, und zwar deshalb, weil ein solcher Typus, wenn er an eine Sache herangeht, sein Augenmerk auf ganz bestimmte Dinge richtet. Dies ist bei intuitiv Veranlagten völlig anders. Treten sie an eine Situation heran, scheinen sie Menschen und Gegenstände mit den Augen zu überfliegen, sie mit flüchtigen Blicken zu streifen. Dabei nehmen sie gelegentlich nur die Dinge bewußt wahr, die in

Bezug zu dem stehen, womit sie sich augenblicklich beschäftigen, während ihnen Details, die den Empfindungstypen auffallen, entgehen.

Die Ausdrucksweise, die den Intuitiven inspiriert, findet bei dem Empfindenden keine Resonanz. Den Intuitiven spricht die Metaphorik an. Er ist oft verträumt, liest schöngeistige Literatur, mag Phantasie und Dichtung und kann die Traumdeutung faszinierend finden. Der Intuitive verhält sich so, als wäre er ein außerirdisches Wesen, das sich mit Erforschungen jenseits der Realitäten von Gegenwart und Vergangenheit befaßt. Er behält stets das Mögliche im Sinn, was auf seine Vorstellungskraft eine nahezu magnetische Wirkung ausübt. Der Intuitive ist von der Zukunft fasziniert und findet Gegenwart und Vergangenheit wenig reizvoll. Da er oft in höheren Regionen schwebt, können dem Intuitiven in bezug auf Wirklichkeitswerte größere Fehler als dem Empfindenden unterlaufen, der seinerseits seiner Umgebung mehr Aufmerksamkeit schenkt. Für den Intuitiven wartet das Leben hinter der nächsten Straßenecke, auf der anderen Seite des Hanges, jenseits des Horizonts. Er kann stundenlang über Möglichkeiten spekulieren, hat eine feine Witterung für Keimendes und Zukunftversprechendes und weiß Dinge aus dem Unbewußten heraus. Der Intuitive hat mitunter Einfälle komplizierter Natur, ohne zu wissen, wie er dazu gekommen ist. Solche Visionen, Intuitionen oder Ahnungen können sich auf jeden Bereich erstrecken – Technik, Wissenschaft, Mathematik, Philosophie, Kunst oder persönliches Gesellschaftsleben.

Natürlich haben auch die zur Empfindung neigenden Menschen Vorahnungen, aber sie schenken ihnen nur wenig Aufmerksamkeit. Nach jahrelangem Ignorieren der Intuition in der Form, daß man nicht nach ihr handelt und nicht auf sie vertraut, wird diese lediglich als als störend gewertet. Das Ignorieren dieser inneren Stimme muß man insofern büßen, als diese zunehmend schwächer wird. Diejenigen, die zu Phantasievorstellungen neigen – die Intuitiven –, müssen ihrerseits für zu langes Außerachtlassen der Wirklichkeit büßen, indem sie den Bezug zur Realität ihrer Umwelt verlieren. Der Intuitive ist stets in Erwartung. Was ist, könnte besser oder anders sein, und der augenblickliche Stand der Dinge wird von ihm nur als Stadium betrachtet. Infolgedessen erfahren Intuitive häufig ein vages Gefühl der Unzufriedenheit oder

Rastlosigkeit. Die Wirklichkeit scheint auf sie beunruhigend zu wirken und veranlaßt sie zur ständigen Suche nach Verbesserungsmöglichkeiten.

Der Intuitive kann in seinen Aktivitäten zur Sprunghaftigkeit neigen und möglicherweise dazu, Tätigkeiten nicht zu Ende zu führen. Jung (1923) beschrieb den intuitiv Eingestellten als einen, der sein Feld bestellt hat und nur allzu bald neuen Möglichkeiten nachlaufen muß, noch ehe die Saat aufgegangen ist. Anstatt bei der Sache zu bleiben und die Früchte seiner Arbeit zu ernten, wendet er sich der Bestellung des nächsten Feldes zu. Die anderen werden ernten und somit von seinen früheren Inspirationen profitieren. Daher erscheint dem zur Empfindung Neigenden die Art des Intuitiven häufig flatterhaft, unpraktisch und unrealistisch. Der Intuitive seinerseits sieht den Empfindenden oftmals als Arbeitstier und jemanden, der aufreizend langsam auf die Möglichkeiten von morgen reagiert.

Die Verschiedenartigkeit zwischen Intuitiven und Empfindenden zeigt sich besonders in ihrer Einstellung zur Kindeserziehung. Intuitive Eltern (besonders, wenn beide Elternteile intuitiv eingestellt sind) reagieren wahrscheinlich besorgt, wenn ihr Kind nur wenig Zeit mit Träumereien und Phantasievorstellungen verbringt und von Erzählungen und Sagen nicht gefangengenommen ist. Es scheint so, als erwarten diese Eltern von ihrem Sprößling die Entfaltung der gleichen Vorstellungskraft, die ihnen selbst zueigen ist, durch deren täglichen Gebrauch. Nichts schätzt der extrem intuitiv Eingestellte mehr als ein lebhaftes Vorstellungsvermögen.

Im Gegensatz hierzu sind die zur Empfindung neigenden Eltern beunruhigt, wenn ihr Kind übermäßig viel Zeit mit phantasiereichen Spielen verbringt. Es gilt, sich zu entwickeln und sich nützlich zu machen. Das Kind soll seine Zeit mit Spielen im Freien, mit Üben und, wenn es älter ist, mit Arbeiten verbringen.

Schlüsselworte: Achtet man auf die eigene Wortwahl, so läßt sich daraus sicher deutlich erkennen, wie jeder Mensch seine Neigungen mit Worten zum Ausdruck bringt. Mit der Wahl des Vokabulars und der Betonung teilt man bestimmte Wertvorstellungen mit. Menschen, die zur Empfindung (S) neigen, schätzen in der Regel Erfahrung und Erkenntnisse aus früheren Erfahrungen. Sie wollen realistisch sein, während die zur Intuition (N) Neigenden im allgemeinen Vorahnungen und Zukunftsvisionen schätzen und in der Regel spekulativ veranlagt sind. Der S-Mensch verläßt sich auf Perspiration, während der N-Mensch eher auf Inspiration vertraut. Begriffe wie wirklich, erdgebunden, nüchtern, tatsächlich, praktisch und ver- nünftig klingen für S-Menschen sehr angenehm. Worte wie möglich, faszinierend, phantasievoll erfinderisch und einfallsreich werden dagegen von N-Menschen als angenehm empfunden.

Denken und Fühlen

Menschen, die eine Wahl vorzugsweise auf unpersönlicher Basis treffen, werden nach Jung als Denktypen (T) bezeichnet und solche, die eine Wahl auf persönlicher Basis treffen, als Fühltypen (F). Beide Arten, eine Wahl zu treffen, sind notwendig und nützlich, und es ist eine Sache des persönlichen Vorzugs, welche von ihnen man anwendet. Manchen Menschen sagt die unpersönliche, objektive Art des Beurteilens mehr zu als die persönliche. Andere finden es angenehmer, aufgrund von Wertvorstellungen zu urteilen, als objektiv und logisch vorzugehen. Die extremeren unter den Fühltypen finden die logische Art abstoßend, denn unpersönlich zu sein, mutet sie als nahezu unmenschlich an. Die ausgesprochenen Denktypen auf der anderen Seite sehen die gefühlsbetonten Entscheidungen als wirrköpfig an. Beide sind durchaus beider Entscheidungarten fähig. Es handelt sich lediglich um eine Sache der Präferenz.

Ursachen von Mißverständnissen: Mehr Frauen als Männer (60 Prozent) geben an, Entscheidungen auf der Grundlage persönlicher Wirkung (F) zu treffen. Zweifellos wird in unserem Kulturkreis dieses Verhalten bei Frauen gutgeheißen. Mehr Männer als Frauen (60 Prozent) erklären, Entscheidungen auf der Grundlage von Prinzipien zu treffen, das heißt, auf logische und objektive Weise (T). Somit neigt eine größere Anzahl von Männern zum Denken und eine größere Anzahl von Frauen zum Gefühl, obwohl der hierbei bestehende Unterschied zwischen den Geschlechtern relativ gering ist und nur wenig Aufschluß über mögliches Verhalten geben kann. Die T-F Einstellungen sind das einzige Paar unter den gegensätzlichen Neigungen, bei dem sich Unterschiede zwischen Frauen und Männern feststellen lassen (Myers, 1963) und die in der Bevölkerung gleichmäßig verteilt sind (Bradway, 1964).

Menschen, die die F-Einstellung als Entscheidungsbasis benutzen, behaupten mitunter von Menschen mit T-Neigung, daß diese "herzlos" und "hartherzig" seien, daß sie scheinbar "Eis in ihren Adern" hätten, daß sie "kalt" und "entrückt" erschienen und "rein verstandesbetont und ohne die Milch der frommen Denkungsart" handelten. Auf der anderen Seite kann von denen, die eine T-Neigung aufweisen und die unpersönliche Prinzipien als Entscheidungsbasis bevorzugen, behauptet werden, F-Menschen seien "zu weichherzig", "nicht in der Lage, einen festen Standpunkt einzunehmen und sich durchzusetzen", "zu emotionell und unlogisch", "nicht in der Lage, scharf zu denken", daß sie "intellektuelle Dilettanten" und "zu offenherzig seien".

Es kann zu Mißverständnissen führen, wenn man von T- und F-Menschen erwartet, daß sie Entscheidungen auf unnatürliche Weise treffen, d.h. auf eine Art, die ihnen nicht liegt. Zum Beispiel könnte eine F-Ehefrau darauf bestehen, daß ihr T-Ehemann "seine Gefühle herausläßt", während er sich möglicherweise wünscht, sie könnte "wenigstens einmal logisch sein!" Dabei verdient es weder die eine noch die andere Art, Entscheidungen zu treffen, von der entgegengesetzten Seite herabgesetzt zu werden.

Wenn es sich darum handelt, die weniger wünschenswerte Einstellung zu entwickeln, befinden sich die Menschen mit der F-Neigung denen gegenüber im Vorteil, die eine T-Neigung besitzen. Im Schulunterricht werden die T-Bereiche in wesentlich größerem Umfang als die F-Bereiche angesprochen. Daher entwickeln sich bei denen mit einer natürlichen F- Neigung auch die T-Bereiche, während diejenigen mit einer natürlichen T-Einstellung nicht die gleichen Möglichkeiten zur Entwicklung ihrer F-Seite erhalten, wodurch diese relativ unterentwickelt bleiben kann.

Die Fühltypen werden manchmal im Vergleich mit den Denktypen als die emotional Empfindsameren betrachtet, was aber nicht den

Tatsachen entspricht. Beide Typen sind der gleichen intensiven emotionalen Reaktionen fähig, wobei der Fühltypus eher dazu neigt, seine Emotionen auch zu zeigen, so daß andere ihn als den herzlicheren und intensiverer Gefühle fähigen Menschen betrachten. Wenn der F- Typus emotional reagiert – wenn seine Hände feucht werden, wenn sein Gesicht errötet oder erblaßt, wenn er am ganzen Körper bebt, wenn sein Herz schneller schlägt und wenn er die bewußte Kontrolle über seinen Körper verliert – so bleibt dies nicht ohne Wirkung auf andere. Die emotionalen Reaktionen der F-Typen wirken in der Tat ansteckend und übertragen sich auf andere. Wenn ein T-Mensch emotional reagiert, sind die gleichen körperlichen Anzeichen bei ihm weniger offensichtlich und werden deshalb von anderen oft nicht bemerkt. Daher werden T-Menschen häufig für kühl und wenig gefühlsbetont gehalten, während sie in Wirklichkeit der gleichen starken Emotionen fähig sind wie die F-Menschen. Die T-Menschen scheinen tatsächlich manchmal von der Zurschaustellung starker Emotionen peinlich berührt zu sein, während F-Menschen an übermäßigen Gefühlsbezeigungen Gefallen finden können.

Die T- und die F-Neigung brauchen jedoch nicht zu ernsthaften Problemen in zwischenmenschlichen Beziehungen zu führen, wenn der zwischen beiden bestehende Unterschied in der Art und Weise des Entschlüssefassens verstanden und gewürdigt wird. Zweifellos können zwei Menschen sich in diesen beiden Einstellungen in einer Art und Weise ergänzen, wie dies bei den anderen Neigungen kaum möglich ist. (Zwischen den E- und I-Einstellungen sowie den N- und S-Einstellungen bestehen eher Gegensätzlichkeiten als sich ergänzende Faktoren.) Der F-Mensch braucht den T-Menschen, um die Dinge von einem anderen Standpunkt aus zu sehen und umgekehrt. Sobald ein F-Mensch begreift, daß ein T- Mensch in der Tat zu starken, wenn auch nicht immer sichtbaren, Emotionen fähig ist, und sobald ein T-Mensch erkennt, daß ein F-Mensch tatsächlich logisch zu denken vermag, auch wenn er seine Logik nicht immer zum Ausdruck bringt, so werden sich die Mißverständnisse zwischen ihnen verflüchtigen.

Schlüsselworte: Die Menschen, die es vorziehen, auf unpersönliche Weise Entscheidungen zu treffen (T-Eingestellte), sind in der Regel empfänglich für Begriffe wie Objektivität, Prinzipien, Richtlinien, Gesetze, Kriterien und Standfestigkeit, während diejenigen, für die beim Treffen einer Entscheidung die Auswirkungen dieser Entscheidung auf die eigene Person und auf andere Menschen maßgeblich ist (F-Eingestellte), reagieren im allgemeinen positiv auf Begriffe wie Subjektivität, individuelle Wertvorstellungen, gesellschaftliche Werte, mildernde Umstände, Intimität und Überzeugung. T-Menschen machen vorwiegend von der unpersönlichen Methode Gebrauch, während F-Menschen im Umgang mit anderen Menschen und Objekten die persönliche Art bevorzugen. T-Menschen mögen die Bedeutung solcher Worte und Begriffe wie Gerechtigkeit, Kategorien, Normen Kritik, Analyse, Zuteilung, während Menschen mit einer F-Neigung auf den Klang solcher Worte wie human, harmonisch, gut oder schlecht, Anerkennung, Anteilnahme und Hingabe ansprechen. Der zum T Neigende gibt im allgemeinen objektiven Kriterien den Vorzug und zeichnet sich dadurch aus, daß er gut argumentieren kann und andere durch Logik, anstatt durch Appellieren an ihre Emotionen, für seinen Standpunkt zu gewinnen sucht. Dem zum F-Neigenden liegt das Überzeugen, und er legt als Entscheidungsbasis die persönliche Wirkung der Entscheidung auf die Menschen seiner Umgebung zugrunde.

Urteilen und Wahrnehmen

Frage: Bevorzuge ich es, Angelegenheiten zu erledigen und abzuschließen, oder ziehe ich es vor, die Entscheidung offen zu lassen und beweglich zu bleiben?

Diejenigen, die die Dinge gern zum Abschluß bringen, gehören in der Regel zu den urteilenden Typen (J). Solche, die Entscheidungen vor sich herschieben und die Dinge lieber offen und beweglich halten, sind im allgemeinen die wahrnehmenden Typen (P). Der J-Mensch neigt dazu, eine gewisse Dringlichkeit an den Tag zu legen, solange eine Entscheidung noch schwebt. Er fühlt sich erst dann erleichtert, wenn er sie getroffen hat. Im Gegensatz hierzu verhält sich der zum P neigende Mensch eher zurückhaltend, wenn es um Entscheidungen geht. Ihm geht es dabei um die Gewinnung zusätzlicher Daten, die ihm eine Entscheidungsgrundlage bieten. Dies hat zur Folge, daß P-Menschen beim Treffen von Entscheidungen oft ein Gefühl des Unbehagens und der Unruhe befällt, während J-Menschen in der gleichen Situation ein Gefühl der Erleichterung und der Zufriedenheit verspüren.

J-Typen sind geneigt, Fristen zu setzen und diese ernst zu nehmen, was sie auch von anderen erwarten. P-Typen dagegen betrachten Termine als eine Art Wecker, der zu einer bestimmten Zeit läutet und den man leicht abschalten oder ignorieren kann, während man noch rasch ein "Nickerchen" macht – fast so, als wären ablaufende Fristen Signale zum Anfang und nicht zur Vollendung eines Projektes.

Ein merkwürdiges Phänomen läßt sich gelegentlich bei P-Menschen beobachten, die ihren Vorgesetzten gegenüber für das Einhalten von Terminen verantwortlich sind. Da sie Untergebenen offenbar nicht zutrauen, Termine ernst zu nehmen, zeigen sich P-Menschen in dieser Situation ängstlich und besorgt, was seinen Ausdruck darin findet, daß sie aus den eigentlichen, von oben herab festgesetzten Fristen künstliche schaffen, indem sie diese einfach vorverlegen. Der J-Mensch ist in der gleichen Situation eher geneigt, seinen Untergebenen die tatsächlichen Termine mitzuteilen in der Erwartung, daß diese auch eingehalten werden.

Die Verschiedenheit zwischen Js und Ps läßt sich leicht erkennen, besonders dann, wenn beide Neigungen stark ausgeprägt sind. Bedauerlicherweise ist das, was Jung unter "Urteil" und "Wahrnehmung" verstand, unklar. Urteil sollte "Folgern", und Wahrnehmung sollte "Gewahrwerden" bedeuten. Aber diese Definition stellte lediglich eine Substitution umstrittener Konstruktionen durch ebenso umstrittene dar. Glücklicherweise ist Jungs Identifikation von zu beobachtenden Unterschieden im Handeln unabhängig von seinen Spekulationen, so daß die Ermittlung und Beschreibung der Typen nicht im mindesten unter diesen Abweichungen zu leiden haben.

Ursachen von Mißverständnissen: Js und Ps scheinen in der Bevölkerung in gleicher Anzahl vorzukommen (Bradway, 1964). Diese beiden Neigungen können Anlaß zu Spannungen in zwischenmenschlichen Beziehungen geben, da Js auf Entscheidungen drängen, während Ps abwarten, bis zusätzliche Daten erhältlich sind und somit vielleicht weitere Optionen zur Verfügung stehen.

Ferner sind die Begriffe Urteilen und Wahrnehmen in ihrer Bedeutung Mißinterpretationen ausgesetzt. Das Wort Urteil wird häufig im Sinne von "Verurteilen" und Wahrnehmung im Sinne von "Auffassungsfähigkeit" verstanden. Weder sind J-Menschen mehr als P-Menschen geneigt, zu verurteilen, noch sind P-Menschen auffassungsfähiger als J-Menschen. Es ist bedeutend sinnvoller, den bestehenden Unterschied zwischen ihnen auf folgende Weise herauszustellen: Urteilen ist das Bedürfnis nach oder die Wertschätzung von abgeschlossenen Angelegenheiten; Wahrnehmung ist das Bedürfnis nach oder die Wertschätzung von schwebenden, noch nicht entschiedenen Angelegenheiten.

Anscheinend neigen alle Js – ob intuitiv eingestellt oder zur Empfindung neigend, denkend oder fühlend, introvertiert oder extravertiert – zu der gleichen Ansicht hinsichtlich Arbeit und Vergnügen, die sich von der der Ps unterscheidet. Die J-Typen scheinen einem Arbeitsethos verschrieben zu sein, welcher der Arbeit eine Vorrangstellung zuweist. Die Arbeit muß getan sein, ehe man sich ausruht oder vergnügt. Diese Ansicht beeinflußt in starkem Maße das Engagement eines Js zur Ausführung einer Tätigkeit. Js treffen eine Reihe von Vorbereitungen, führen Wartungsdienste aus und sind bereit, anschließende Aufräumungsund Säuberungsarbeiten durchzuführen, weil dies nun einmal notwendig ist. Nicht so die Ps.

Die Ps – ob intuitiv oder empfindend, denkend oder fühlend, introvertiert oder extravertiert – scheinen "verspielte" und weniger ernsthafte Naturen als die Js zu sein. Für sie muß die Arbeit nicht unbedingt getan sein, ehe sie an das Vergnügen denken oder sich eine Ruhepause gönnen. Und ist ein Arbeitsvorgang nicht unmittelbar dem Zwecke dienlich (wenn es sich z.B. um bloße Vorbereitung, Wartung oder Aufräumungsarbeiten handelt), so kann der P-Mensch geneigt sein, ihn zu umgehen oder sich anderweitig zu beschäftigen. Ps bestehen weit mehr als Js auf einem angenehmen Arbeitsablauf. Man könnte behaupten, Ps wären verfahrensorientiert, während Js ergebnisorientiert sind.

Ps und Js üben besonders auf dem Gebiet der Arbeit gegenseitige Kritik.

J-Menschen beschreiben Ps als "unentschlossen", "zögernd", "schleppend", "plan- und ziellos", "sich widersetzend", "kritisch", "sophistisch" und als solche, die "Entscheidungen blockieren". Ps könnten mitunter den Js gegenüber ungehalten sein, da sie sich von diesen unter Druck gesetzt und zur Hast und Eile angetrieben fühlen. In ihren Augen handelt es sich um unnötige Dringlichkeit seitens des Js und dessen unglückliche Neigung, "voreilige Schlüsse zu ziehen". Ps behaupten gelegentlich, daß Js übereilte Entscheidungen treffen, daß sie "ehrgeizige Antreiber" und übermäßig "aufgabenbezogen" sind, daß sie "unter Druck stehen und Druck erzeugen", "inflexibel", "willkürlich" und "voreilig im Planen und Treffen von Entscheidungen" sind. Das Irritierende an der Neigung des anderen löst sich gewöhnlich auf, sobald man das Verhalten beider Typen genauer betrachtet. Die meisten Menschen sind von der Verschiedenartigkeit fasziniert und finden sie amüsant. Mit fortdauerndem Verständnis gelingt es besser, der Art des anderen Toleranz entgegenzubringen.

Schlüsselworte: Ausdrücke, die sich für J-Menschen positiv anhören, sind Worte wie entschieden, beschlossen, feststehend, Vorausplanung, Dinge geschehen machen, abschließen, Entscheidungen treffen, planmäßig, vollendet, endgültig, schließen, Zeitdruck, Termine, etwas in die Tat umsetzen. Worte, die für P-Menschen angenehm klingen, sind unentschieden, zusätzliche Datenbeschaffung, Flexibilität, ständige Anpassung, die Dinge geschehen lassen, freie Wahl lassen, Entscheidungen hinauszögern, offen und noch nicht entschieden, entstehend, vorläufig, es wird sich schon etwas ergeben, es ist noch so viel Zeit, was heißt schon Termin?, erst mal abwarten, dann weitersehen.

Zusammenfassend kann man die Unterschiedlichkeiten zwischen den jeweiligen Neigungen durch die Gegenüberstellung von Worten und Begriffen deutlich machen:

E	I
Geselligkeit	Territorialität
Interaktion	Konzentration
extern	intern
extensiv	intensiv
Vielfalt der Beziehungen	begrenzte Beziehungen
Verbrauch von Energie	Konservierung von Energie
Interesse an äußeren	Interesse an
Geschehnissen	inneren Reaktionen

S	N
Erfahrungen	Ahnungen
Vergangenheit	Zukunft
realistisch	spekulativ
Perspiration	Inspiration
Tatsächliches	Mögliches
nüchtern, sachlich	träumerisch, unrealistisch
Nützlichkeit	Phantasie
Wahrheit	Dichtung
praktisch	erfinderisch
vernünftig	einfallsreich

T	F
Objektivität	Subjektivität
Prinzipien	individuelle Wertvorstellungen
Richtlinien	Gesellschaftliche Werte
Gesetze	mildernde
Umstände Kriterien	Intimität
Standfestigkeit	Überzeugung

unpersönlich	persönlich
Gerechtigkeit	Humanität
Kategorien	Harmonie
Normen	gut oder schlecht
Kritik	Anerkennung
Analyse	Anteilnahme
Zuteilung	Hingabe

J	P
entschieden	unentschieden
beschlossen	zusätzliche Datenbeschaffung
feststehend	flexibel
Vorausplanung	ständige Anpassung
Dinge geschehen machen	Dinge geschehen lassen
abschließen	freie Wahl lassen
Entscheidungen treffen	Entscheidungen hinauszögern
planmäßig	offen und beweglich
vollendet	entstehend
endgültig	vorläufig
zum Abschluß bringen	etwas wird sich ergeben
Zeitdruck	es ist noch so viel Zeit
Termine	was heißt schon Termin?
in die Tat umsetzen	abwarten

Bisher wurde das Konzept der Neigungsarten in vier verschiedenen Dimensionen untersucht. Aus dieser Theorie Jungs sind sechzehn Typen hervorgegangen. Um anhand dieser Typologie das Verhalten anderer Menschen besser verstehen zu können, sollte man sich mit der Beschreibung aller sechzehn Typen vertraut machen. Dies ist keine leichte Aufgabe.

Der größte Nutzen der Typologie ergibt sich nicht daraus, daß man die sechzehn Porträts auswendig lernt, sondern aus dem Verständnis der Grundzüge der einzelnen Typen. Es scheint vier Temperamente zu geben, wie bereits Hippokrates vor hunderten von Jahren und Spränger in jüngster Zeit andeuteten. Im nachfolgenden Kapitel wird diese Auffassung genauer untersucht.

Art Thematisierung des Ganzen, eine Uniformität des Mannigfaltigen bedeuten. Das Temperament eines Menschen ist das, was gleich einer Unterschrift oder einem Fingerabdruck seine Handlungen als seine ganz persönlichen kennzeichnet.

Diese persönlichen Merkmale der Handlungsweise kann man bereits im frühen Kindesalter beobachten (manche Merkmale früher als andere), lange bevor die Möglichkeit der Prägung des Menschen durch äußere Umstände bestand. Diese Tat sache verleitet zu der Annahme, daß das Wesen des Menschen etwas ihm Gegebenes und nicht etwas Erworbenes darstellt, und daß das Temperament das angeborene Naturell eines Lebewesens ist.

Nach dem Motivationsmodell von Maslow (1954) durchläuft der Mensch während des Wachstumsprozesses hierarchisch angeordnete Bedürfnisgruppen. Auf der untersten Stufe siedelt er die physiologischen Grundbedürfnisse, wie z.B. Hunger und Durst, an. Nach Befriedigung der Grundbedürfnisse werden die Bedürfnisse der nächsthöheren Stufe verhaltensbestimmend – die Sicherheitsbedürfnisse. Sind diese befriedigt und nicht länger motivierend, erreicht man die darüberstehende Stufe der Zugehörigkeitsbedürfnisse, wie etwa den Wunsch nach Zuneigung, nach mitmenschlichen Beziehungen. Die meisten Menschen sind in der Lage, ihr Leben so einzurichten, daß diese Bedürfnisse ebenfalls befriedigt werden, und steigen auf zur vierten Stufe – dem Anerkennungsbedürfnis, dem Bedürfnis nach Prestige und Erfolg. Einigen wenigen Menschen gelingt es, ein solches Maß an Anerkennung und Selbstachtung zu erreichen, daß sie auch dieses Bedürfnis befriedigen und somit auf die fünfte und höchste Stufe gelangen, auf der Maslow das Bedürfnis nach Selbstverwirklichung angesiedelt hat. Die selbstverwirklichte Persönlichkeit wird in ihrem Verhalten nicht länger von den physiologischen Grundbedürfnissen oder den Bedürfnissen nach Sicherheit, Zugehörigkeit oder Anerkennung bestimmt. Maslow deutet an, daß die Menschen, die die oberste Stufe nicht erreichen, ein latentes oder potentielles Bedürfnis nach Selbstverwirklichung haben, das als voll entfaltetes Motiv zum Durchbruch gelangt, sobald sie ihre Fixierung auf die untersten Bedürfnisgruppen überwinden.

Dieses Modell einer Bedürfnishierarchie erinnert an Freuds Phasen der psychosexualen Entwicklung, allerdings entsexualisiert.

Gleichfalls ähnelt es der Motivationstheorie von William Sheldon (1936), die vierzehn Jahre früher als die von Maslow entwickelt wurde.

Unter dem Aspekt von Harlows Arbeit mit Affen erscheint es notwendig, die Reihenfolge der Bedürfnisgruppen zu ändern, so daß das Zugehörigkeitsbedürfnis auf der untersten, das Sicherheitsbedürfnis auf der nächsthöheren und die physiologischen Bedürfnisse auf der darüberliegenden Stufe anzusiedeln sind. Auf jeden Fall ist es einleuchtend, daß wir nicht fortwährend nach sozialen Bindungen, nach Sicherheit oder nach Nahrung trachten, wenn diese ständig zur Verfügung stehen und zumeist als selbstverständlich hingenommen werden können. Somit richten wir, nach Maslow, unser Interesse auf das Erlangen von Anerkennung. Über diesen Punkt hinaus aber sollte man Maslow verlassen. Die wenigsten Menschen sind auf Selbstverwirklichung bedacht, nachdem sie das Anerkennungsbedürfnis befriedigt haben. Die meisten Menschen wollen etwas völlig anderes, und nur die Choleriker denken über Selbstverwirklichung nach.

Es ist demnach nicht so, daß das Bedürfnis nach Selbstverwirklichung nach dem Bedürfnis nach Anerkennung die nächsthöhere Stufe darstellt, vielmehr ist es ein Mittel zur Erlangung von Anerkennung. Die cholerisch Veranlagten also die, die Selbstverwirklichung wünschen – halten um so mehr von sich selbst, je besser es ihnen gelingt, ihr Ziel zu erreichen. Obwohl Maslow recht hatte mit seiner Behauptung, daß alle Menschen Anerkennung und Selbstachtung brauchen, ist die Selbstverwirklichung keineswegs dem Bedürfnis nach Anerkennung und Selbstachtung überzuordnen, sondern sie ist als eine von vielen Möglichkeiten zum Erlangen von Anerkennung und Selbstachtung zu verstehen.

Es gibt andere Richtungen. Freud (1920) zum Beispiel hatte recht mit seinem Lustprinzip, nur gilt dieses nicht, wie er annahm, für alle Menschen. Außerdem stellt die Lust nicht einen Selbstzweck dar, sondern ist Mittel zum Zweck, nämlich ein Mittel zur Erlangung von Anerkennung und Selbstachtung. Nur die Sanguiniker möchten zwanglos und spontan leben können. Sullivan hatte ebenfalls recht. Die Sicherheit, die mit gesellschaftlicher Stellung verbunden ist, ist wichtig – wichtig für manche Menschen –, und sie steht im Dienste von Anerkennung und Selbstachtung. Es sind die Melancholiker, deren Selbstachtung steigt, wenn sie angesehene

Positionen in der Gesellschaft erreichen und sozialen Einheiten angehören. Ebenso hatte Adler recht mit seiner Behauptung, daß das Streben nach Macht die Antriebskraft der Menschen darstellt – einiger Menschen, nämlich der Phlegmatiker, die durch ein größeres Maß an Einfluß mit Stolz erfüllt werden.

Die von Hippokrates eingeführten Bezeichnungen der vier Temperamente sind allerdings irreführend. Sie leiten sich von den vier Körperflüssigkeiten ab – Blut, Schleim, gelbe Galle und schwarze Galle – und haben daher eine geheimnisvolle (und begrenzte) Bedeutung. Auf der anderen Seite repräsentieren die vier von Zeus beauftragten griechischen Götter, die Menschen den Göttern ähnlicher zu machen, die Temperamente ziemlich genau, wenn auch auf metaphorische Weise. Diese sind Apollo, Dionysos, Prometheus und Epimetheus. Nach der Sage wurde Apollo beauftragt, der Menschheit den Sinn für das Geistige zu vermitteln, Dionysos die Menschen Lustbarkeit zu lehren, Prometheus den Menschen die Wissenschaften zu geben und Epimetheus in der Menschheit das Pflichtgefühl zu erwecken. Es ist sinnvoll, die vier Temperamente nach den Göttern zu benennen, weil jeder der Götter (und jedes der Temperamente) seine Anhänger hat. Wer Apollo (das Schöngeistige) verehrt, verehrt nicht Prometheus (die Wissenschaften), und wer die dionysische Lustbarkeit begehrt, wird sich nicht mit epimetheischen Pflichten begnügen. Die vier Temperamente unterscheiden sich auf fundamentale Weise voneinander.

Eine weitere Berichtigung der Typologie von Jung ist erforderlich. Aus der Sicht der Temperamenttheorie gehen bei Jung die Typen aufgrund von Differenzierung aus den Temperamenten hervor, anstatt sich aufgrund einer Zusammenfügung von "Funktionen" zu ergeben. Wachstum vollzieht sich durch Individualisierung, durch eine Trennung oder Abspaltung, statt durch Integration, Assoziation oder Verknüpfung. Ein Mensch wird zum ENFJ, INTP oder was auch immer aufgrund seines ihm gegebenen Temperaments, und nicht beispielsweise deshalb, weil die Extraversion "irgendwie" mit der Intuition verbunden ist. Somit löst die Temperamenttheorie mit dem Prinzip der Differenzierung das Prinzip der Integration (das in Theorien des Reduktionismus zu finden ist) ab.

Ferner muß die Typologie von Jung zur Anpassung an diese Temperamente eine Umordnung erfahren. Was Jung Intuition (N) nannte, ist offenbar das Äquivalent von Kretschmers schizothymem Temperament. Die N-Veranlagten oder Schizothymen wählen entweder die apollinische Durchgeistigung (Selbstverwirklichung) oder die prometheischen Wissenschaften (Macht). Die Empfindung (S) scheint Kretschmers zyklothymem Temperament zu entsprechen. Die S-Veranlagten oder Zyklothymen wählen entweder die dionysische Lustbarkeit (Bewegungsfreiheit) oder die epimetheischen Pflichten (gesellschaftliche Stellung). Man beachte, daß nun Jungs Fühlen (F) das apollinische Selbstverwirklichungsmotiv von dem Denken (T), dem prometheischen Machtmotiv unterscheidet. Man beachte gleichfalls, daß Jungs Urteil (J) das epimetheische Pflichtmotiv von dem dyonysischen Freiheitsmotiv (P) unterscheidet.

Sprängers Ansichten über Charakter und Temperament, zeitgenössisch zu denen von Jung, sind äußerst nützlich. Er sprach von Werten anstatt von Funktionen. In seinem Buch Menschentypen (1928) nannte er vier Werte, die die Typen voneinander unterscheiden – ästhetische, wirtschaftliche, theoretische und religiöse. Die beiden anderen Werte, die er nannte – gesellschaftliche und politische, – betreffen alle Menschen und sind somit nicht kennzeichnend. Sorgfältiges Lesen seiner komplizierten Beiträge läßt eine Übereinstimmung mit der Typologie von Jung wie folgt erkennen: der NF schätzt Religiosität (Ethik), der NT schätzt das Theoretische (Wissenschaften), der SP schätzt das Ästhetische (Künstlerisches) und der SJ schätzt das Wirtschaftliche (Handel). Die Temperament – oder Charaktertheorien lagen im Europa der Jahrhundertwende in der Luft. Jung, Kretschmer und Spranger wurden sicherlich von den anderen Charakterologen beeinflußt. Die Ähnlichkeiten dieser Ansichten sind offensichtlich (Adickes, 1907; Apfelbach, 1924; Levy, 1896; Sternberg, 1907). Besonders Bulliots acht Typen (1901) weisen große Ähnlichkeit mit denen von Jung auf.

Kurz gesagt, das Temperament bestimmt unser Verhalten, da das Verhalten das Instrumentarium zum Erlangen dessen ist, was wir benötigen und was unser Verlangen nach dem, wofür wir leben, stillt. Der Gott (oder das Temperament), dem wir seit der Geburt zugehören, hinterließ in uns ein Verlangen, das jeden Tag von neuem befriedigt werden muß. Sisyphos wurde von Zeus in der Weise bestraft, daß er einen Felsblock auf den Gipfel eines Berges zu schaffen hatte, was ihm aber nicht gelang, da bei jedem

Ausruhen der Stein wieder den Hang hinabrollte. In gewissem Sinne sind wir alle Sisyphos. Unser Streben nach Macht, Status, Freiheit oder Lebenssinn – was auch immer es ist, das unser Temperament uns vorschreibt – erfüllen wir heute, nur um morgen festzustellen, daß wir es erneut tun müssen. Das gestern Erlangte genügt uns nicht.

Das dionysische Temperament

> Sowie man in den Lastwagen steigt, steigt auch der Adrenalin-Spiegel. Wenn man etwas Aufregendes erleben will, gibt es zu dem Einsteigen in einen Lastwagen und dem Hinausfahren auf die Autoschnellstraße nichts Vergleichbares – nicht einmal das Düsenflugzeug. Man könnte darauf schwören, niemals heil am anderen Ende wieder herauszukommen. Man sieht tausende von Autos und tausende von Lastwagen, und man schaltet wie ein Wahnsinniger, tritt auf die Bremse, gibt Gas und ver sucht, mit dem Verkehr Schritt zu halten ohne die vie len Verrückten, die einem unbedingt unter die Räder kommen wollen, zu überfahren.
>
> [Studs Terkel, Working, p. 209]

Hier handelt es sich also um die SPs (ISTPs, ESTPs, ISFPs, ESFPs), die sich zwar in mancher Hinsicht voneineinder unterscheiden, sich aber in einigen wichtigen Dingen gleichen.

Der dionysische SP will grundsätzlich frei sein; er läßt sich nicht einengen und will sich nicht gebunden oder verpflichtet fühlen. Sein Ideal ist es, das zu tun, was er will, wann er will. Zu warten, zu sparen, vorzusorgen, vorzubereiten – mit anderen Worten für die Zukunft zu leben –, ist nicht seine Art. Für den SP gilt das Epikurische: genieße den heutigen Tag, wer weiß was morgen ist.

Pflicht, Macht und Geist sind für den SP von untergeordneter Bedeutung. Ihm kommt es allein auf die Tat an. Um den SP verstehen zu können, muß man wissen, auf welcher Handlungsweise er besteht. Die Handlung an sich ist Zweck und darf nicht nur einem Zwecke dienlich sein oder als Instrumentarium zur Erlangung eines Ziels dienen. Wenn auch der SP nichts dagegen einzuwenden hat, daß seine Taten dazu beitragen, die Zielsetzungen anderer zu realisieren, so wird dies niemals der Grund für seine Handlungen sein. Er handelt, weil es ihn dazu drängt oder weil er einer Laune Folge leistet.

SPs handeln im wesentlichen impulsiv. Sie wollen impulsiv handeln, denn Impulsivität ist für sie gleichbedeutend mit Lebendigkeit. SPs mögen das Aufsteigen plötzlicher Eingebungen und genießen deren explosionsartige Freisetzung. SPs entwickeln sogar Schuldgefühle, falls sie keine inneren Impulse verspüren. Hin und wieder überfällt einen jeden von uns der Drang, irgendetwas zu tun, aber die meisten Menschen nehmen kaum Notiz von derartigen Regungen, indem sie langfristige und Geduld erfordernde Ziele im Auge behalten. Sie zügeln diese Freiheitsregungen zugunsten von Pflichten, Macht oder Geist, was für den SP Gebundenheit und Eingeschränktsein bedeutet.

Das soll jedoch nicht heißen, daß der dionysische SP nicht, wie andere auch, Zielsetzungen und Bindungen unterhält. Er unterhält diese lediglich in geringerem Maße als andere Typen, und sie sind bei ihm eher provisorischer Natur. Sobald die Verpflichtungen zunehmen oder übermäßig einschränkend erscheinen, befällt den SP eine Unrast, und er verspürt den Drang, sich "irgendwohin" zu verflüchtigen.

Die Vorstellung vom Handeln um des Handelns willen kann am besten durch den Vergleich von "Übung" und "Zwang" verständlich gemacht werden. Üben ist zunächst einmal das, was wir praktizieren, um unsere Fertigkeit in Vorbereitung auf eine zu erbringende Leistung oder Tätigkeit zu verbessern. Es geschieht nicht auf Dauer, ist nicht das Eigentliche, ist nicht das, was bewertet wird. Es stellt mit anderen Worten nur eine Probe dar. SPs jedoch sind nicht zum Üben bereit, da das Üben lediglich die Vorbereitung auf später auszuführende Tätigkeiten bedeutet. SPs bereiten sich nicht vor, sie handeln. In der Tat muß der SP ganz einfach das tun, wonach es ihn drängt. Er kann in seinen Handlungen mitunter exzessiv sein, indem er sie stundenlang ohne Unterbrechung betreibt. Diese Art des exzessiven Handelns wird von Menschen mit anderen Temperamenten oft irrtümlicherweise für "Disziplin" gehalten. Es handelt sich hierbei aber nicht um diszipliniertes Verhalten, sondern um Zwangshandlungen, die von dem SP sozusagen Besitz ergreifen, so daß er eine Sache einfach verrichten muß. Wie der Mann, der den Berg besteigt, weil dieser eben da ist, so ist sich der SP nur ungenau dessen bewußt, welche Vorrangstellung er seinen Impulsen einräumt. Er muß ihnen gehorchen und die entsprechenden Handlungen so lange fortführen, wie der Drang dazu anhält. Sobald dieser nachläßt, verspürt der SP "keine Lust" mehr zum Bergsteigen, Wettrennen oder was auch immer.

Der SP ist in größerem Maße als Menschen anderer Temperamente dem unterworfen, was von Karl Buhler als "Funktionslust" bezeichnet wurde, nämlich dem starken Verlangen nach ungehemmtem, zwanglosem Handeln und Untersuchen, ohne feste Regeln oder vorbereitendes Üben. Der SP blüht und gedeiht in Situationen, die ihm genügend Freiraum zur Erprobung seiner eigenen Grenzen bieten und in denen der Ausgang unbestimmt ist. Der Stil des SP ist für Krisensituationen am besten geeignet, denn je größer die Krise, desto schneller und effektiver sind seine Reaktionen. Für Situationen, die mit geringen Veränderungen verbunden sind, zeigt der SP wenig Interesse. Sobald sich die Spanne der Möglichkeiten und der plötzlichen Ereignisse verbreitert, steigert sich die Vitalität, mit der sich der SP seiner Aufgabe widmet. SPs sind in der Tat zur Inszenierung einer Krisensituation in der Lage, wenn ihnen die Umstände zu eintönig und routinemäßig erscheinen, nur um damit eine lebhaftere Atmosphäre zu schaffen.

Der Mensch besitzt drei Dinge, die dem Tier nicht zueigen sind, nämlich Symbole, Götter und Werkzeug. Der dionysisch Geartete spricht im allgemeinen aber nur wenig auf Götter an, und auch das Symbolische läßt ihn im wesentlichen unberührt. Das Werkzeug jedoch ist sein Herr und Meister. Das Werkzeug ist zur Benutzung geschaffen, und der SP kann nicht anders, als es einzusetzen. Er muß den Traktor führen, das Flugzeug steuern, die Hupe betätigen, das Skalpell, den Pinsel oder den Meißel handhaben. Das Werkzeug schlägt bei SPs die richtige Saite an und zieht sie in nahezu süchtiger Art und Weise in seinen Bann. Irgendwie wird das Werkzeug Teil ihrer erweiterten Persönlichkeit und vergrößert, verstärkt und verschärft die Wirkung der Handlung –, was wiederum der Freisetzung ihrer Impulse größeren Schwung verleiht.

Der SP legt nicht nur auf die Handlung Wert, sondern auch darauf, von anderen als ein Mensch mit Handlungs – und Gedankenfreiheit verstanden zu werden. Der SP legt seinen Stolz weniger in seine Fähigkeiten oder seine Macht, etwas bewirken zu können. Vielmehr sind die persönliche Freiheit und Unabhängigkeit Gegenstand seines Stolzes. Für ihn gilt nicht, Wissen zu bewahren oder Macht zu akkumulieren; er verausgabt sich stattdessen so freizügig wie möglich. Taten lassen sich nicht auf morgen verschieben, und jeder neue Tag bringt das Bedürfnis zu Aufregendem, zu Abenteuern, zu Risiken und zu Herausforderungen. Resourcen sollen verbraucht werden, Maschinen soll man einsetzen und an seinen Mitmenschen soll man sich erfreuen. Der SP besitzt ein aus geprägtes Verlangen nach Wirksamkeit, was sein gesamtes Verhalten kennzeichnet, und hinter seinen Aktivitäten steht das Bedürfnis, als frei und uneingeschränkt handelnder Mensch angesehen zu werden.

Für den männlichen SP bestehen aufgrund gesellschaftlicher Vorurteile wesentlich größere Möglichkeiten, seinen Tatendrang zum Ausdruck zu bringen als für den weiblichen SP. Möglicherweise werden die Auswirkungen der Frauenbewegung dazu beitragen, diesen Lebensstil auch für Frauen akzeptabel zu machen. Nichtsdestoweniger sind Frauen gegenwärtig von typischen SP-Tätigkeiten ausgeschlossen, obwohl die Hälfte aller SPs Frauen sind. Zwar ist es (in den USA) einigen Frauen gelungen, in die Baubranche einzusteigen, viele sind im Militärapparat beschäftigt, und einige sind als Troubleshooter im Geschäftsleben erfolgreich tätig. Das ändert jedoch nichts an der Tatsache, daß die dynamischen Berufe, die Präzision, Durchhaltevermögen, Kraft, Mut und Berechnung erfordern, vorwiegend zum Aufgabenbereich des Mannes gehören und allgemein als maskuline Berufe betrachtet werden. Die Mehrzahl der Frauen ergreift noch immer einen der drei traditionell weiblichen Berufe – die Krankenpflege, den Lehrberuf und die Bürotätigkeit –, die dem Tatendrang des SP kaum gerecht werden können.

Die Vertreter der dionysischen Art werden von ihren Freunden oft als anregend, optimistisch, fröhlich, unbeschwert, lustig und amüsant beschrieben. SPs sind charmante und geistreiche Gesellschafter mit einem unerschöpflichen Repertoire an Witzen und Geschichten. Besonders die extravertierten SPs verleihen ihrer

Umgebung ein elektrisierendes Element, ganz gleich, wo sie sich befinden. Ob bei der Arbeit oder beim Spiel, der SP schafft eine Atmosphäre der Angeregtheit und der Erwartung, so als könnte jeden Augenblick etwas Aufregendes passieren. Ihr Umfeld scheint einen besonderen Glanz anzunehmen, es scheint freundlicher und abwechslungsreicher und angefüllt mit Abenteuerlust zu sein.

In der Tat kann der Status quo bei SPs schnell Langeweile verursachen. Der SP variiert gern täglich sein Arbeitsschema und ist im allgemeinen aufgeschlossen für Abwechslungen und Vergnügen. Er ist immer dafür zu haben, neue Speisen, Restaurants oder Ferienziele auszuprobieren. SPs mögen das Wahllose, nehmen Mahlzeiten ungern zu festgesetzten Zeiten ein, sondern essen dann, wenn sie den Drang dazu verspüren. Die zur Ordnung neigenden Persönlichkeiten (z.B. SJs) geraten dadurch häufig aus der Fassung, was bei einem verheirateten SP möglicherweise zu Schwierigkeiten führt. Trotzdem finden andere die schwungvolle Lebensart des SP oft bewunderns – und beneidenswert. Auf der Bühne trotzt Auntie Mame der mißbilligenden Welt (Schlußszene des II. Aktes) und fordert ihre Freunde auf, etwas zu riskieren: "Ja! das Leben ist ein Bankett, und die meisten der armen Hurensöhne verhungern! Lebt!" Und ihre Freunde, angesteckt durch ihren Enthusiasmus, antworten: "Ja! Leben, leben, leben!" [Lawrence und Lee, 1957]

Ein SP wird sich nur vorübergehend geschlagen geben. Er besitzt die Fähigkeit, Rückschläge zu überwinden, die andere Typen für immer vernichten könnten. Für ihn heißt es: "Wie gewonnen, so zerronnen". Jennie Churchill, die außergewöhnliche Mutter von Winston Churchill, war solch ein Typus. Sie lebte ihr Leben mit einer Intensität, die selbst unter SPs nur selten vorkommt. Ralph Martin schreibt folgendes über einen Tiefpunkt in Jennies Leben, das den Lebensstil dieser Frau deutlich macht:

> Für Jennie begann das Jahr 1895 bitter und freudlos. Ihr Mann war nach langem Krankenlager im Wahnsinn an Syphilis gestorben. Nur wenige Wochen zuvor hatte ihr Liebhaber geheiratet, da er nicht länger gewillt war, auf sie zu warten. Ihre beiden Söhne, Winston und Jack, hatten Probleme, die Jennies ganze Aufmerk samkeit erforderten. Sie fühlte sich körperlich und seelisch erschöpft ... Hier nun war Jennie ohne den Mann,

> der sie am meisten geliebt hatte und der mit einer anderen verheiratet war, mit nur wenig Geld und nicht einmal einem Heim, das sie ihr eigen nennen konnte ... Und dennoch besaß diese Frau solch eine innere Kraft und Unverwüstlichkeit, daß ihr Leben schon bald eine Aufregung und Vitalität annahm, wie sie es niemals erträumt hätte. Ihre Freundin, Lady Curzon, schrieb in einem Brief an sie: "Du bist der einzige Mensch, der auf dem Gipfel des Glücks wohnt".
>
> [Ralph G. Martin, *Jennie*. Signet, Vol.II, Seite 15 & 17]

Leben bedeutet für einen SP, Impulse zu spüren und mit Spontaneität zu handeln. Da ein Impuls laut Definition etwas von kurzer Dauer darstellt, muß der SP im unmittelbaren Augenblick leben. Zu warten bedeutet für ihn den psychologischen Tod; Aufschub tötet mit Sicherheit impulsive Regungen. Andere Typen werden nur schwerlich begreifen können, weshalb manche Menschen ein Leben voller Ungeduld und Impulsivität führen möchten, aber der SP ist der Tat verschrieben und führt sein Leben ohne Rücksicht auf langzeitige Ziele oder Pläne. Für ihn ist dies gleichbedeutend mit der intensivsten und freiesten Lebensart überhaupt.

> "Ich habe nicht den Wunsch, Kinder zu haben, warum sollte ich also heiraten? Die meisten Frauen wollen heiraten und Kinder bekommen. Die meisten von ihnen sind darauf programmiert worden. Das ist nichts für mich. Es macht mich innerlich fast ein bißchen verrückt. Wenn ich irgendwo zu einer bestimmten Zeit erscheinen muß, fange ich an, mich irgendwie einge sperrt zu fühlen, und dann mache ich mir Gedanken, daß sie sich sorgen könnte, wenn ich nicht da bin. Oh Mann, die größte Belastung, die ich kenne, ist die Liebe".
>
> [Cheryl Bentsen, "This Man is Madly in Love", Los Angeles *Times*, Part III, Sunday, Feb. 15, 1976, p. 1, Story of Joe Namath, football professional]

Der SP bedient sich keiner auf Ziele ausgerichteten Ausdrucksweise. Seine Sprache ist klar und direkt. In seinen Erfahrungen existierten keine Begriffe wie "Ertragenmüssen" oder "Sichabfindenmüssen". Ganz gleich, mit welchen Ermüdungserscheinungen, Hunger oder Schmerzen eine Unternehmung verbunden sein mag, es bleibt für ihn ein Abenteuer und kein zu erfüllender Auftrag. Da der SP nicht im Sinne von Zielsetzungen denkt, ist für ihn die Vorstellung von Ausdauer nicht relevant. Schwierigkeiten "durchzustehen" hat man nur dann, wenn man Verhalten als Instrumentarium zur Erlangung eines Ziels versteht. Das Verhalten eines SP ist nicht einem Zweck oder Ziel untergeordnet, sondern ist das Endziel an sich. Das Loch muß man graben, die Tür öffnen, den Flur entlanglaufen, die Glocke läuten, den Berg besteigen. Dieser Tatendrang kann unter Umständen kostspielig werden, wie in der Los Angeles Times von einem der wundersamen Einfälle Elvis Presleys zu lesen war. Presley hatte seinen eigens für ihn angefertigten Cadillac in der Nähe eines Automobilhändlers geparkt. Als er zurückkam, bemerkte er eine fremde Frau, die ihren Kopf in seinen Wagen gesteckt hatte und liebevoll das Wageninnere inspizierte. Elvis wollte wissen, ob ihr der Wagen gefiele und sagte: "Dieser hier gehört mir, aber ich werde Ihnen einen kaufen." Er nahm die Fremde beim Arm, ging mit ihr zum Autohändler und sagte ihr, sie solle sich einen Wagen aussuchen. Nachdem sie ein Modell in gold und weiß gewählt hatte, das für $11.500 angeboten wurde, erfuhr Presley, daß die Frau an diesem Tag Geburtstag hatte, woraufhin er ihr gratulierte, ihr die Wagenschlüssel überreichte und von seinem Gehilfen einen Scheck ausstellen ließ, damit sie sich "die zum Wagen passende Kleidung" kaufen konnte. [Los Angeles *Times*, 1975]

Eigenartigerweise besitzt der SP größere Ausdauer als alle anderen Typen. Er ist in der Lage, Unbequemlichkeiten, Entbehrungen, Hunger, Erschöpfung und Schmerzen zu ertragen und mehr Mut zu zeigen als andere Typen. Das liegt daran, daß andere Typen zielorientiert sind und nur ungern Anstrengungen auf sich nehmen, es sei denn, es besteht ein bestimmter Grund dafür. Somit leiden diese Typen oft unter den Mühseligkeiten und Anstrengungen der Arbeit und fragen sich bereits nach kurzer Zeit, wie lange sie dies noch ertragen können. Diese Frage ist destruktiv und beantwortet sich in gewissem Sinne selbst. Der SP, der keine Zielausrichtung kennt, sieht seine Handlungen nie als Phase an, die es zu überbrücken oder zu ertragen gilt. Auch stellt er seine Fähigkeit, dazu in der Lage zu sein, niemals in Frage. Er fährt einfach fort und überschreitet dabei oftmals die für andere Typen akzeptablen Grenzen.

Dieser Hang zum impulsiven Handeln beinhaltet ein scheinbares Paradox, da die SPs, die sich nur für die unmittelbare Handlung interessieren, zu den großen darstellenden Künstlern der Welt gehören – den Meistern der Kunst, der Unterhaltung und der Abenteuer. Die bedeutenden Maler, Musiker, Sänger, Tänzer, Bildhauer, Fotografen, Athleten, Jäger, Rennfahrer und Spieler – sie alle müssen eine Fertigkeit besitzen, die nur durch andauerndes, intensives Sichbeschäftigen mit einer bestimmten Tätigkeit zu erlangen ist. Keiner der anderen Typen ist der großen Ausdauer fähig, mit mit der SP eine Tätigkeit durchzuführen vermag.

Aber wie ist das möglich bei einem Stil des impulsiven Handelns unter Mißachtung von Vorbereitungen und bindenden Verpflichtungen? Ist der SP erst einmal von dem Drang zur Tat erfaßt, so kann er mit großer Ausdauer fortfahren, sich stundenlang damit befassen und wesentlich länger als andere Typen daran festhalten. Es ist diese Art der impulsiven Vitalität, die eine Virtuosität ermöglicht. Der SP scheint als einziger Vollkommenheit im Handeln zu besitzen, obgleich er nie übt oder sich vorbereitet, so wie andere. Der NT zum Beispiel, trachtet nach Vollkommenheit, aber es gelingt ihm nicht, sie zu erlangen. Der SP strebt nicht danach und ist nicht darauf bedacht, durch Übung Vollkommenheit zu erlangen, und dennoch erlangt er sie. Der NT übt ganz bewußt und vorsätzlich, genau nach Zeit und Vorschrift. Der SP handelt einfach – spontan, unaufhörlich, unermüdlich. Die Handlung nimmt ihn gefangen, und er verfolgt kein anderes Ziel außer der Handlung an sich. Über Vollkommenheit nachzudenken und danach zu streben, betrachtet der SP als hinderlich; in der Tat selbst liegt Vollkommenheit.

Darstellende Künstler (zum Beispiel Nijinsky, Rubinstein, Heifetz, Casals, Callas) sind wahrscheinlich SPs, aber auch Rennfahrer, Surfer, Legionäre, Magier, Falschspieler und Revolverhelden des Wilden Westens. In der Tat waren die Revolverhelden ebenso große Virtuosen wie die Künstler und wurden in ähnlicher Weise wie diese idealisiert. Der Revolverheld war in der Lage, seinen langläufigen Colt 45 zu ziehen, zu spannen, auf ein Ziel zu richten und abzudrücken, und dabei unglaublich kleine und sich bewegende Objekte zu treffen, ohne den Revolver auf Augenhöhe zu bringen. Er war in der Lage, dieses Kunststück in weniger als einer fünftel Sekunde abzuwickeln – so behende, daß seine Handbewegung nicht zu sehen war. Das blitzschnelle Ziehen des Revolvers ist ebenso unglaublich wie die schnellen Fingerbewegungen eines Violinisten oder die der Schwerkraft trotzenden Sprünge einer Prima Ballerina.

In gewissem Sinne ist das, was der SP tut, nicht Arbeit zu nennen, denn unter Arbeit versteht man Herstellung, Fertigstellung und Vollendung. Dem SP liegt der Wunsch, Dinge zum Abschluß und zur Vollendung zu bringen, fern. Sein Interesse gilt dem Arbeitsprozeß. Was sich aus seiner Tätigkeit ergibt, ist für ihn nichts als Produkt, Folge oder Ergebnis, und somit beiläufig. Daher ist "Arbeit" für einen SP im Grunde genommen ein Spiel. Er ist kein Sisyphos, der in Verzweiflung gerät, wenn am Ende eines mühevollen Arbeitstages der Stein wieder den Berg hinabrollt, den er zuvor den Hang hinaufgetragen hatte. Dem SP bereitet das Transportieren des Steines Freude. Ihm ist es gleichgültig, wenn ihm für seine Bemühungen kein Denkmal gesetzt wird.

Der SP fühlt sich zu Berufen, die Bewegungsabläufe beinhalten, hingezogen. Nicht nur die künstlerischen Berufe ziehen ihn an, sondern auch Tätigkeiten, die den Einsatz schwerer Maschinen erfordern und bei denen sich die Kräfte von Mensch und Natur gegenüberstehen, wie zum Beispiel der Bau von Dämmen und Wolkenkratzern, Autobahnen und Bergwerken, die Rodung von Waldgebieten, die Holzverarbeitung und Ölförderung. SPs eignen sich ferner als Söldner oder Hafenarbeiter, als Fahrer von Krankentransporten, als Rennfahrer und als Piloten. Der Staatsmann, der Verhandlungen führt, der Unternehmer, der das Geschäft mit Erfolg aus den roten Zahlen führt, der Hotelpage und der Barbesitzer, der Träger und der Frisör, das Mannequin und der Detektiv, der Polizist und der Magier, die Mitglieder der Rettungsmannschaft, die Berufsathleten und die Ombudsmänner – sie alle bekleiden Berufe, die freie Beweglichkeit und sofortige Einsatzfähigkeit erfordern. Alle arbeiten unter Druck und bringen gewöhnlich ihre beste Leistung in Krisensituationen. Arthur Hailey beschreibt zum Beispiel in einer Szene in Airport die außergewöhnliche Geschicklichkeit (und auch das unüberlegte, gefahrvolle Verhalten) eines SP:

"...spielt keine Rolle, Mister; aber hier ist Benzin ausgelaufen, darum machen Sie mal Ihre Zigarre aus."

Patroni ignorierte die Anweisung, wie er alle Rauch verbote ignorierte. Er deutete mit seiner Zigarre auf den umgekippten Sattelschlepper. "Außerdem, junger Mann, vergeuden Sie die Zeit von allen Leuten hier, meine und Ihre auch, wenn Sie versuchen wollen, den Schrotthaufen da bei Nacht auf die Räder zu kriegen. Den müssen Sie auf die Seite schleppen, damit der Ver kehr wieder durchkann, und dazu brauchen Sie noch zwei Abschleppwagen – einen auf dieser Seite hier, der schiebt, und zwei da drüben, die ziehen." Er ging um den großen Lastzug herum, inspizierte ihn im Licht seiner Lampe von den verschiedendsten Stellen. Wie immer, wenn er sich mit einem Problem befaßte, wurde er von der Aufgabe völlig in Anspruch genommen. "Die beiden Schlepper müssen gleichzeitig an drei Punkten ansetzen. Zuerst wird das Triebfahrzeug weg gezogen. So geht es am schnellsten. Dadurch werden auch die Anhänger frei. Der andere Abschleppwagen ..."

"Augenblick mal", unterbrach der Polizist. Er rief zu den anderen Beamten hinüber. "He, Hank, hier ist einer, der weiß anscheinend, wovon er redet."

[Arthur Hailey, *Airport,* Ullstein, 1968, S. 45]

Der SP neigt mehr als die anderen Typen zur Wanderlust, und es fällt ihm leichter als anderen, sich von seinem Bekannten – oder Freundeskreis zu lösen. Er ist sich aber durchaus bewußt, welchen Kummer sein Verhalten denen, die ihm nahestehen, bereitet. Der SP ist in der Lage, sowohl Aktivitäten als auch Lebensgewohnheiten abrupt aufzugeben. Er kann alles zurücklassen, ohne sich noch einmal umzudrehen. Der Pinsel liegt dort, wo er ihn fallenließ; Verpflichtungen sind vergessen, so als hätten sie nie existiert. Er schuf diese Bindungen zwar selbst, empfindet sie nun aber als einengend und lästig. Besonders in den mittleren Lebensjahren kann der Freiheitsdrang des SP so stark sein, daß er eine ungewöhnlich starke Ruhelosigkeit empfindet. Gaugin kehrte im Alter von 40 Jahren seiner Heimat den Rücken und fuhr nach Tahiti, wo er unvergeßliche Meisterwerke schuf, ließ aber zweifellos Vertrauensbruch zurück.

Dennoch ist der SP in seiner paradoxen Art auch der fanatischsten Brüderlichkeit fähig. Er lebt nach dem esprit de corps, ist loyal seinen Kameraden gegenüber und verteidigt seine Gruppe gegen jede Art des Angriffs. Dieses Verhalten kann man zum Beispiel bei der Marine oder in studentischen oder anderen Verbindungen beobachten.

Romantische Feinheiten, die für andere etwas ganz Natürliches und Kostbares sind, können dem SP völlig entgehen. Obwohl der SP ein Meister der großartigen Geste ist etwa mit Dutzenden gelber Rosen, einem extravaganten Nerzmantel, einem 3-karätigen Brilliantring –, kann er den versprochenen Anruf vergessen oder die kleinen Aufmerksamkeiten, die Zuneigung bekunden, vernachlässigen.

Der SP macht Gebrauch von allen zur Verfügung stehenden Resourcen und läßt auch andere gern daran teilhaben. Er führt im allgemeinen ein Feinschmeckerleben, es sei denn, er ist knapp bei Kasse, was ganz sicher nur vorübergehend der Fall ist. Aber sein egalitäres Verhalten zeigt sich selbst in Zeiten der Knappheit, und er denkt mehr als andere Typen im Sinne von "Teilen" und "Auskommen mit dem, was man hat". Was sein ist, ist auch dein und umgekehrt. In Krisensituationen läßt sich mit ihm über alles reden. Er kann sich für lange Zeit an Regeln und Vorschriften halten, tritt aber eine Krise ein oder packt ihn eine impulsive Regung, dann kommt eine völlig andere Persönlichkeit zum Vorschein. Neue Situationen erfordern neue Taten, und frühere Engagements müssen möglicherweise über Bord gegeworfen werden.

Das im Vergleich zu anderen Typen größere Bedürfnis des SP, intensiv in der Gegenwart zu leben, kann für diejenigen, die mit ihm mitzuhalten versuchen, irritierend sein. Obwohl seine Freunde ihn wegen seiner Großzügigkeit und fröhlichen Natur schätzen, haben sie jedoch mitunter das Gefühl, den SP am Anfang ihrer Bekanntschaft zwar gut, nach vielen Jahren aber nicht wesentlich besser zu kennen. In der Tat gibt die Art des SP oftmals Anlaß zu Verunglimpfungen. Andere Menschen finden den reizvollen Lebensstil des SP faszinierend, sind dann aber enttäuscht, wenn der SP ihren Vorstellungen nicht gerecht wird.

Für SPs sind komplizierte Motivationsprobleme weitgehend uninteressant. Das was geschieht, geschieht. Wenn sie wissen, was sie überzeugt, woran sie glauben und wie sie sich verhalten sollen, so genügt ihnen das. Sie benötigen als ausgesprochene Realisten keine feststehenden Regeln, Vorschriften oder Naturgesetze als Richtlinien für ihr Handeln so wie andere Typen. Weil der SP oft wagt, bevor er wägt, ist er in größerem Maße als andere Typen unfallgefährdet; er verletzt sich leicht aufgrund seiner Unaufmerksamkeit gegenüber möglichen Gefahrenquellen, und sein Optimismus wird genährt von dem Gefühl, daß das Glück ihm hold ist.

Das epimetheische Temperament

Die SJs machen ebenso wie die SPs etwa 38 Prozent der Bevölkerung aus. Nach der Typologie von Jung gibt es vier SJ-Typen: den ISFJ, ESFJ, ISTJ und ESTJ. Diese Typen unterscheiden sich zwar voneinander, gleichen sich aber in gewisser Weise, besonders in dem Verlangen nach Aufgaben und Pflichten. Hierin liegt ihre epimetheische Natur – sie existieren, um sich innerhalb der sozialen Einheiten, denen sie angehören, nützlich zu erweisen.

Epimetheus, Bruder des Prometheus und Atlas, verkörpert den Stil des SJ ebenso treffend wie Dionysos den des SP verkörpert. In der bekannten Sage von Prometheus heißt es, daß dieser seinem Bruder Epimetheus riet, keinerlei Geschenke des Vaters Zeus anzunehmen. Prometheus, seinen eigenen Rat befolgend, weigerte sich, die schöne Frau, die Zeus für ihn geschaffen hatte, zu heiraten. Epimetheus eiferte dem Vorbild seines Bruders nach und lehnte Pandora ab, was einen heftigen Zornesausbruch des Zeus zur Folge hatte.

Durch die Prometheus von Zeus auferlegte Strafe in Furcht versetzt besann sich Epimetheus eines Besseren und nahm Pandora (die schönste Frau, die je geschaffen worden war) an, obwohl er sich der Gefahren, die dieses Geschenk in sich barg, voll bewußt war. Bald darauf geschah es, daß Pandora, von Neugier getrieben, nicht länger widerstehen konnte, in das goldene Gefäß zu schauen, das sie vom Olymp gebracht und das Zeus zu öffnen ihr verboten hatte. Aber selbst nachdem sie den Deckel der verbotenen Büchse geöffnet und somit das Entweichen der Übel, die sich fortan über die ganze Menschheit verbreiteten, verursacht hatte (Alter, Arbeit, Krankheit, Wahnsinn, Laster – und Leidenschaft), bekannte sich Epimetheus zu seiner Frau. Obwohl er selbst wie auch Pandora unter dem Stachel des Bösen zu leiden hatten, verließ er seine Frau nie. Vielmehr akzeptierte er sein Schicksal und empfing einen wirksamen Schutz gegen das Übel, das nun über der Welt verbreitet lag. Dieser Schutz bestand in dem auf die traditionellen "richtigen Begriffe" sich stützenden Gewissen, also auf jenem Schatz der überlieferten Lebensklugheit, von dem die öffentliche Meinung denselben Gebrauch macht wie der Richter vom Strafgesetzbuch.

Als Epimetheus sich dem Wunsche des Zeus gefügt und Pandora geheiratet hatte, wurde ihm somit Lebensklugheit zuteil. Er besaß aufgrund seines Gehorsams das Selbstvertrauen, das aus einem reinen Gewissen erwächst. Zwar mußte er alle Leiden der Menschheit ertragen, aber er empfing auch den Schatz der Hoffnung (und der Prophezeiung), das einzige Gute in Pandoras Gefäß der Übel. [Grand, 1962; Graves, 1955; Hamilton, 1940; Jung, 1923]

Der SJ braucht ein Gefühl der Zugehörigkeit. Diese Zugehörigkeit muß verdient sein. Er will nichts umsonst haben und seine Abhängigkeit niemandem aufdrängen, so als wäre es sein gutes Recht. Abhängigkeit ist in seinen Augen weder ein legitimer Zustand noch ein legitimes Bedürfnis. Der SJ hat Schuldgefühle wegen seiner Abhängigkeit, so als handelte es sich dabei um die Vernachlässigung einer Pflicht. Er möchte außerdem stets der Gebende und nicht der Empfangende, der Beschützende und nicht der Schützling sein.

Diese beinahe elterliche Einstellung des SJ macht sich schon in frühem Lebensalter bemerkbar. Wenn man eine erstmals sich versammelnde Kindergartengruppe beobachtet, kann man feststellen, daß einige der Fünfjährigen ernsthaft und angespannt nach einem Hinweis suchen, wie sie sich zu verhalten haben bzw. was von ihnen erwartet wird. Die anderen Kinder (vorwiegend SPs und einige NFs und NTs) verhalten sich eher wie kleine junge Hunde, die sich balgen, beschnüffeln und an irgendetwas knabbernd fröhlich die Stunden vertreiben. Die Schule ist wie für SJs geschaffen, wird vorwiegend auch von SJs geleitet und dient hauptsächlich dazu, aus diesen fröhlichen, ausgelassenen Kleinen ernsthafte, pflichtbewußte kleine Eltern zu machen, die sich nur an dem, was man von ihnen erwartet, orientieren.

Wenn der SJ in die Schule eintritt, hat sich bei ihm der Wechsel von der brüderlichen zur elterlichen Einstellung bereits vollzogen. Natürlich fühlt er sich noch für viele Jahre, d.h. während der gesamten Kindheit, abhängig (bis er sich durch das Austragen von Zeitungen oder anderweitig Geld verdienen kann), genießt dieses Gefühl aber nicht im geringsten. Hierbei handelt es sich jedoch nicht um den Wunsch nach Unabhängigkeit (so wie beim SP), sondern lediglich um das ungestillte Verlangen, sich nützlich zu machen.

Während sich der SP genötigt sieht, frei und unabhängig zu sein, ist es für den SJ zwingend notwendig, gebunden und verpflichtet zu sein. Diese Bedürfnisse kann man sinnvollerweise als reziprok betrachten. In der Tat läßt sich der Charakter des SJ besser erklären, wenn man ihn in Reziprozität zum Charakter des SP sieht.

Erstens, während der SJ wie ein stoischer Ethiker lebt, führt der SP ein Leben nach epikurischer Ethik – der eine lebt für die Arbeit, der andere für das Vergnügen. Es muß hierbei betont werden, daß es sich bei beiden um eine Ethik handelt. Weder ist die eine gut noch die andere schlecht; es handelt sich lediglich um unterschiedliche Ansichten über das, was gut ist. Bei den NFs und NTs findet man weitere unterschiedliche Ansichten über das, was als gut empfunden wird.

Zweitens, während der SP seine brüderliche und freiheitliche Einstellung mit seiner Überzeugung von und dem Wunsch nach Gleichheit unterstreicht, betont der SJ seine elterlichen und verantwortungsbewußten Ansichten mit der Überzeugung von und dem Wunsch nach Hierarchie. Das für den SJ Wesentliche an der Gesellschaft ist ihre hierarchische Struktur. Nach seiner Meinung muß es Unter- und Überordnung geben; es müssen Regeln existieren, die die Beziehungen zwischen den Mitgliedern der Gesellschaft bestimmen, ganz sicher in den Städten, Schulen, Kirchen und Betrieben, aber auch in der Familie. Die eigene Stellung innerhalb dieser sozialen Einheiten soll erworben sein – jeder soll seinen Beitrag leisten. Diese Art der Einstellung ist dem SP völlig fremd. Ganz gleich um welche soziale Gruppe es sich handelt, für ihn sind alle Mitglieder gleichgestellt. Eine Vorrangstellung ist für ihn Glücksache und nicht eine Sache des persönlichen Verdienstes. Regeln sind für ihn lediglich ein verstecktes Mittel zur Erhaltung des Status quo, der rein zufällig erreicht wurde.

Ferner läßt sich selbst bei oberflächlicher Betrachtung eines SJ, im Gegensatz zum Optimismus des SP, ein Hang zum Pessimismus in allem, was er tut, erkennen. Das Motto der Pfadfinder, "Seid bereit", stammt wahrscheinlich von einem SJ; sicher wurde die Organisation der Pfadfinder von SJs ins Leben gerufen, und es sind die SJs, die innerhalb dieser Gruppen den Vorsitz führen. Tatsächlich ist das oberste Gebot eines SJ, bereit zu sein. Viele seiner Handlungen dienen der Vorbereitung auf etwaige Rückschläge oder widrige Umstände. Man darf daraus jedoch nicht den Schluß ziehen, der SJ neige zu düsteren Vorhersagen von Unheilvollem. Vielmehr sollte man ihn als einen Realisten sehen, dem es wichtig erscheint, für schlechte Zeiten etwas auf die Seite zu legen.

Aesops Fabel "Die Ameise und der Grashüpfer" veranschaulicht auf hervorragende Weise die reziproke Beziehung zwischen einem SJ und einem SP. Die Geschichte handelt von einer Ameise, die pflichtbewußt und eifrig damit beschäftigt ist, große Brotkrümel zur Aufbewahrung von einer Stelle zu einer anderen zu transportieren, während der Grashüpfer auf einem Grashalm am Rande des Weges liegt, Tabak kauend auf der Geige spielt und dazu singt, "Die Welt schuldet mir den Lebensunterhalt". Die Ameise, ohne auch nur einen Moment in ihrer mühevollen Arbeit innezuhalten, rügt das Verhalten des Grashüpfers und sagt: "Hilf mir, denn gemeinsam können wir das Vorratslager für die Wintermonate füllen und sicherstellen, daß keiner von uns beiden zu hungern oder zu frieren braucht". Der Grashüpfer erwidert: "Wenn Du mit dieser fieberhaften Geschwindigkeit fortfährst, wirst Du den Winter nicht erleben, sondern an Magengeschwüren, überhöhtem Blutdruck oder Darmkatarrh zugrunde gehen. Komm herauf zu mir, und wir werden gemeinsam das schöne Wetter und den Überfluß an Nahrung genießen. Laß uns ein Lied anstimmen und das feiern, was die Welt uns ohnehin schuldet". Beide ignorieren natürlich des anderen Aufforderung und gehen ihrer eigenen mühseligen bzw. unbeschwerten Wege. Da es nun ein langer, kalter Winter wird, bleibt dem Grashüpfer nichts anderes übrig, als hungernd und frierend an die Tür der Ameise zu klopfen. Die Ameise in ihrem gemütlichen, mit Vorräten angefüllten Haus kann nicht anders als den Grashüpfer hereinzulassen. Und so ist es mit den SJs und den SPs – häufig heiraten sie untereinander und spielen dann dieses ewige Drama.

Eine weitere Anmerkung zum epimetheischen Pessimismus sind die Murphyschen Gesetze, die beispielsweise besagen, "was mißlingen kann, wird auch mißlingen" oder "alles dauert länger und kostet mehr". Nur ein SJ kann derartige Gesetze ersinnen.

Das Bedürfnis des SJ, sich nützlich zu machen, zeigt sich häufig in Form eines Verlangens nach Mitgliedschaft. In dieser Hinsicht zeigt der SJ einen weitaus größeren Appetit als andere. Sozialen Einheiten angehören zu wollen ist ein wichtiger Aspekt seines Wesens. Der SJ nimmt durch sein Handeln die gesellige Natur des Menschen wahr. Er neigt in weitaus größerem Maße als andere Typen zur Schaffung sozialer Einheiten und setzt sich auch für deren Fortbestand ein (z.B. Familie, Kirche, Club, Stadtbezirk, Vereinigung). Die soziale Einheit kann für den SJ zum Endzweck werden, so wie die Handlung zum Endzweck für den SP wird. Andererseits kann ein SP unter Umständen einer sozialen Einheit angehören, verlangt und erwartet aber als Gegenleistung für seine Mitgliedschaft die Erfüllung seiner persönlichen Bedürfnisse.

Je älter der SJ wird, desto größer wird die Bedeutung, die er dem Traditionellen zumißt. Im allgemeinen ist es das SJ-Mitglied der Familie, des Clubs, der Kirchengemeinde oder der Firma, das auf die Wahrnehmung von Traditionen Wert legt. Für den Fall, daß traditionsgebundene Bräuche oder feierliche Anlässe nicht bestehen, gelingt es dem SJ zumeist, solche ins Leben zu rufen und diese dann aufrechtzuerhalten. Beiläufig zu erwähnen ist noch, daß andere gern an derartigen Festivitäten und feierlichen Handlungen teilnehmen. Im übrigen ist der SJ gern bereit, jeden am Festmahl teilhaben zu lassen, selbst die undankbaren Tafelgäste.

Dennoch besitzt der SJ, der sich überwiegend mit dienstbaren Handlungen befaßt, einen ausgeprägten Spürsinn für Undankbarkeit. Eigenartigerweise ist er nicht in der Lage, Dankbarkeit oder Anerkennung zu verlangen, da er es als seine Pflicht betrachtet, zu geben, zu dienen und fürsogliches Verhalten zu zeigen. Er fühlt sich verpflichtet, verantwortlich und belastet, will es aber nicht anders haben. Wäre es anders, so fühlte er sich nutzlos und nicht zugehörig. Zu empfangen, bedient zu werden und versorgt zu sein sind nicht zu rechtfertigende Wunschvorstellungen, die es auszumerzen oder vor sich selbst zu verbergen gilt, sobald sie in Erscheinung treten. Bei Partys kann man beobachten, wie der SJ, um sich zu amüsieren, dem Gastgeber beim Servieren von Erfrischungen behilflich ist oder sich anderweitig nützlich macht. Gibt auf der anderen Seite der SP eine Party, so kann man feststellen, daß es die SJ-Gäste sind, die sich letzten Endes um die Wünsche des Gastgebers kümmern. Man weiß zwar, wer das Fest inszenierte, aber auch, wer es durchführte!

Im Hinblick auf die Berufswahl des SJ gibt es keine Unklarheiten. Er folgt dem Ruf der Institutionen; er gründet und erhält sie und setzt sich für deren Fortbestand ein. Lehrer, Prediger, Angestellte im Rechnungs-, Bank- und Versicherungswesen, Büroangestellte, Mitglieder des Managements, Angestellte der medizinischen- und Rehabilitationsdienste, Verkaufspersonal (Versorgung) – alle diese Berufe lassen das Bedürfnis nach Konservierung erkennen. Ganz gleich wo der SJ sich befindet, mit wem er sich befaßt oder womit er sich beschäftigt, er ist ein Konservator. Früher oder später zeigt sich auf die eine oder andere Art, daß er zu bewahren und zu erhalten sucht. Bei seinem Gegenüber, dem SP, zeigt sich früher oder später auf die eine oder andere Art, daß er für das Verausgaben und das Verbrauchen ist. Der SJ ist das Fundament, der Eckpfeiler, das Schwungrad und der Stabilisator der Gesellschaft, und wir können uns ob seiner Gegenwart glücklich schätzen.

Das Bedürfnis des SJ zu konservieren kann derart ausgeprägt sein, daß alle seine Handlungen und Ansichten im wesentlichen davon beeinflußt werden. Ganz sicher kann es zu der Unfähigkeit führen, sich zusätzlicher Verantwortung zu entziehen. Man braucht einen SJ nur zu bitten, und er wird kaum jemals in der Lage sein, zusätzliche Pflichten abzulehnen. Er fragt sich dabei, "wenn ich es nicht mache, wer sollte es dann tun?", und fürchtet die möglichen Konsequenzen. Natürlich fühlt sich der SJ schmerzlich berührt, wenn ihm nicht die ihm gebührende Anerkennung gezollt wird. Er kann sogar ein Gefühl des Verlustes haben, das ironischerweise durch die Handlung, die Verlust verhindern sollte, hervorgerufen wird. Dieses Gefühl, sich nicht gewürdigt zu sehen, kann der SJ nicht ohne weiteres ausdrücken, da er ja aufgrund seines Naturells das Tragen von Verantwortung als seine Pflicht betrachtet. So wie die Reserven für zukünftige Eventualitäten nie groß genug sein können, so kann die zu tragende Verantwortung nie groß genug sein, um sich von dem Gefühl seiner "Pflicht und Schuldigkeit" zu lösen.

Der Hang des SJ zur Konservierung kann sich auch in dem Wunsch äußern, einen Funktionärsposten zu bekleiden. Sobald er einen solchen Posten innehält – ganz gleich in welchem Unternehmen oder welcher Einrichtung –, neigt der SJ dazu, seine Autorität zugunsten der Erhaltung und des Fortbestandes von Überliefertem geltend zu machen.

Das Überlieferte und das Überlieferbare spielen bei Anhängern des Epimetheischen eine bedeutende Rolle. Vergängliches, Flüchtiges oder Behelfsmäßiges erscheinen ihnen fast als Affront gegen das korporative, kommunale oder familiäre Erbe. Obwohl diese nicht als illegal oder unmoralisch zu bewerten sind, sollten sie dennoch mit einem Maß an Mißtrauen betrachtet werden, bedeuten sie doch Veränderung, und Veränderung bedeutet Verlust von Überlieferungen. Der SJ weiß natürlich wie andere auch, daß Wechsel unumgänglich, notwendig und unter Umständen sogar wünschenswert ist, nur sollte man sich ihm widersetzen, wenn er auf Kosten des Altbewährten, Anerkannten und Gutgeheißenen geschieht. Veränderungen sollten eher durch Evolution als durch Revolution erfolgen. Als Hüter von Überlieferungen ist der SJ ein Feind des Revolutionären.

Der SJ hält Titel und Ämter für wichtig, da sie für ihn offizielle Anerkennung und Bewährung bedeuten. Er vertritt nicht die Meinung, daß Besitztum praktisch gleichbedeutend ist mit dem Gesetz, sondern daß das Gesetz im wesentlichen den Besitz bestimmt. Illegales Besitztum ist für den SJ eines der verabscheuungswürdigsten Übel. Haben und Nichthaben sind Begriffe, die in seinem ausgeprägten Pflichtbewußtsein ebenso verankert sind wie Geben und Nehmen. In der Tat kann man den SJ besser verstehen, wenn man seine starke elterliche und parochiale Grundeinstellung zum Haben und Geben, Verzichten und Nehmen versteht.

Der SJ ist der natürliche Historiker der Gesellschaft, und es ist der Historiker, der für die Gesellschaft aus der Geschichte lernt. Will Durant sagte einmal, daß das Wichtigste, das uns die Geschichte lehrt, die Reziprozität von Freiheit und Gleichheit ist. Die Zunahme der Freiheit bedingt die Abnahme der Gleichheit, und die Zunahme der Gleichheit bedingt die Abnahme der Freiheit. Leider lernen nicht alle Menschen aus der Geschichte die Utopien, die ein Maximum an Freiheit und Gleichheit versprechen, sind hierfür ein Beispiel –, der SJ aber sieht in der Ungleichheit (Hierarchie) instinktiv den einzigen Weg zur Freiheit. Diese Billigung der Hierarchie zeigt sich auch in seiner Reverenz gegenüber Älteren und seiner Überzeugung, daß man Ältere respektieren und sich ihren Wünschen fügen sollte.

So wie die aus der Geschichte gewonnenen Erkenntnisse unser gegenwärtiges und zukünftiges Verhalten leiten sollten, so gibt es auch Grundlegendes, das die Basis für die Errichtung und Unterhaltung unserer Institutionen darstellt. Der SJ ist ebenso ein überzeugter Verfechter des Fundamentalen wie des Vorhergegangenen. Allerdings kann es unter den SJs erhebliche Unterschiede im Hinblick darauf geben, welche Dinge sie als fundamental betrachten. Aber was auch immer sie als solches ansehen, sie werden sich unbedingt daran halten.

Die Bereitschaft des SJ, Verantwortung zu übernehmen, ist unbegrenzt. Wenn es gilt, eine Arbeit zu verrichten, eine Aufgabe auszuführen oder eine Pflicht zu erfüllen, so fühlt sich der SJ persönlich angesprochen, selbst dann, wenn er bereits völlig überlastet ist und andere weitaus weniger ausgelastet sind als er. Wahrhaftig wird diese Unfähigkeit des SJ, zusätzliche Belastungen abzulehnen, von anderen mitunter ausgenutzt. "Jane wird das schon machen", heißt es dann. Andere sind sich dessen oft nicht bewußt, welche Anforderungen sie damit an Jane stellen, die aufgrund unzureichender Anerkennung ihrer Dienstbeflissenheit oft erschöpft, beunruhigt, traurig oder sogar krank ist. Unter Umständen können Depressionen die Folge sein, ein Zustand, für den der SJ besonders anfällig ist. Sogar ein derart außergewöhnlicher SJ wie Abraham Lincoln konnte in einen furchtbaren Erschöpfungszustand geraten:

> "Nun bin ich der unglücklichste Mensch der Welt. Wäre das, was ich empfinde, gleichmäßig auf alle Menschen dieser Erde verteilt, so gäbe es kein einziges fröhliches Gesicht. Ob es mir wieder bes ser gehen wird, ich weiß es nicht. Ich habe die böse Ahnung, daß es nicht besser wird..."
>
> [Gillette, Mary, Paul & Hornbeck]

Das Bestreben des SJ, Verantwortung zu übernehmen, bringt ihm nicht immer die wohlverdiente Anerkennung. Die größten Nutznießer seiner Beiträge schenken ihm oft nur wenig Beachtung, während sie seine Bereitwilligkeit zur Übernahme zusätzlicher Pflichten ausnutzen. Bisweilen sind sich die Nutznießer seiner Dienste nicht einmal dessen bewußt, daß dem SJ weniger Anerkennung zuteil wird als er verdient. Das mag zum Teil an der ernsten, ja sogar abweisenden Miene des SJ liegen – einem Gesichtsausdruck, der nicht unbedingt auf Herzenswärme schließen läßt. Hawthornes Hepzibah in The House of the Seven Gables verkörpert diese Ernsthaftigkeit:

> Miss Hepzibah hatte es ihrer finsteren Miene zu ver danken, daß man sie zur mürrischen alten Jungfer ab gestempelt hatte... "Wie furchtbar verdrießlich ich aussehe!" muß sie sich wohl selbst oft zugeflüstert und letzten Endes auch eingebildet haben, daß sie tatsächlich so war... Aber sie hatte kein finsteres Herz. Es war von Natur aus weich und empfindsam, konnte erzittern und beben, und diese kleinen Schwächen waren auch dann vorhanden, wenn sich ihr Gesicht zu nehmend verfinsterte, ja sogar verbissen wirkte.
>
> [Nathaniel Hawthorne, *The House of the Seven Gables*. Scholastic Magazine. New York, 1965, pp. 33-34]

Die Betreuung anderer, besonders der Kinder und Alten und auch derjenigen in Autoritätspositionen, ist den SJs ein besonderes Anliegen. SJs fühlen sich in starkem Maße an die Normen der Gesellschaft gebunden, sie halten sich gewöhnlich an diese und versuchen, sie der Jugend zu vermitteln. Es ist für die SJs von Wichtigkeit, daß das Gefüge, innerhalb dessen sie arbeiten, ebenfalls auf Normen beruht; SJs wollen weder mit Menschen noch mit Institutionen etwas zu tun haben, die sich außerhalb der Grenzen des von der Gesellschaft Gebilligten bewegen.

> Solche Bilder sind nicht anständig. Mary richtete ihren skeptischen katholischen Blick auf die Rundungen des nackten, sich in Spitzen rekelnden Flittchens. Wenn das ihre Tochter wäre, die so herumschlampt ...
>
> Die O'Neills schockierten Mary immer wieder. Sie war ebenso leicht zu schockieren, wie sie auf blaue Flecke anfällig war, und jeder kleine Stoß hinterließ für mehrere Tage purpurrote Flecke auf ihrer Haut. Arme Mary. Wenn es nicht um Bobby ginge, wäre sie schon längst gegangen. Wie sie dieses Kind erzogen! Nie gaben sie ihm ein Stück Fleisch zu essen, nicht ein mal hin und wieder ein Stück Lammfleisch. Nichts als Kalorien und Kohlehydrate. Und über den Erlöser wüßte er herzlich wenig, wenn sie es ihn nicht gelehrt hätte.
>
> [Tiffany Thayer, *Thirteen Women*. New York: Claude Kendall, 1932, p. 1]

Wie aufgrund ihres Engagements für die in der Gesellschaft bestehenden Regeln und Institutionen nicht anders zu erwarten ist, findet man die SJs häufig im Geschäftsleben, in Berufen des Dienstleistungsbereichs, der Allgemeinmedizin, der Zahnmedizin, der Pharmazie, des Bankwesens, des mittleren Managements, des Rechnungswesens, der Frisörbranche und des Beamtentums. Alle diese Berufe beinhalten den Dienst am Menschen und sind Teil einer festbegründeten, anerkannten Institution. Ein hoher Prozentsatz des Lehrpersonals Lehrer sowie Verwaltungsangestellte und Bibliothekare besteht aus SJs. Die Höhe dieses Prozentsatzes hängt von der Größe des Schulbezirks und dem Einstellungsverfahren ab; je größer der Bezirk und je zentralisierter das Management sind, umso größer ist der Anteil an SJs. In jedem Falle aber handelt es sich bei über der Hälfte aller Grundund Oberschullehrer um Anhänger des SJ-Lebensstils. Die Wahl des Lehrberufes ergibt Sinn für einen SJ, da das Schulwesen die Beständigkeit einer geschätzten Institution verkörpert, die es sich zur Aufgabe macht, der nächsten Generation die Werte und Bräuche der Gesellschaft zu vermitteln.

> Man betritt das Klassenzimmer und spürt die ganze Macht der Institution. Man sagt den Leuten, was sie zu tun haben, und sie tun es, was sie zu lesen haben, und sie lesen es. Man sagt den Leuten, was sie denken und wie sie gewisse Dinge interpretieren sollen... Man kann Schuldgefühle in ihnen hervorrufen, wenn

> sie etwas nicht gelesen haben und nichts über das Thema wissen. Dieses Spiel wird von Lehrern immer wieder gespielt. Und ich selbst befand mich knietief mittendrin.
>
> [Studs Terkel, *Working*, p. 566]

SJs fühlen sich auch zu solchen Tätigkeiten hingezogen, die Pflegedienste beinhalten, wie z.B. Tätigkeiten in Krankenhäusern. Ein großer Teil des Personals der in Pflegediensten Beschäftigten besteht aus SJs, besonders aus SFJs. Tätigkeiten in Einrichtungen, die sich der Armen und Kranken annehmen, fallen in den besonderen Aufgabenbereich der SJs.

Der SJ ist wahrhaftig der Stabilisator der Gesellschaft, sowohl im sozialen als auch im wirtschaftlichen Bereich. Er gibt täglich sein Bestes und versteht nicht, wenn andere dies nicht tun. Der SJ besitzt einen ausgeprägten Sinn für Tradition. Er nimmt das, was in seinem Kulturkreis als Recht und Unrecht gilt, ernst und äußert im allgemeinen sein Mißfallen gegenüber Missetätern. Mit denen, die die Sitten und Institutionen der Gesellschaft mißachten, macht der SJ kurzen Prozeß, es sei denn, der Betreffende bereut sein Verhalten. Abtrünnigen gegenüber verhält er sich mißbilligend, es sei denn, daß diese ihr Bedauern und die Absicht, sich zu bessern, zum Ausdruck bringen.

Die SJs selbst neigen dazu, das Richtige im rechten Augenblick zu tun. Sie spüren täglich von neuem ein Zugehörigkeitsbedürfnis und den Drang, einen Beitrag zu leisten, der den Institutionen, denen sie dienen, zugute kommt. Nie können die gestern geleisteten Beiträge heute noch ausreichend sein. Der SJ sucht täglich von neuem die Bestätigung seiner Zugehörigkeit durch verantwortungsbewußte Pflichterfüllung. Seine Pflichten nicht zu erfüllen, gilt für ihn als anstößig; sich den Regeln der Gesellschaft nicht anzupassen, betrachtet er als geschmacklos. Begriffe wie Standhaftigkeit, Zuverlässigkeit, Vertrauenswürdigkeit, "Salz der Erde", "Rückgrat der Gesellschaft", "Eckpfeiler der Stärke" beschreiben den SJ, den man in der Tat den Verfechter der kulturellen Werte der Gesellschaft nennen kann.

Das prometheische Temperament Damit die Menschen den Götter ähnlicher werden, schenkte Prometheus ihnen das Feuer – das

Symbol für Licht und Energie. Indem sich die Menschheit Licht und Energie nutzbar machte, gewann sie Gewalt über die Natur und lernte diese besser zu verstehen. Die Natur zu verstehen und sie zu beherrschen, bedeutet Macht zu besitzen, und im Machtbegehren unterscheiden sich die prometheischen Menschen von den anderen.

Bei den prometheisch Veranlagten handelt es sich um die NTs – die INTPs, ENTPs, INTJs und ENTJs. Man findet sie relativ selten, nämlich in nur etwa 12 Prozent der Bevölkerung. In den ersten Schuljahren, bevor selektive Faktoren eine wirksame Rolle spielen, findet man unter 32 Schülern einer Klasse nur vier NTs. Unter diesen vier NTs befindet sich nur ein Introvertierter, d.h. entweder ein INTP oder ein INTJ. Mit anderen Worten, die NTs bewegen sich in einem fremdartigen sozialen Umfeld. Sie sind gezwungen, mit anders Gearteten umzugehen, während die SPs und die SJs fortwährend von Menschen ihrer Art umgeben sind. Die Eltern und Lehrer eines NT sind mit großer Wahrscheinlichkeit SPs oder SJs (in nur etwa einer von 16 Familien sind beide Elternteile Ns, und in nur einer von tausend Familien sind beide Elternteile NTs).

Macht übt auf NTs einen starken Reiz aus. Dabei handelt es sich jedoch weniger um die Macht über Menschen als um die Macht über die Natur. In der Lage zu sein, die Gegebenheiten zu verstehen, zu beherrschen, vorauszusagen und zu erklären, fasziniert die NTs. Man beachte, daß es sich hierbei um die vier Ziele der Wissenschaft handelt, und daß sich hinter jedem NT ein Wissenschaftler verbirgt.

Bei diesen Arten der Macht handelt es sich allerdings vorwiegend um ein Mittel zum Zweck, wobei der Zweck am treffendsten mit dem Wort Kompetenz auszudrücken ist. Es handelt sich bei den NTs also weniger um ein Machtbegehren als um den Wunsch, Kompetenzen, Fähigkeiten, Geschicklichkeit, Tauglichkeit und Findigkeit zu besitzen.

Der prometheische NT schätzt Intelligenz, d.h. die erfolgreiche Ausführung von Aufgaben unter sich verändernden Rahmenbedingungen. Ein Mensch mit stark ausgeprägter NTVeranlagung kann sogar zu einer Süchtigkeit hinsichtlich der Erlangung von

Intelligenz neigen, indem er stets nur auf die Speicherung von Weisheit und Wissen bedacht ist, so wie Aesops Ameise darauf bedacht ist, Vorräte zu speichern. Sagt man einem NT, er sei ein Schwindler, ein Lügner oder ein Betrüger, oder sagt man ihm, es fehle ihm an Verantwortungsbewußtsein und an Spontaneität, so wird er über diese Kritik nachdenken und möglicherweise antworten: "Du magst recht haben", was aber nicht heißen soll, daß er auf derartige Kritik nicht bestürzt oder verletzt reagieren kann. Er stellt häufig selbst seinen Freiheitssinn, sein Verantwortungsgefühl und sein Gefühl für Autorität in Frage. Sagt man ihm aber, er sei töricht, dumm oder inkompetent, dann wird man feststellen, daß er ganz genau wissen möchte, mit welcher Berechtigung man dieses über ihn sagt, da er glaubt, nur er selbst sei in der Lage, seine Fähigkeiten zu beurteilen und dies praktiziert er mit gnadenloser Selbstkritik.

"Der Wunsch, kompetent zu sein" beschreibt die Antriebskraft, die dem Streben und Trachten des NT zugrunde liegt, in zu milder Form. Der NT muß kompetent sein. In seinem Verlangen liegt eine Dringlichkeit; er kann davon besessen sein und unter dem Zwang stehen, Fortschritte zu machen, so als wäre er in einem Kraftfeld gefangen. Dieser Zwang ist in seiner Zugkraft ähnlich dem Zwang zur Handlung, dem der SP unterliegt, obwohl er sich in der Zielsetzung unterscheidet. Der SP muß handeln, ist aber nicht daran interessiert, sich zu verbessern und Fortschritte zu machen (obwohl er hervorragende Leistungen erreicht); der NT muß sich verbessern und Fortschritte machen, hat aber kein Interesse an der Handlung als solcher (obwohl er mit zunehmender Präzision und Exaktheit handelt). In gewissem Sinne stellt der SP das Spiegelbild des NT dar. Fähigkeit bedeutet für den SP lediglich ein Mittel, das ihm die Leistung ermöglicht, während für den NT die Leistung das Mittel ist, das ihm das Speichern seiner Fähigkeiten erlaubt.

	MITTEL	ZWECK
NT	Leistungen	Fähigkeiten
SP	Fähigkeiten	Leistungen

[Beiläufig zu erwähnen ist die Tatsache, daß weder der SJ noch der (bisher mysteriöse) NF mehr als ein dürftiges Interesse an

Leistungen und Fähigkeiten besitzt. Möglicherweise fällt es uns leichter, die NF- und SJ-Temperamente zu verstehen, wenn wir dieses relative Desinteresse berücksichtigen. Ihre Interessen liegen auf anderen Gebieten, und die militante Art der extremen SPs und NTs erscheint ihnen rätselhaft. In umgekehrter Weise ist den militanten SPs und NTs die Gleichgültigkeit anderer unverständlich.]

Der NT neigt in größerem Maße als die Vertreter aller anderen Wesensarten zur Selbstkritik. Er plagt sich wegen begangener Fehler mit Selbstvorwürfen, verlangt von sich, Resolutionen zur Besserung zu fassen, und überwacht seine Fortschritte in unbarmherziger Weise. Er prüft ständig den Puls seines Könnens und mißt stündlich die Temperatur seines Auffassungsvermögens. Er will alle Gegenstände und Ereignisse ob menschlicher oder übermenschlicher, physischer oder metaphysischer Natur, verstehen, zumindest auf dem Gebiet, das er als seinen Kompetenzbereich betrachtet. Je extremer in seinem Stil der NT ist, um so höher sind die Anforderungen, die er an sich stellt, hinsichtlich der Aneignung von Wissen und Können. Kompetenz zu besitzen, ganz gleich um welche Bereiche oder welche Unternehmungen es sich handelt, ist für den NT ein Muß; er wird sich ohne sie nicht zufriedengeben.

Der NT macht sich Gedanken über das, was er wissen müßte und können sollte, und behält alles einzeln aufgeführt wie auf langen, umfangreichen Listen in seinem Kopf. Er ist geneigt, ständig zusätzliche Posten in diese Listen aufzunehmen, ohne jemals nur eine einzige Zeile zu löschen. Er befaßt sich mit einem System der Vervollkommnung und wird somit zum Perfektionisten, der ein angespanntes, zwingendes Verhalten zeigt, wenn er unter starkem Druck steht. Ständig auf der Hut vor eigenen Unzulänglichkeiten und Fehlschlägen im Erlangen absoluter Kompetenz, reagiert er auf die Kritik, die seine Macht oder seinen Einfluß betrifft, mit Verachtung oder Belustigung. Er kann derartige Reaktionen zum Ausdruck bringen oder auch nicht, wobei es wahrscheinlich die Extravertierten sind, die sich der ersteren Form bedienen. Der NT ist sich wohl bewußt, welche Befähigung zur Kritik der Betreffende besitzt, und inwieweit dieser überhaupt zur Ausübung von Kritik berechtigt ist. Im Zusammenhang mit der Forderung nach Kompetenz der Kritiker steht eine gewisse Widerspenstigkeit der

NTs (die bereits im frühen Kindesalter zu bemerken ist), Ideen oder Meinungen anerkannter Autoritäten ohne weiteres zu akzeptieren. Die Tatsache, daß jemand mit Titel, Rang oder Ansehen eine Erklärung macht, läßt den NT unbeeindruckt. Er bewertet die Äußerung aufgrund ihres Inhaltes; sie muß klar verständlich, beweisbar und pragmatisch sein. "Ich weiß, daß Einstein das gesagt hat", bemerkt der NT, "aber selbst die Besten unter uns können sich irren". Diese Widerspenstigkeit anerkannten Autoritäten gegenüber verleiht den NTs, besonders denen mit stark ausgeprägtem prometheischen Temperament, etwas außergewöhnlich Individualistisches, wenn nicht sogar Arrogantes.

> Schon seit meinem zwölften Lebensjahr beschäftigt mich die Frage nach dem Sinn des menschlichen Daseins ... (Zweifellos wurden diese Gedanken durch das herden artige Dahintreiben der Menschen meiner Umgebung inten siviert.)... Ich war von dem Gedanken besessen, daß es eine wissenschaftliche Methode zur Untersuchung der Daseinsfrage geben müsse. Mit vierzehn Jahren entdeckte ich Shaws Man and Superman und war schockiert, als mir klar wurde, daß ich nicht das erste menschliche Wesen war, das sich diese Frage gestellt hatte.
>
> [Colin Wilson, *The Outsider*. New York: Dell Pub. Co., 1956, pp. 289-90]

NTs lassen oft (gegenüber Vertrauenspersonen!) verlauten, daß sie von dem Gefühl, dicht vor einem Mißerfolg zu stehen, verfolgt werden. Ganz sicher wird diesmal der notwendige Grad an Kompetenz fehlen und sie werden versagen. Diesmal wird das vorhandene Wissen nicht ausreichen. Ständige Selbstzweifel sind das Los des NT. Diese Zweifel bewirken häufig ein schwerfälliges Handeln (besonders bei den NTPs); Selbstzweifel können ihn handlungsunfähig machen und zur Unbeweglichkeit und Unentschlossenheit führen.

Der prometheisch Veranlagte ist nie überzeugt, genügend zu wissen oder auf seinem Gebiet ausreichend kompetent zu sein. Er trägt zu diesem Gefühl des Unbehagens durch zunehmend größere Anforderungen an sich selbst noch bei. Was für ihn heute als zufriedenstellend gilt, kann er schon morgen als gerade noch passabel beurteilen. Je stärker ausgeprägt die NT-Veranlagung eines Menschen ist, um so wahrscheinlicher ist es, daß er den eigenen Leistungsstandard an die von ihm gelegentlich erreichten Höchstleistungen anpaßt. Seine Durchschnittsleistungen sieht er somit als unzulänglich an. Dieses Gefühl der eigenen Unzulänglichkeit wird verstärkt durch die unnachgiebigen Anforderungen an sich selbst, durch Auflagen zur Selbstverbesserung und durch ständige Selbstüberwachung. Er arbeitet sozusagen mit einer imaginären Stoppuhr, die seine Gewinne und Verluste registriert. Er erwartet von sich absolute Kompetenz sowohl bei der Arbeit als auch beim Spiel und gönnt sich in seinem Bestreben, das selbstauferlegte hohe Leistungsniveau zu erreichen, keine Atempause.

Dem NT beim "Spiel" zuzusehen, kann ein rührender oder sogar trauriger Anblick sein, vergleicht man ihn mit einem SP und dessen selbstvergessener Hingabe in ähnlichen Situationen. Der NT weiß aufgrund logischer Überlegungen von der Notwendigkeit erholsamer Entspannung zur Erhaltung der Gesundheit. Er plant "erholsame" Aktivitäten ein, bemüht sich aber bei deren Durchführung angestrengt um eine Steigerung seiner Geschicklichkeit. Befaßt er sich beispielsweise mit einem Kartenspiel, so will er dabei keinen Fehler begehen. Beim Bridgespiel gesteht er zwar anderen zu, Fehler zu begehen, sich selbst aber gestattet er keinerlei unlogisches Vorgehen oder strategische Ungenauigkeiten. Auf dem Tennisplatz muß jeder Satz zur Verbesserung bestimmter Schläge genutzt werden. Sich dabei zu amüsieren, ist eine weitere Forderung, die der NT an sich stellt, da dies zur Definition von Freizeitbeschäftigung gehört.

Der NT wird bisweilen feststellen, daß er im Umgang mit anderen zwei widersprüchliche Signale gibt. Erstens, er erwartet von anderen nur wenig, da sie offensichtlich weder viel wissen noch viel können. Eine Art, dieses zu vermitteln, ist sein Erstaunen auszudrücken, wenn er bei anderen tatsächlich Kompetenz oder Auffassungsvermögen findet. Der NT geht oft davon aus, daß andere nicht in der Lage sind, seinen komplizierten Gedankengängen zu folgen, und diese seine Einstellung teilt sich anderen mit. Die Vertreter der drei anderen Wesensarten dagegen setzen voraus, von anderen in ihrer Kommunikation verstanden zu werden.

Zweitens, das widersprüchliche Signal, das vom NT ausgeht, ist die Erwartung, daß sich andere dem hohen Leistungsniveau anpassen, das er sich selbst auferlegt hat. Aber weder der NT noch ein anderer ist in der Lage, diesem hohen Standard gerecht zu werden. Der NT wird von anderen oft als sehr fordernd angesehen, was er in vielen Fällen tatsächlich auch ist.

Eine der unangenehmen Nebenerscheinungen dieser widersprüchlichen Signale des NT ist die Tatsache, daß sich andere in seiner Gegenwart intellektuell unterlegen fühlen. Daher nehmen sie ihm gegenüber häufig eine Abwehrhaltung ein, ziehen sich von ihm zurück und nehmen in zunehmend größerem Maße davon Abstand, ihm ihre Gedanken mitzuteilen. Dies kann bedeuten, daß der NT von den intellektuellen Erfahrungen anderer ausgeschlossen ist, die aus Angst, in den Augen des NT als "dumm" zu gelten, ihre Stellungnahme zurückhalten. Dieser Vorgang bewirkt natürlich, daß der NT seine Ansicht über die unbedeutenden geistigen Fähigkeiten anderer bestätigt findet.

Während diese Arroganz nicht gerade zu seiner Beliebtheit beiträgt, so kann sie zum Beispiel auch Gedanken, und Schriften schaffen, die das Denken der Menschheit entscheidend beeinflussen. Machiavelli liefert ein treffendes Beispiel, indem er, "ein unbedeutender Mann aus bescheidenen Verhältnissen", Lorenzo dem Prächtigen "Belehrungen" in Staatskunst erteilt:

> Es ist üblich, daß diejenigen, die sich um die Gunst eines Prinzen bemühen, ihm Gegenstände zum Geschenk machen, welche dieser besonders schätzt und welche ihn erfreuen. In diesem Sinne werden Prinzen oft mit Dingen wie Pferden, Waffen, goldenen Seidengeweben, Edelsteinen und Ornamenten, die ihrer Größe würdig sind, beschenkt. In dem Bedürfnis, Eurer Hoheit einen bescheidenen Beweis meiner Ergebenheit zu er bringen, gelang es mit nicht, unter meinen Besitz tümern irgendetwas zu finden, das ich in so hohem Maße wertschätze, wie das Wissen von den Taten be deutender Männer, das ich mir durch langjährige Er fahrung in jüngsten Ereignissen und durch ununter brochenes Studium der Vergangenheit angeeignet habe.
>
> Ich habe lange und mit größter Sorgfalt die Taten der Großen abwägend geprüft und überreiche Eurer Hoheit hiermit das Ergebnis in Form dieses kleinen Bandes. Obwohl mir dieses Werk der Entgegennahme durch Eure Hoheit unwürdig erscheint, so gibt mir das Vertrauen auf Eure Menschlichkeit die Gewißheit, daß Ihr es mit Wohlwollen annehmen werdet, wohlwissend, daß es nicht in meiner Macht steht, Euch ein

> bedeutenderes Gechenk darzubieten als jenes, welches Euch ermöglicht, inner halb kürzester Zeit all die Dinge zu verstehen, die ich unter Entbehrungen und Gefahren im Laufe vieler Jahre gelernt habe.
>
> [Niccolo Machiavelli, *The Prince*. Mentor Classic, New York: 1952, p. 31]

Der NT neigt in der Kommunikation zu einer Ausdrucksweise, die knapp, kurz und logisch ist; er wiederholt sich nie oder nur selten. Es widerstrebt ihm außerordentlich, das Offensichtliche zu sagen, folglich schränkt er seine mündliche Kommunikation ein. Er geht davon aus, daß die anderen "das natürlich bereits wissen". Der NT gelangt somit zu dem Schluß, daß er seine Zuhörer langweilen würde, redete er tatsächlich über das Naheliegende. Der NT verläßt sich im allgemeinen nur in geringem Maße auf nichtverbale Ausdrucksweisen und bemerkt bisweilen nicht einmal, wenn andere sich auf emotionale Weise mitzuteilen versuchen. Er ist in der Wahl seiner Worte sehr genau und hofft das Gleiche auch von anderen, erfährt jedoch sehr bald, daß dies nicht der Fall ist. Elisabeth die Große, Tochter von Heinrich VIII., die England auf so tüchtige Weise für mehr als vier Jahrzehnte regierte, besaß diese Eigenschaft, wie ihre Antwort auf das Drängen der Höflinge, ihre Heiratsabsichten zu erklären, zum Ausdruck bringt:

> Elisabeths Antwort war beeindruckend: "Was ich in Zukunft tun werde, weiß ich nicht, aber ich kann Euch versichern, daß ich im Augenblick nicht anders geson nen bin als ich Euch erklärt habe." Klarer können Worte es kaum ausdrücken.
>
> [E. Jenkins, *Elizabeth the Great*. New York: Time Publication, 1958, p. 57]

Elisabeth und ihre lebenslange Widersacherin, Maria Stuart, Königin von Schottland und Vertreterin des NF-Lebensstils, bieten einen faszinierenden Kontrast. Elisabeth hielt sich stets etwas abseits von den Menschen ihrer Umgebung; Maria ließ andere näherkommen – selbst ihre "Kerkermeister" liebten und verehrten sie. Marias Verhaltensweise beruhte auf emotionaler Grundlage. Sie wollte Königin von England werden, und diese Naivität bestimmte ihr Handeln, wobei ihr nie der Gedanke kam, ihr eigener Sohn, James, könnte ihr seine Hilfe verweigern. Elisabeth reagierte wie erwartet: auf logische und rücksichtslose Weise veranlaßte sie die notwendigen Schritte, zwar mit Bedauern, doch mit geringstmöglicher persönlicher Verstrickung in die Verurteilung Marias zur Hinrichtung.

Weil der NT, um Kompetenz zu erlangen (und um in den Augen anderer als kompetent zu gelten), sein Wissen ernst nimmt, besitzt er auf seinem Gebiet tatsächlich oft ein außergewöhnliches Können. Die Dominanz des Machtbedürfnisses über den bei ihm weniger ausgeprägten Drang zur Handlung, zur Pflichterfüllung oder zur Selbstverwirklichung kommt in seinem Verhalten schon sehr früh zum Ausdruck, oftmals in der Form kindlicher Neugier auf die Funktionsweise bestimmter Gegenstände, besonders Maschinen. Der NT beginnt mit seiner Suche nach Erklärungen, sobald er in der Lage ist, sich sprachlich auszudrücken, um Fragen zu stellen. Er zerbricht sich den Kopf über die Dinge seiner Umgebung und gibt sich nicht mit trugschlüssigen Antworten Älterer zufrieden. Er besteht auf sinnvollen, passenden Antworten, und seine Beharrlichkeit kann anderen oft lästig werden. Der NT ist ständig damit beschäftigt, sich Wissen anzueignen. Diese Charaktereigenschaft tritt bereits sehr früh zutage, besonders bei extremer NT-Veranlagung.

Aufgrund seiner großen Vorliebe für Wissen ist es dem NT möglich, bis zum Abschluß seiner Schulausbildung umfangreiche Kenntnisse zu sammeln. Sein frühzeitiges Interesse und seine große Ausdauer versetzen ihn in die Lage, andere auf technischem Gebiet zu übertreffen. Unter Zunahme seiner intellektuellen Fähigkeiten erhöht sich gleichfalls die Tendenz, sich den Wissenschaften, der Mathematik, der Philosophie, der Architektur, dem Maschinenbau – in der Tat allem Komplizierten und Exakten – zuzuwenden. In diesen Berufszweigen ist daher eine besonders große Anzahl von NTs zu finden.

NTs gehen möglicherweise mehr als alle anders Veranlagten in ihrer Arbeit auf. Für sie bedeutet selbst das Vergnügen Arbeit. Die größte Strafe für einen NT besteht darin, ihn zur Untätigkeit zu verurteilen. Er arbeitet nicht, um ein Ergebnis zu erzielen oder um Spaß an einer Handlung zu haben, sondern um sich zu verbessern, zu vervollkommnen oder um seine Geschicklichkeit und sein Wissen zu beweisen. Der Drang des SP zur Handlung ist dem

NT fremd; vielmehr existiert für ihn durch seine Arbeit ein Drang zur Gesetzmäßigkeit. Er sucht stets, das Universum zu erklären und in seiner prometheischen Art seinen Kompetenzbereich mit einem Feuer des Verstehens zu beleben.

NTs haben im allgemeinen Freude an der Entwicklung von Modellen, der Untersuchung von Ideen und der Erstellung von Systemen. Sie fühlen sich verständlicherweise zu Tätigkeiten hingezogen, die mit der Aufstellung und Anwendung wissenschaftlicher Prinzipien zusammenhängen. Wissenschaft, Technologie, Philosophie, Mathematik, Logik, Design, Engineering, Forschung und Entwicklung, Management, Fertigung, Kriminologie, Kardiologie und Wertpapieranalysen sprechen den NT an. Tätigkeiten in den Bereichen Verkauf und Vertrieb sind für NTs wenig reizvoll, ebenso Büroarbeit, Reparaturund Pflegedienste und Tätigkeiten in der Unterhaltungsbranche. In besonders großer Anzahl sind die NTs in Engineering, Architektur, Mathematik, Philosophie und in anderen Wissenschaften zu finden. In allem, was sie tun, sind die NTs stets um große Leistungsfähigkeit bemüht, die sie im allgemeinen auch erreichen.

Ganz gleich, woran er arbeitet oder wo er sich befindet, sieht sich der NT genötigt (besonders der NTJ), sein Umfeld neu zu gestalten, und zwar entweder durch das Errichten von Bauwerken oder das Erstellen von gesellschaftlichen Systemen. Ayn Rand beschreibt in ihrem meisterhaften Verständnis des NT-Charakters diese Eigenschaft in Howard Roark, dem Protagonisten in The Fountainhead:

> Er wollte darüber nachdenken, aber er vergaß es. Seine Blicke waren auf den Granit gerichtet.
>
> Er verzog keine Miene, als seine Augen innehielten, um den umliegenden Boden zu mustern. Sein Gesicht wirkte wie ein Gesetz der Natur – wie eine Sache, die man weder in Frage stellen noch beschwören oder ändern konnte. Es zeigte hohe, über ausgehöhlten Wangen hervortretende Backenknochen, graue Augen, die kalt und bestimmt blickten, einen verachtend wirkenden, fest verschlossenen Mund – den Mund eines Henkers oder eines Heiligen.
>
> Er sah sich den Granitblock an. Schneiden, dachte er, und Wände daraus machen. Er sah sich einen Baum an. Spalten und für

> Dachsparren verwenden. Er sah sich eine Gesteinsader an und dachte an Eisenerze unter der Erde. Schmelzen und zum Himmel ragende Tragbalken entstehen lassen.
>
> Dieses Gestein ist für mich da, dachte er, und wartet nur auf den Bohrer, das Dynamit und meine Stimme; wartet darauf, gespalten, zertrümmert, eingestampft und wieder geboren zu werden; wartet auf die Form, die es durch meine Hände erfahren wird.
>
> [Ayn Rand, *The Fountainhead*. Signet Books, Bobbs Merrill Co., New York, 1943, p. 15-16]

Der prometheisch veranlagte Mensch ist neuen Ideen gegenüber aufgeschlossen und in der Lage, veränderte Bedingungen oder Verfahrensweisen ohne weiteres zu akzeptieren, vorausgesetzt, sie erscheinen ihm sinnvoll. Er befaßt sich gern mit Ideen, die im Wettstreit mit seinen Ideen liegen, und ist gewöhnlich bereit, diese vorurteilslos in Erwägung zu ziehen. Der NT ist eine Forschernatur, er schätzt eigenen Willen, Selbstkontrolle und Intelligenz. Im Umgang mit anderen neigt er zur Direktheit und Offenheit, obwohl er oft als kühl, entrückt und rätselhaft beschrieben wird. Aber wird der NT in irgendeiner Angelegenheit um Stellungnahme gebeten, so wird er mit großer Wahrscheinlichkeit seine Meinung zu dem Thema ohne Umschweife sagen.

Der NT ist besonders gefährdet, auf ein bestimmtes Gleis zu geraten, nur seine Arbeit zu kennen und auf jegliches Vergnügen zu verzichten. Er kann daher abgesondert in einem Elfenbeinturm des Intellektualismus sein, scheinbar abgeschnitten von einer Welt, die andere Typen als die Wirklichkeit ansehen. Hin und wieder ist der NT ein exzentrisches Genie. Einstein schlürfte in Hausschuhen durch die Straßen New Yorks und konnte sich nur wenigen Menschen verständlich machen. Zweifellos empfand er diese Situation als wenig bedauerlich. Glücklicherweise ging sein Werk nicht verloren. Allerdings besteht immer die Gefahr, daß die Arbeit eines NT anderen entgeht, da der NT dazu neigt, sich in seiner Kommunikation auf abstrakten Ebenen zu bewegen, die für andere schwer verständlich sind.

NTs neigen zu Wortspielen und finden Vergnügen an komplizierten, geschickten Formulierungen. Eine geschwollene Ausdrucksweise und paradoxe Aussagen faszinieren sie.

Nachzudenken über Einsteins Bemerkung, "die mathematischen Gesetze, insoweit sie sich auf die Realität beziehen, sind ungewiß, und insoweit sie gewiß sind, beziehen sie sich nicht auf die Realität", würde einen NT ebenso entzücken wie das Lesen satirischer Literatur und das Genießen komplizierter Wortstrukturen, wie z.B. solche in Lewis Carrolls Alice in Wonderland.

NTs sind im allgemeinen zukunftsorientiert und betrachten die Vergangenheit als abgeschlossen und vorüber. Ihnen kommt es hauptsächlich auf das an, was sein wird oder sein könnte. Das Vergangene ist für sie nur insofern interessant, als historische Ereignisse richtungweisend für die Zukunft sein können, nach dem Motto: "Wer die Geschichte nicht kennt, läuft Gefahr, sie zu wiederholen". Der NT ist darauf bedacht, einen begangenen Fehler niemals zu wiederholen. Er ist der Meinung, daß die Wiederholung fehlerhaften Verhaltens unnötig ist, wenn man die Grundlagen hinreichend versteht. Ein NT fühlt sich daher gedemütigt, wenn andere Zeugen eines von ihm begangenen Fehlers sind, besonders, wenn es sich um einen Fehler im logischen Denken handelt.

Sobald der NT eine Technologie oder ein theoretisches System beherrscht, ist er geneigt, sich neuen Herausforderungen zuzuwenden. Nachdem er die Regeln erkannt hat, die seine gegenwärtigen Aktivitäten bestimmen, und nachdem er die notwendige Fertigkeit bewiesen hat – ob bei der Arbeit oder beim Spiel –, sucht sich der NT neue Aufgaben, immer auf die Verbesserung seiner Leistungsfähigkeit bedacht.

Da der NT hinsichtlich der Motivationen und Gedanken anderer Mutmaßungen anstellt und seine Überlegungen systematisch einzuordnen versucht, kann ihm die direkte Erfahrung bisweilen entgehen. Er kann derart gedankenverloren damit beschäftigt sein, herauszufinden was geschieht, während es geschieht, daß er das eigentliche Erleben des Ereignisses versäumt. Bisweilen scheint der NT abseits anstatt in der Mitte des Lebensstromes zu stehen und wie betäubt dem vorbeifließenden Gewässer zuzusehen – leicht abwesend, etwas distanziert, fast unbeteiligt. Diese Abgesondertheit bewirkt mitunter, daß der NT persönliche Bindungen eingeht, die er später bereut. Besonders die NTs mit unterentwickeltem "Gefühl" können sich in Beziehungen zu Vertretern des anderen Geschlechts, die als Lebensgefährten für sie völlig ungeeignet sind, verstricken. Forester beschreibt eine solche Tragödie in der Szene vor dem Altar:

> "Sprechen Sie mir nach" sagte der Pastor. "Ich, Horatio, nehme Dich, Maria Ellen – "
>
> In diesem Augenblick kam Hornblower der Gedanke, daß ihm nur noch einige Sekunden blieben, um sich aus dieser Sache, die er für unüberlegt hielt, zurückzu ziehen. Maria war nicht die richtige Frau für ihn, selbst wenn er zugeben mußte, in jedem Falle ein unge eigneter Heiratskandidat zu sein. Wenn er seinen Ver stand nicht ganz verloren hätte, müßte er diese Feier lichkeiten abbrechen, selbst in diesem letzten Augen blick noch. Er müßte bekanntgeben, daß er seine Meinung geändert hat, müßte sich umdrehen, dem Altar, dem Pa stor und Maria den Rücken kehren und die Kirche als freier Mann verlassen. "Sie zu lieben und zu ehren..." Er wiederholte immer noch, wie ein Automat, die Worte des Pastors. Und neben ihm war Maria, in weiß, was ihr nicht besonders stand. Sie zerschmolz in Glückseligkeit. Sie war von Liebe zu ihm erfüllt, so unangebracht dies auch sein mochte. Er konnte nicht, nein er konnte ihr einfach nicht einen solchen Schlag versetzen... "Ja, das verspreche ich," wiederholte Hornblower. Das war's, dachte er. Das müssen die letzten, entscheidenden Worte gewesen sein, mit denen ich mich gesetzlich festgelegt habe. Er hatte ein Versprechen gegeben, und nun gab es kein Zurück mehr. Er tröstete sich mit dem sonderbaren Gedanken, daß er eigentlich bereits seit einer Woche ge bunden war, seit dem Tag, an dem Maria schluchzend in seinen Armen gelegen und ihn mit ihrer Liebe überschüttet hatte. Er war zu weichherzig gewesen, um sie auszulachen und zu – zu schwach? zu ehrenhaft? – um die Situation auszunutzen mit dem Gedanken, sie zu mißbrauchen. Von dem Augenblick an, da er ihre Küsse erwidert hatte, zärtlich, waren all die späteren Folgen – das Brautkleid, die kirchliche Feier in St. Thomas a Becket und die verschwommene Zukunft voller übersättigender Zuneigung unausweichlich.
>
> [C. S. Forester, *Hornblower and the Hotspur*. Boston: Little Brown and Co., 1962, p. 3-4]

Ein NT kann bisweilen für emotionale Reaktionen anderer völlig unempfänglich sein. Er besitzt nicht immer das nötige Feingefühl für die Komplexität zwischenmenschlicher Beziehungen. Manche Menschen haben in der Gegenwart eines NT das Gefühl, für ihn nicht zu existieren, und sie reagieren darauf mit feindseligen, angreifenden Bemerkungen, die gegen die Persönlichkeit des NT gerichtet sind. NTs nehmen derartige Angriffe in der Regel mit Bestürzung zur Kenntnis, schlagen aber selten zurück. Falls sie sich doch zu einem Gegenschlag entschließen, kann ihr beißender Sarkasmus vernichtend sein.

Die NT-Gesinnung kommt in dem Gott Prometheus in der griechischen Göttersage zum Ausdruck. Prometheus hatte aus Lehm den Menschen geschaffen und war enttäuscht über die Leblosigkeit seiner Skulptur. Mit Hilfe von Minerva, die ihn zum Himmel trug, raubte er das Feuer vom Rad der Sonne, legte dieses auf die Brust des Menschen und schenkte ihm somit das Leben. Zur Strafe für diesen Raub wurde Prometheus an einen Felsen gefesselt, wo er Wind und Wetter ausgesetzt war und wo ein unersättlicher Adler jahrein jahraus die ihm täglich immer wieder nachwachsende Leber abfraß. Prometheus befreite die Menschheit von Unwissenheit, selbst wenn er dafür den Himmel berauben mußte. Er verkündete die Doktrin der fortschreitenden Entwicklung der Menschheit und schenkte ihr Wissenschaft und Technologie.

Das apollinische Temperament Das apollinische Naturell der NF-Typen (INFJs, ENFJs, INFPs, ENFPs) mit Worten auszudrücken, fällt besonders schwer. Während die anderen Typen – die dionysischen, die epimetheischen und die prometheischen – eher gewöhnliche Ziele verfolgen, kann man die Ziele des apollinischen Typus nicht anders als außergewöhnlich bezeichnen. Seine Ziele sind derart außergewöhnlich, daß er selbst nicht einmal in der Lage ist, sie auf einfache und unkomplizierte Weise darzustellen. Sie widersetzen sich jeder Beschreibung. Carl Rogers, sicherlich einer der fähigsten Repräsentanten der apollinischen Art, liefert ein ausgezeichnetes Beispiel für die scheinbar notwendige, spiralig gewundene Rhetorik:

> Eine Persönlichkeit zu werden, bedeutet, daß der Mensch sich wissentlich und bereitwillig dem Punkt nähert, an dem er das wird, was den inneren Vorgängen seines wahren Seins entspricht. Er nimmt davon Abstand, das sein zu wollen, was er nicht ist, sich hinter einer Fassade zu verbergen. Er will nicht mehr sein als er ist und die damit verbundenen Gefühle der Unsicherheit und der massiven Abwehrhaltung er fahren. Er will nicht weniger sein als er ist und die damit einhergehenden Schuldgefühle und

> Gefühle der Selbstherab würdigung erfahren. Er hört in zunehmend größerem Maße in die tiefsten Versenkungen seines psychologischen und emo tionalen Seins hinein und findet sich selbst in zunehmendem Maße bereit, mit größerer Genauigkeit und Tiefe der Mensch zu sein, der er wahrhaftig ist.
>
> [Carl Rogers, *On Becoming a Person.* Boston: Houghton Mifflin, 1961, p. 176]

Obwohl andere Typen diese Passage bestenfalls als rätselhaft und schlimmstenfalls als reinen Unsinn ansehen, verehren NFs die gleiche Passage als die elegant zum Ausdruck gebrachte apollinische Art – die Suche nach dem Selbst.

Die SPs, SJs und die NTs sind in der Lage, ihre gegenseitigen Ansichten oder Vorstellungen zu verstehen, wenngleich sie diese nicht unbedingt auch akzeptieren. Der NT vermag das Bedürfnis des SP, frei von Verantwortung zu sein, ebenso zu verstehen wie das Bedürfnis des SJ, Verantwortung zu haben. In gleicher Weise kann der SP das Bedürfnis des NT, Fähigkeiten zu sammeln, und das Bedürfnis des SJ, Gebrauchsgegenstände zu sammeln, verstehen. Er wäre überhaupt der Letzte, der "einem geschenkten Gaul in das Maul sieht", da die gesammelten Vorräte gewöhnlich den Bedürftigen zugute kommen. Der SJ bewundert sogar den NT wegen seines technischen Wissens und den SP wegen seines großzügigen und einnehmenden Wesens. Aber hiermit endet das gegenseitige Verständnis. Keinem von ihnen gelingt es, die Absichten oder Ziele des NF zu erfassen und umgekehrt; dem NF scheinen die Ziele der anderen die falschen zu sein. Der NF verfolgt ein seltsames Ziel, ein selbstreflektierendes, sich selbst im Wege stehendes Ziel: das Werden der Persönlichkeit.

Während die SPs, SJs und NTs ihre Ziele geradewegs und mit voller Kraft angehen können, verläuft die Suche des NF nach dem Selbst kreisförmig und ist daher immerwährend, denn wie kann man ein Ziel erreichen, wenn dieses Ziel darin besteht, ein Ziel zu haben? Das "wahre" Selbst des NF ist das, welches auf der Suche nach sich selbst ist. In anderen Worten, sein Lebenszweck besteht darin, einen Lebenszweck zu haben. Da er selbst stets im Werden begriffen ist, kann der NT niemals ganz er selbst sein, weil das bloße Greifen nach dem Selbst dieses sofort unerreichbar macht. Hamlet rang mit dem gleichen Dilemma:

Sein oder Nichtsein, das ist hier die Frage: Ob's edler im Gemüt, die Pfeil' und Schleudern des wütenden Geschicks erdulden, oder sich waffnend gegen eine See von Plagen, durch Widerstand sie enden... und Unternehmungen voll Mark und Nachdruck, durch diese Rücksicht aus der Bahn gelenkt, verlieren so der Handlung Namen.

Das Widersprüchliche der apollinischen Art ist niemals besser ausgedrückt worden als mit diesen Worten. Zu handeln (etwas zu erreichen oder zu werden) heißt das Sein zu vernichten, während "Sein" ohne Handlung Schein ist und somit Nichtsein. Man kann nur dann man selbst werden, solange man es nicht ist. Dieses Paradoxon stellt die lebenslange Bürde des NF dar, und, abgesehen von seinem Ziel, besteht seine Aufgabe darin, es zu lösen. Den meisten gelingt es, und sie sind diejenigen unter den NFs, die glückliche, produktive Menschen sind. Diejenigen, denen es nicht gelingt, leiden darunter.

"Wie kann ich der Mensch sein, der ich wirklich bin?" fragt der NF. Er hat das Bedürfnis nach Selbstverwirklichung, wahrhaft er selbst zu sein, das zu sein, wofür er bestimmt ist und eine Identität zu besitzen, die einzig und allein ihm gehört. Sein endloses Suchen verursacht bei ihm sehr oft Schuldgefühle, da er zu der Überzeugung gelangt, daß sein wahres Selbst weniger bedeutend ist, als es sein sollte. So unternimmt er Streifzüge, manchmal metaphysische, manchmal psychologische, manchmal physische, um seinen Drang nach Einheit und Einzigartigkeit zu befriedigen, um sich in vollkommener Ganzheit und einmaliger Identität selbst zu verwirklichen, wenn auch der Weg dorthin nie klar vorgezeichnet ist:

> Aber wo, wo war dies Ich, dies Innerste, dies Letzte? Es war nicht Fleisch und Bein, es war nicht Denken noch Bewußt sein, so lehrten die Weisesten. Wo, wo also war es? Dorthin zu dringen, zum Ich, zu mir, zum Atman – gab es einen an deren Weg, den zu suchen sich lohnte? Ach, und niemand zeigte diesen Weg, niemand wußte ihn, nicht der Vater, nicht die Lehrer und Weisen, nicht die heiligen Opfergesänge ... unendlich vieles wußten sie – aber war es wertvoll, dies alles zu wissen, wenn man das Eine und Einzige nicht wußte, das Wichtigste, das allein Wichtige?
>
> [Hermann Hesse, *Siddhartha.* Suhrkamp, Frankfurt, 1970]

Ein Sandkorn am Strand unter Millionen anderer Sandkörner zu sein bedeutet, nichts zu sein. In der Menge unterzugehen, die gleiche Bedeutung wie andere zu haben und keine eigene Identität zu besitzen heißt, überhaupt nicht zu existieren. Um sich hervorzuheben und die Individualität zu bewahren, ist es für den NF notwendig, daß seine Beiträge, die er als Arbeiter, Freund, Liebhaber, Elternteil, Leiter, Sohn, Tochter, Haushaltsvorstand, Ehefrau, Ehemann usw. leistet, geschätzt werden. Ganz gleich, wie seine Zeit und seine Beziehungen strukturiert sind, der NF möchte eine bedeutsame Rolle spielen. Er möchte, daß seine Beiträge Anerkennung finden oder zumindest zur Kenntnis genommen werden. Nur durch diese Art des Feedback ist er in der Lage, sich von der Einmaligkeit seiner Persönlichkeit zu überzeugen.

Selbstverwirklichung bedeutet für den NF, Integrität zu besitzen, d.h. Einklang. Er duldet keine Fassade oder Maske, keinen Vorwand, keine Heuchelei und kein Theaterspiel. Integrität zu besitzen bedeutet wahrheitsgetreu zu sein, sich anderen auf authentische Weise mitzuteilen, in Einklang mit der inneren Selbsterfahrung zu leben. Das Falsche, Heuchlerische und Unwahre bedeutet für ihn, sein wahres Ich aufzugeben und in böser Absicht zu handeln.

Ein bedeutungsvolles Leben zu führen, sich aus der Masse hervorzuheben, verschafft dem NF Genugtuung in seinem Bedürfnis nach Einmaligkeit seiner Persönlichkeit. Für ihn ist das Leben wie ein Drama, in dem jede Begegnung bedeutungsträchtig ist. Der NF weiß jeder Beziehung etwas Sinnvolles zu verleihen und allen Geschehnissen eine besondere Bedeutung beizumessen. NFs bemerken leicht Feinheiten der Gestik und des metaphorischen Verhaltens, die anderen Typen entgehen. Sie neigen auch dazu, Bedeutungen in Kommunikationen hineinzulegen, die von anderen entweder nicht bemerkt oder nicht bestätigt werden.

In seinen persönlichen Beziehungen kann der NF in ein Schema verfallen, wonach er zunächst eine enthusiastische Erwartungshaltung zeigt, die einhergeht mit beträchtlichem Aufwand an Zeit und Gefühl, dann aber in Enttäuschung endet, weil er seine Erwartungen nicht erfüllt sieht. Der NF übt selten Zurückhaltung hinsichtlich seiner Zeit und Energie, die er in eine Beziehung einzubringen gewillt ist. Das gilt besonders für Beziehungen, die sich im Stadium der Entwicklung befinden. Er ist dabei nicht unbedingt von gleicher Gegenleistung abhängig, solange er nur eine gewisse Erwiderung erfährt.

Obwohl die apollinisch Veranlagten nur etwa 12 Prozent der Bevölkerung ausmachen, ist ihr Einfluß auf die Allgemeinheit groß, da die Mehrzahl der Schriftsteller dieser Gruppe angehört. Romanschriftsteller, Dramatiker, Journalisten, Dichter und Biographen sind fast ausschließlich NFs, während die Verfasser technischer und wissenschaftlicher Werke im allgemeinen der Gruppe der NTs angehören. Die NFs suchen mit ihren Werken zu inspirieren und zu überzeugen. Die Fragen, die diese Gruppe beschäftigen – Fragen, die sich mit dem Sinn des Lebens allgemein, dem Sinn des eigenen Lebens und dem für die Menschheit Wichtigen befassen –, sind in der Literatur reichlich zu finden. Von Roman zu Roman kehrt das Thema der immerwährenden Suche des Menschen nach sich selbst wieder, wird von den Protagonisten jeweils neu aufgegriffen und ist in Dramen stets die Ursache von Seelenängsten und Qualen.

Die Vorstellung von der Suche nach dem Sinn des Lebens als notwendiger Pilgerfahrt aller Menschen wird durch die schriftlichen Abfassungen der NFs gefördert. Die anderen Typen (SJs, NTs und SPs), denen die Frage nach Sinn und Bedeutung des menschlichen Daseins weniger brennend erscheint, verspüren dennoch oft ein Gefühl der Beunruhigung bei dem Gedanken, daß sie sich dieser Suche möglicherweise doch anschließen sollten. Daß etwa 88 Prozent der Menschen hinsichtlich der Selbstverwirklichung zögerlich vorgehen, findet der NF völlig verblüffend.

Die NFs sind sich dessen bewußt, daß die Kraft des geschriebenen Wortes größer ist als die des Schwertes. Jedoch ist der NF in seiner Wirkung auf andere nicht auf seine schriftlichen Beiträge beschränkt. Er ist stark vertreten in den psychiatrischen Berufen sowie in der klinischen und beratenden Psychologie, den geistlichen und den Lehrberufen. NFs besitzen einen überragend flüssigen Stil sowohl im mündlichen als auch im schriftlichen Ausdruck, oftmals mit poetischem Flair. Als Mitarbeiter auf dem Gebiet der Medien zeigen NFs häufig einen missionarischen Hang, indem sie auf kreative Weise versuchen, Anhänger für ihre Sache zu gewinnen.

Obgleich sich ein NF für eine Sache einzusetzen versteht, wird er ihr wahrscheinlich nur dann die Treue halten, wenn es sich um eine Angelegenheit handelt, die tiefgehend und von bleibendem Wert ist und Möglichkeiten zur Verbesserung der menschlichen Lebensbedingungen bietet. Als beispielsweise der Haight-Ashbury-Bezirk von San Francisco an der Westküste der USA zum Mittelpunkt der Blumenkinder-Bewegung wurde, schlossen sich NFs der Bewegung an – besonders NFPs –, die Mehrzahl der Mitglieder aber bestand aus SPs. Die NFs beobachteten die SPs, die losgelöst von Vergangenheit und Zukunft intensiv das Gegenwärtige zu erleben schienen. An dieser Unmittelbarkeit wollten sie teilhaben. Aber in den NFs liegt das Bedürfnis nach tiefgehender Bedeutung verwurzelt, so daß sie, von der Bewegung desillusioniert diese nach kurzer Zeit verließen. Sie taten dies ebenso schnell, wie sie sich ihr angeschlossen hatten, um anderswo nach Möglichkeiten zur Selbstverwirklichung zu suchen und um Mittel und Wege zur Bestätigung der eigenen Persönlichkeit zu finden.

Diese Suche setzte sich nicht selten in den Bewegungen fort, die allgemein anerkannt waren und zumindest zu einem gewissen Grade akzeptiert wurden. Robert Kirsch beschreibt in der Person des Gründers, Mentors und Gurus der Gestalttherapie, Fritz Perls, diese Charaktereigenschaft:

> Erst sehr spät hatte er seinen Platz im Leben gefunden. Mit 32 Jahren lebte er noch bei seiner Mutter. Mit 53 Jahren begann er, sich von seiner bisherigen Laufbahn zu lösen ... Aber erst als er bereits Mitte 60 war, Amerika durchwandert und mit LSD experimentiert hatte, und das akademische An sehen, das er stets für erstrebenswert gehalten hatte, ihm versagt geblieben war, merkte er, daß sein Leben mit der übrigen Welt zusammenzufließen begann. Der Zeitpunkt für seine Idee war gekommen. Junge Psychologen in Kalifornien waren beeindruckt von seiner Begabung als Therapeut, seiner unheimlich anmutenden Fähigkeit, Menschen zu durchschauen.
>
> Er zog weiter nach Kyoto, um sich mit Zen zu befassen, nach Elath in Israel – bis er nach Esalen kam. Er war anfangs nicht ausgesprochen glücklich dort, war er doch zu Beginn einer von vielen unter sich konkurrierenden Stars. Er verabscheute Rivalen, nannte Abraham Maslow einen "verkappten Nazi" und Rollo May einen "Existentialisten ohne Existenz". Das war eher ein

> Ausdruck seines Hanges zum Possenspiel als eine zutreffende Einschätzung.
>
> Perls ließ sich psychoanalysieren, bioenergetisieren, dianetisieren, psychedelisieren und anderes mehr – er machte seine Erfahrungen auf vielen der Wege zur Glück seligkeit, die unsere Zeit zu bieten hat. Er fand sie nicht. Vielleicht existierte sie nicht. Ein immerwährendes Glück gab es für ihn nicht: "Das Leben gleicht einem Rosengarten. Die Blumenblätter welken und die Dornen bleiben".
>
> [Robert Kirsch, "Fritz Perls: Mining the Gestalt of the Earth." L.A. Times Calendar, March 23, 1975, p. 74]

Ob als Guru von Esalen oder als Lehrer in herkömmlichen Einrichtungen, alle Berufe, die die Vermittlung von Ideen und Einstellungen beinhalten, sind für NFs attraktiv. Der Lehrkörper öffentlicher Schulen besteht im wesentlichen aus SJs und NFs, während SPs und NTs unter dem Lehrpersonal der Schulen kaum zu finden sind. Wenn ein NT als Lehrer tätig ist, dann nur in den Obertufen. Die SPs finden im allgemeinen wenig Gefallen an der Lehrtätigkeit, ganz gleich ob Unter- oder Oberstufe, obwohl es einige unter ihnen geben kann, denen das Unterrichten von Schülern der Grundschule Freude bereitet. Die Zahl der SJs in den Lehrberufen ist bei einem Verhältnis von 3 zu 2 größer als die der NFs. Als ihr Fachgebiet wählen die NFs vorwiegend die Geistes- und Sozialwissenschaften.

So wie sich die NFs zum Unterrichten hingezogen fühlen, weil ihnen diese Tätigkeit die Möglichkeit bietet, sich selbst zu finden, so sagen ihnen auch andere Berufe mit ähnlichen Zielsetzungen zu. Aufgaben, die darauf ausgerichtet sind, die Menschen freundlicher, herzlicher und liebenswerter zu machen, sind für NTs von Interesse. Sie neigen dazu, in jedem Menschen das Potential zum Guten zu sehen, und sie widmen der Förderung dieses Potentials oft ihr gesamtes Leben. Geistliche und missionarische Aufgaben fallen verständlicherweise in ihr Interessengebiet, wie auch solche auf dem Gebiet der Entwicklungshilfe. Manche NFs sind zu großen persönlichen Opfern bereit, um anderen zu helfen, ihren Weg zu finden. Der NF kann in unbarmherziger Weise vorgehen, um dieses für sich oder andere zu erreichen.

Die Gruppe der NFs zeigt im allgemeinen wenig Interesse an kaufmännischen Tätigkeiten. Auch die Naturwissenschaften sind für sie nicht besonders reizvoll. Sie arbeiten gern mit Worten, d.h. sie legen großen Wert auf direkte oder indirekte Kommunikation mit anderen Menschen. Eine der Möglichkeiten, mit anderen zu arbeiten, sind die bildenden Künste. Während die SPs zu den darstellerischen Kunstformen neigen, fühlen sich die NFs von den Kunstrichtungen angesprochen, die mündliche und schriftliche Kommunikation beinhalten. Als Schauspieler und Schauspielerinnen neigen sie dazu, den Charakter der Person, die sie darstellen, anzunehmen. Während der SP, in einem Kostüm verkleidet, seine Rolle nur spielt (z.B. John Wayne als Soldat, Geschäftsmann oder Vertreter des Gesetzes), versinkt die Persönlichkeit des NF ganz in seiner Rolle. Der SP-Schauspieler bleibt er selbst und läuft nie Gefahr, seine Identität in Frage zu stellen. Der NF-Schauspieler hingegen neigt dazu, sich mit der jeweiligen Rolle völlig zu identifizieren, und zwar nicht nur auf der Bühne, sondern auch privat.

Der NF besitzt die außergewöhnliche Fähigkeit, sich seinem Gegenüber so darzustellen, wie dieser ihn zu sehen wünscht. Nur selten hält es der NF dank seines Einfühlungsvermögens für notwendig, den Betrachter von seinen Illusionen zu befreien. Vielmehr behält er seine Selbstkenntnis für sich, außer bei Menschen, die ihm viel bedeuten. Daß die Allgemeinheit ihn anders sieht als er sich selbst, gibt ihm Anlaß zu innerer Belustigung. Er ist durchaus bereit, die Dinge so, wie sie scheinen, auf sich beruhen zu lassen, wenn es das ist, was die anderen (ihm unwichtigen) Menschen offensichtlich brauchen oder wünschen.

> Gillian wandte sich vom Spiegel ab. Der Spiegel konnte das wesentlichste aller Merkmale letzten Endes doch nicht wiedergeben. Gillian schritt zur Bar und bereitete einen Becher Martinis, trank, nackt in einem Sessel sitzend die Haut auf kühlem Leder, schön. Die besondere Eigenschaft war etwas Reaktives, eine Chamäleon-Eigenschaft, die es ihr ermöglichte, sich in den Augen eines jeden Mannes zu verwandeln. Sie war in der Lage, blaßhäutig, vollbusig, intellektuell, sexy und zurückhaltend zu werden – oft genug hatte sie diesen Vorgang gespürt, um sich für seine Stichhaltigkeit verbürgen zu können. Sie war in der Lage, das zu sein, was ein Mann gerade suchte.

> Sie war in der Lage, die Traumfrau eines jeden Mannes zu werden, und konnte dies irgendwie bewerkstelligen, ohne ihre Identität aufzugeben ... Es war ein werdender Vorgang. Er beruhte nicht auf technischen Tricks, sondern auf akuter Sensitivität; er vollzog sich nicht in körperlichen Veränderungen, sondern im Auge des Betrachters.
>
> [Penelope Ashe, *Naked Came the Stranger*. New York: Dell Publishing Company, 1969, p. 13]

Die "Religion" der 60er Jahre, die sogenannte "Encounter Group"-Bewegung, ging zum großen Teil von NFs aus, die nach größerer Intensität in ihren Beziehungen trachteten, nach einer undefinierbaren Intimität. Sie suchten, in T-Gruppen, Sensitivitätsgruppen, Gestaltgruppen, Marathon-Veranstaltungen (unbekleidete und andere), transzendentalen Meditationsgruppen und Urschreigruppen einen Weg zu einem tieferen Lebenssinn zu finden und die Fähigkeit zu entwickeln, in Offenheit und Aufrichtigkeit zu leben. Sie erforschten verschiedene Arten der verbalen und nichtverbalen Kommunikation, um sich ihrer Emotionen in größerem Maße bewußt zu werden, in der Hoffnung, den zwischen dem Auftreten einer Emotion und deren bewußter Wahrnehmung bestehenden Zeitverzug auf den Bruchteil einer Sekunde zu verringern. In einer großen Zahl von Gruppen fanden sie zeitweilig das Gefühl von Intimität, das sie suchten, und beschrieben die Erfahrung als seelischen Höhepunkt oder Durchbruch:

> In dem Augenblick, in dem ich jemandem begegne, habe ich das Gefühl, irgenwo zu sein, wo ich noch nie zuvor gewesen bin. Es ist schwer zu beschreiben. Als ob man mit dieser anderen Person draußen im Weltraum ist und auf die Erde hinunter schaut.
>
> [Terry O'Bannion and April O'Connell, *The Shared Jour ney*. Englewood Cliffs, New Jersey, Prentice-Hall, Inc., 1970, p. 23]

In der abgestumpften Routine des täglichen Lebens ließ allerdings oft, nachdem die Gruppenerfahrung vorüber war, das Gefühl von Intimität nach.

Die Ernüchterung hinsichtlich der Gruppenerfahrung, von der berichtet wurde, mag zum Teil auf die unrealistischen Erwartungen dessen, was diese Erfahrungen bewirken konnten, zurückzuführen sein, besonders was die NFs anbelangt, die mit der ihnen eigenen Vorstellung, innerlich gespalten zu sein, nicht einig werden konnten. In der Tat berichten NFs immer wieder von einer inneren Stimme, der sie sich ausgesetzt fühlen und die ihnen befiehlt: "Sei Du selbst, sei authentisch, sei bedeutsam." Diese stets gegenwärtige Stimme führt Zwiegespräche hinsichtlich dessen, was er sein soll: ein vollständiger und vielsagender Mensch, ein Mensch, der stets er selbst ist. Er ist zugleich Schauspieler und sein eigenes Publikum, und somit einer geteilten Wahrnehmung ausgesetzt. Durch das brennende Bedürfnis, er selbst zu sein, ist der NF dazu verdammt, für immer gespalten zu sein, sich selbst zu beobachten, ob er er selbst ist.

> "Ich finde, daß Du immer und überall viel zu befangen bist", sagte sie zu ihrer Schwester.
>
> "Ich hoffe, daß ich wenigstens keine Sklavennatur bin", sagte Hilda.
>
> "Aber Du vielleicht! Vielleicht bist Du der Sklave Deiner Vorstellung von Dir selbst".
>
> Hilda fuhr eine zeitlang stillschweigend weiter nach dieser unglaublich unverschämten Äußerung eines so jungen Dinges wie Connie.
>
> "Wenigstens bin ich nicht der Sklave der Vorstellung, die jemand anderes von mir hat, und dieser jemand ist ein Diener meines Mannes", erwiderte sie schließlich scharf und verärgert.
>
> [D. H. Lawrence, *Lady Chatterley's Lover*. New York: Ban tam Books, 1928; 1968, p. 274]

Möglicherweise fällt es dem NF deshalb so schwer, die Zeit und Energie, die er in seine Arbeit investiert, zu begrenzen, weil seine Tätigkeit bedeutungsvoll sein und Dienstleistungen erbringen muß, die selbst einen SJ zufriedenstellen würden. Anders als der SP, der plötzlichen Eingebungen zufolge arbeitet, arbeitet der NF nach einer Vision von Perfektion: das vollkommene Kunstwerk oder Theaterstück, der vollkommene Roman oder Film, die vollkommene Beziehung. Natürlich kann das tatsächlich Geschaffene oder Erreichte nie an die Großartigkeit des Entwurfs heranreichen. Nichtsdestoweniger scheinen die NFs in der Regel nicht gewillt oder nicht in der Lage zu sein, sich nicht mit allen Kräften für das, wozu sie sich verpflichtet haben, auch einzusetzen.

Sie sind dazu fähig, in diesem Punkt an sich selbst und an andere unzumutbare Forderungen zu stellen.

> Was Kubrick anbelangt, so arbeitet er immer noch 18 Stunden pro Tag an der endgültigen Feinabstimmung des Tonstreifens ... "Es entsteht ein Gefühl totaler Demoralisation, wenn man sagt, es sei einem egal. Vom Drehbeginn bis zum Ende eines Films sind die einzigen Begrenzungen, nach denen ich mich richte, die, die mir durch die zur Verfügung stehende Geld summe und durch den von mir benötigten Schlaf auferlegt werden. Entweder es liegt einem etwas an einer Sache oder nicht, und ich weiß ganz einfach nicht, wo die Grenze zwischen diesen beiden Positionen anzusiedeln ist."
>
> ["Kubrick's Grandest Gamble." *Time*. New York, Dec. 15, 1975, p. 78]

Obwohl der NF dazu neigt, seine kreativen Bestrebungen mit Leidenschaft zu betreiben, kann er auch ein intellektueller Schmetterling sein, der von einer Idee zur anderen flattert ein Dilettant in seinem Streben nach Wissen, vergleicht man ihn mit einem NT. Der NF möchte das Leben in seiner ganzen Vielfalt auskosten, so wie der SP, aber er sucht in all seinen Erfahrungen einen tieferen Sinn, eine Bedeutung, die tiefer ist als die des eigentlichen Ereignisses. NFs neigen dazu, das Leben, das sie führen, und die Erfahrungen, die sie sammeln, in einem romantischen Licht zu sehen. Das gleiche gilt auch hinsichtlich der Erlebnisse und Erfahrungen anderer. Menschen zu beobachten, interessiert sie in wesentlich größerem Maße als irgendwelche Abstraktionen. Die NFs sind ebenso wie die NTs zukunftsorientiert und konzentrieren sich auf das, was möglicherweise passieren wird. Aber anstatt wie der NT über die Möglichkeiten von Prinzipien nachzudenken, denkt der NF über die Entwicklungsmöglichkeiten von Menschen nach. Er trägt gern dazu bei, aus anderen das Bestmögliche herauszuholen, und spricht oft von "Aktualisierung des Potentials" sowohl bei sich selbst als auch bei anderen. So, wie der NF sich selbst sieht, sieht er auch seine Mitmenschen: das Bestehende ist nie ganz zufriedenstellend. Der Gedanke, daß außer dem Sichtbaren nichts existiert, ist für einen NF unhaltbar.

Natürlich fingen die Griechen in ihrer Mythologie die NF-Gesinnung in der faszinierendsten und kompliziertesten aller

Göttergestalten ein. Der SP Dionysos schwelgte in den Freuden von "Wein, Weib und Gesang", den Augenblick voll auskostend. Er stellte sich den Realitäten so, wie sie sich ergaben und schenkte der Menschheit die Freude am Sinnlichen. Epimetheus hatte unter dem Bösen aus der Büchse Pandoras zu leiden, hielt jedoch in seiner redlichen SJ-Art zu ihr, so wie sein Gewissen es ihm vorschrieb. Er fand Trost in dem, was das einzige Gute in Pandoras Büchse darstellte: die Hoffnung. Die Menschheit entwickelte ein soziales Bewußtsein und die immerwährende Hoffnung auf eine bessere Zukunft. Betrübt darüber, daß der Mensch nur aus Ton bestand, raubte der NT Prometheus von der Sonne das Feuer, brachte es den Menschen und mußte dafür bezahlen. Aber er schenkte der Menschheit die Technologie. Apollo stellt in der griechischen Mythologie das direkte Bindeglied zwischen den Göttern und den Menschen dar. Er schenkte der Menschheit ein Gefühl der Berufung und zeigte ihr, wie sie die Suche nach dem Heiligen fortführen konnte, obwohl sie das Böse und Profane kennengelernt hatte.

Apollo, als der selbsternannte Überbringer der Wahrheit, machte es sich zur Aufgabe, den Willen seines Vaters, Zeus, für die Menschheit zu interpretieren. Apollo symbolisiert die Dualität des hellenistischen Geistes: Das Drängen nach Idealen, nach Wahrheit, Schönheit, Geistigkeit und Heiligkeit und dem damit verbundenen Wunsch, die Tiefe des Profanen, des Schmutzigen, des Korrupten und des Fleischlichen zu erforschen. Er stellte das griechische Ideal von geistiger Reinheit und hingebungsvoller Hilfe dar und war der Spender von therapeutischer Musik und Gesang. Er repräsentierte denjenigen, der Geist und Körper heilte. Er war der Übermittler von Prophezeiungen, der Vertreter der Götter, der Inspirierte und der Inspirierende, der Göttliche und der Unbestechliche. Die primitive und gewalttätige Seite Apollos kam nur dann zum Vorschein, wenn seine Souveränität angegriffen wurde, oder wenn er in seinen Bemühungen, den Menschen Glück und Frieden zu bringen, frustriert war. Im Inneren Apollos existierte das Gefühl der Berufung, der Kult des Individuellen, die Suche nach Identität, Seite an Seite mit zügelloser Lust, der Bereitschaft, für eine Sache zu töten oder in seinen Riten Priesterinnen einzusetzen, selbst auf Kosten ihrer geistigen Gesundheit, und mit dem Verrat an seinem Vater, Zeus. Das Heilige und das Profane existierten in Apollo Seite an Seite.

In Apollo finden die NFs ihren Prototyp. Ihre Bedürfnisse sind weniger auf Dinge als auf Menschen konzentriert. Sie geben sich nicht mit Abstraktheiten zufrieden; sie streben nach menschlichen Beziehungen. Ihre Bedürfnisse basieren nicht auf Handlung, sondern auf pulsierender gegenseitiger Beeinflussung. In seinem Bestreben, sich in vollkommener Ganzheit und einmaliger Identität selbst zu verwirklichen, ist sich der NF bewußt, daß dies ein lebenslanger Prozeß ist, eine Idealvorstellung der vollkommenen Persönlichkeit, die er sein möchte.

PARTNERWAHL UND TEMPERAMENT

Das Verhalten bei der Partnerwahl wird von einer Reihe von Variablen bestimmt, z.B. von elterlichen Vorschriften, wirtschaftlichen Verhältnissen, sozialer Schicht, Bildungsniveau, nationaler Herkunft, Rassenzugehörigkeit, Körperbau und Physiognomie. Stärker als der Einfluß all dieser Variablen jedoch ist der des Temperaments. Bei einer Gleichheit aller anderen Variablen ist das Temperament bei der Wahl des Partners der ausschlaggebende Faktor. Daher ist es nützlich, sich vor Augen zu führen, wie sich die Typen paarweise anordnen und wie sich die Vertreter der vier Temperamentgruppen als Partner verhalten.

Zunächst ist festzustellen – und dies wird mit gewisser Vorsicht gesagt –, daß zwei Jahrzehnte der Typenbeobachtung (Keirsey begann damit im Jahre 1956) auf die erstaunliche Tatsache hinweisen, daß sich die Mehrzahl der Menschen vom entgegengesetzten Typus angezogen fühlt und diesen auch heiratet. Ferner läßt sich beobachten, daß sich bei fehlgeschlagenen Verbindungen die Betreffenden nach 10 oder 20 Jahren mit großer Wahrscheinlichkeit nochmals für den entgegengesetzten Typus entscheiden.

Die Annahme, daß Gegensätze sich anziehen, ist natürlich ein altbekanntes Klischee, das aber viele nicht zu überzeugen scheint. Ehe- und Partnervermittlungsinstitute und besonders computergesteuerte Auswertungen, die die Gemeinsamkeiten der Kandidaten herausstellen, sind hierfür ein Beispiel. Sie lassen den Glauben an ein anderes Klischee erkennen, nämlich daß sich gleich zu gleich gesellt. Dabei ist es das Institut oder der Computer, der gleich zu gleich gesellt. Nur selten tun die Kandidaten dies von sich aus. Das soll nun allerdings nicht heißen, daß die Ehe-oder Lebenspartner, die sich gleichen, nicht miteinander auskommen und dauerhafte Verbindungen unterhalten können. Vielmehr soll damit gesagt werden, daß gleiche Partner sich nicht gegenseitig anziehen. Entgegengesetzte Typen ziehen sich an. Warum?

Laut Jung hat das Entgegengesetzte nicht nur eine anziehende, sondern sogar eine faszinierende Wirkung. Seine Vorstellung vom Gegensätzlichen, das er als "Schatten" bezeichnete, mutet fast gespenstisch an. Danach wirft der Mensch sozusagen einen Schatten hinsichtlich dessen, was er nicht, ist oder besser, hinsichtlich dessen, was in ihm unterentwickelt ist, nicht zum Ausdruck kommt oder "ausgelebt" wird. Indem man vom Gegensätzlichen angezogen wird, kommt dies einem Abtasten nahe, wobei man die zurückgewiesene, verworfene oder nicht ausgelebte Hälfte seiner selbst sucht, wie ein halbierter Wurm, der tastend umherkriecht, um sich mit seiner zweiten Hälfte zu vereinigen. Somit ist die Suche des Menschen nach seiner verborgenen Seite in ihm verankert, eingeprägt, a priori und unumgänglich, so wie Sexualität und Territorialität.

[Man muß allerdings nicht unbedingt mit Jungs reduktionistischer Lokalisierungstheorie und der Unumgänglichkeit oder a priori übereinstimmen. A-priori-Verhalten als gegeben vorauszusetzen ist vertretbar, solange man es nicht lokalisiert und auf diese Weise einen Homunkulus oder "ghost-in-the-machine"- Irrtum begeht].

Der Mensch trachtet also instinktiv nach seinem Gegenstück oder, um mit Jung zu sprechen, nach seiner Ergänzung. Die Frage ist, sollte er danach trachten. Zahlen sich solche Partnerschaften aus? Die Antwort ist ja, aber... Ja, solange nicht die Absicht besteht, den Partner zu ändern. Nein, wenn eine solche Absicht besteht. Diese unklare Antwort – ja, aber – ist die Überleitung zur "Großen Hypothese" hinsichtlich der Hauptursache gescheiterter Ehen – dem Pygmalion-Projekt.

Das Pygmalion-Projekt besteht darin, daß man zunächst alles daransetzt, den Menschen zu finden, der ganz anders ist als man selbst, dem man verspricht, für ihn zu sorgen, ihn zu umsorgen. In vielen Fällen handelt es sich dabei um einen Menschen, der in jeder Hinsicht das Gegenteil von einem selbst darstellt. Sobald man diesen Menschen gefunden hat, werden alle Register gezogen, ihn nach eigenen Vorstellungen umzuformen, so als wäre die Heiratsurkunde als Bildhauerurkunde aufzufassen, die den Ehepartner befugt, an dem anderen herumzumeißeln und zu feilen, bis er dem Bildnis des Bildhauers entspricht. Man stelle sich einmal vor, das Vorhaben der Ehegatten wäre mit Erfolg gekrönt! Ovid und Shaw würden sich in ihren Gräbern herumdrehen.

Natürlich ist dieses Vorhaben, den Partner nach dem eigenen Vorbild zu gestalten, unmöglich. Aber schon der Versuch, den anderen zu ändern, richtet den Schaden an. Indem man den Partner zu verändern sucht, sagt man ihm: "Du bist nicht so, wie ich dich haben möchte. Ich möchte dich anders haben, als du bist." Man mag den anderen offensichtlich nicht so, wie er ist, obwohl gerade das die ursprüngliche Anziehungskraft ausmachte! (Man könnte hier versucht sein, in allen Menschen das starke Bedürfnis zu vermuten, sich umzugestalten, d.h. wiedergeboren zu werden. Daher trachten sie nach dem, was man als den Rohstoff bezeichnen könnte, das formlose Gestein, das, was sich weitestgehend von ihnen unterscheidet, denn je größer die Umwandlung des Partners ist, desto größer ist ihr Erfolgserlebnis. Steckt nicht in jedem von uns ein Pygmalion?)

Angenommen man kämpft gegen dieses stets gegenwärtige Bedürfnis, seinen Partner zu ändern, an. Wäre es unter diesen Umständen möglich, daß entgegengesetzte Typen glücklich miteinander leben könnten? Vielleicht, und zwar dann, wenn beide ihren (natürlichen) Drang, den anderen ändern zu wollen, erkennen, einen Augenblick innehalten, sobald sie den Impuls dazu verspüren und die Lippen verschließen – auf diese Weise könnten sich interes-sante Entwicklungen ergeben. Wenn man in bezug auf das Verändernwollen des Partners Zurückhaltung übt und davon absieht, ihn in eine bestimmte Richtung zu drängen – z.B. logischer zu denken, verantwortungsbewußter zu handeln, mehr Spontaneität zu zeigen, weniger oberflächlich zu sein – dann könnte die Möglichkeit bestehen, daß man seine Art, die man ursprünglich anziehend fand, zu schätzen beginnt.

Beachtenswert ist hierbei, daß man von seinem Partner nicht verlangt, er solle das, was er in großer Fülle besitzt (z.B. Spontaneität), aufgeben, sondern vielmehr, daß man von ihm verlangt, sich den eigenen Zielsetzungen anzuschließen (z.B. dem Erlangen von Kompetenz). Was man dabei vielleicht nicht bedenkt, ist die Tatsache, daß der Betreffende, indem er die Ziele des anderen verfolgt, seine eigenen aufgeben muß. Man kann den Pelz nicht waschen, ohne ihn naß zu machen.

Was man im Zusammenhang mit der Temperamenttheorie unter "entgegengesetzten Typen" versteht, bedarf einer Klarstellung. Im weitesten Sinne sind die Denker (schizoide Ästheten) das Gegenteil der Empfindenden (zykloide Wirtschaftler). Im Rahmen von Jungs Beiträgen sind die Denkenden das Gegenteil der Fühlenden, die Urteilenden das Gegenteil der Wahrnehmenden, und die Extravertierten das Gegenteil der Introvertierten. Natürlich gibt es nicht den extravertierten Typus per se; es gibt acht extravertierte Typen, so wie es acht introvertierte Typen gibt. Extravertierte können sich ebenso grundlegend voneinander unterscheiden, wie sich die Denker von den Urteilenden unterscheiden. Entgegengesetzte Typen sind wie folgt aufgeführt:

INTP – ESFJ	INFP – ESTJ
ENTP – ISFJ	ENFP – ISTJ
INTJ – ESFP	INFJ – ESTP
ENTJ – ISFP	ENFJ – ISTP

Entgegengesetzte Temperamente sind folgende:

NF	gegenüber	**NT**
SP	gegenüber	**SJ**

Es hat den Anschein, als bestünde zwischen entgegengesetzten Typen eine größere Anziehungskraft als zwischen entgegengesetzten Temperamenten. Zum Beispiel scheint sich der ENFP stärker vom ISTJ angezogen zu fühlen als vom INTJ. Ein weiteres Beispiel ist der ENTJ, der sich häufiger für den ISFP als für den

INFP entscheidet. Auch scheint er sich mehr für den dem ISFP verwandten Typus, den ESFP, zu interessieren als für den INFP.

Eine weitere wichtige Überlegung hinsichtlich des "Zueinanderpassens" in partnerschaftlichen Verbindungen ist die, daß nicht jeder die gleichen Erwartungen von der Ehe oder Lebensgemeinschaft hat. Die NFs suchen wahrscheinlich eine "tiefgehende" Beziehung (wenigstens sagen sie das), während die NTs, SPs und SJs an "Tiefe" kaum interessiert sind, bzw. nur schwerlich zu sagen wüßten, was das Wort "Tiefe" im Zusammenhang mit Ehe oder Lebensgemeinschaft bedeutet.

Worauf also kommt es den Typen an, wenn sie eine Verbindung eingehen?

Aufschluß darüber muß das Naturell der Person, die auf uns anziehend wirkt, geben. Vielleicht hilft die Betrachtung der für die einzelnen Typen am besten geeigneten Tätigkeiten, die gegenseitige Anziehungskraft zu erklären. Nun mag es sehr willkürlich erscheinen, daß die vielen hundert Tätigkeitsgebiete fein säuberlich in nur 16 Berufskategorien zusammengefaßt werden können, die dann zufällig den Grundmotiven der einzelnen Typen entsprechen. Das stimmt natürlich. Bei der für den jeweiligen Typus "am besten geeigneten Tätigkeit" handelt es sich selbstverständlich um ein Metapher, das dazu dienen soll, die Art der Tätigkeit zu veranschaulichen, für die sich die einzelnen Typen interessieren. Die Typen sind als gegensätzliche Paare wie folgt aufgeführt:

INTP (Architekt) .... ESFJ (Verkäufer)
ENTP (Erfinder) .... ISFJ (Konservator)
INTJ (Wissenschaftler) .... ESFP (Entertainer)
ENTJ (Feldmarschall) .... ISFP (Künstler)
INFP (Quästor) .... ESTJ (Administrator)
ENFP (Journalist) .... ISTJ (Treuhänder)
INFJ (Autor .... ESTP (Promotor)
ENFJ (Pädagoge) .... ISTP (Artisan)

Nach der These von der Anziehungskraft der Gegensätze heißt das, daß Architekt und Verkäufer sich gegenseitig anziehen, Erfinder und Konservator, Wissenschaftler und Entertainer usw. Es sei aber nochmals betont, daß man sich nur in großen Zügen an diese Kategorien halten sollte, da man sonst Gefahr läuft, die eigentliche Absicht aus den Augen zu verlieren.

Der INTP-"Architekt"

Bei dem "Architekten" handelt es sich nicht nur um einen Designer von Bauwerken, sondern auch um den Architekten von Ideen (den Philosophen), von Zahlensystemen (den Mathematiker), von Computersprachen (den Programmierer) usw. Kurz gesagt, die Stärke des Architekten liegt im abstrakten Design, das Wesentliche sind die Zusammenhänge.

Warum sollte nun dieser Abstraktionist den ESFJ-"Verkäufer" anziehend finden? Verkaufen im weitesten Sinne bedeutet, jemanden zu überzeugen, etwas erhalten zu wollen, was für den Empfänger einen gewissen Wert darstellt. Der Verkäufer versorgt im Grunde genommen den Empfänger (abgesehen davon, daß der Empfänger dafür zahlt). Diese Grundeinstellung des ESFJ-Verkäufers ist für den Empfänger (Käufer) wahrnehmbar; er fühlt die betreuende Haltung. Genau das ist es, was auf den INTP-Architekten anziehend wirkt – das Betreuende, das ihn mit der Realität verankert.

Was macht die Anziehungskraft des INTP auf den ESFJ-"Verkäufer" aus? Hier ist jemand, der in seiner abstrakten Art gleich einem mit Wasserstoff gefüllten Ballon von der Erde abzuheben scheint. Er ist auf eine Bindung angewiesen, um von Zeit zu Zeit zur Erde zurückzukehren. In gewissem Sinne muß man ihn von der Wichtigkeit der Realität überzeugen, da er sich ihr gegenüber gleichgültig verhält; man muß sie ihm "verkaufen".

Der ESFJ (etwa 15 Prozent der Bevölkerung) fühlt sich in gleichem Maße zu einer weiteren Gruppe, die zur Partnerwahl in Frage kommt, hingegezogen. Es handelt sich dabei um das Gegenstück zu seiner S-Seite (Empfindung), den ISTP-"Artisan". Der Artisan steht mit beiden Füßen auf dem Boden der Wirklichkeit, aber eigenartigerweise ist es ihm gleichgültig, welchen Ausgang oder welches Ergebnis seine Aktivitäten erzielen. Für ihn zählt lediglich der Vorgang. Überdies stehen ihm wahrscheinlich einige leistungsfähige Maschinen zur Verfügung, die seinen Drang nach aufregenden Erlebnissen befriedigen. In gewissem Sinne also bedeutet seine Gleichgültigkeit in bezug auf das Ergebnis seiner Handlungen, daß er ebenso wirklichkeitsfremd ist wie der INTP. Er ist somit für den ESFJ jemand, der mit der Realität verankert werden muß, dem man etwas geben kann.

Auch für den INTP gibt es eine zweite Gruppe, die ihn anzieht, und zwar die ENFJ-"Pädagogen". Was versteht man unter einem Pädagogen? Er ist ein Förderer des Wachstumsprozesses, jemand, der die mysteriöse Fähigkeit besitzt, in anderen einen Selbstentfaltungsprozeß zu bewirken. Alle NFs scheinen dieses Talent in gewissem Grade zu besitzen, verbunden mit dem Wunsch, es auch anzuwenden, aber der ENFJ besitzt es in überaus großem Maße.[1] Diese Verbindung – ENFJ – INTP – kann für den ersteren eine "tiefgehende" sein und für den letzteren charismatische Anziehungskraft haben.

Der ENTP-"Erfinder"

Der erfinderische ENTP findet für seine Unternehmungen im ISFJ, dem großen Konservator, die perfekte Ergänzung. Allgemein gesprochen handelt es sich beim Konservator um jemanden, der sich moralisch verpflichtet fühlt, für das materielle und gesetzlich festgelegte Wohl der sich unter seiner oder ihrer Obhut Befindlichen zu sorgen. Der Erfinder, wiederum allgemein gesprochen, ist jemand, der geneigt ist, das Bestehende – Werkzeuge, Arbeitsvorgänge oder Unternehmen – durch etwas Besseres zu ersetzen. Der ENTP verhält sich in dem Bestreben, seine

1 Umfragen bei Lehrern und Verwaltungsangestellten aller Typen, die den besten Lehrer, den sie kennen, nennen sollten, haben ergeben, daß ihre Wahl durchweg auf einen ENFJ fiel. Kein anderer Typus erreichte auch nur annähernd dessen Popularität. Aus J. Wright, Unveröffentlichte Dissertation, Claremont Graduate School.

Erfindungsgabe zu beweisen, notwendigerweise ikonoklastisch und wird in der Regel von anderen auch so gesehen. Somit gerät er möglicherweise mit den Älteren in Schwierigkeiten, die gewöhnlich ihre altbewährten Werkzeuge, Arbeitsweisen usw. nicht unbedingt durch neue Erfindungen des ENTP ersetzt sehen möchten. In einer Partnerschaft mit diesem erfinderischen Spitzbuben übernimmt es der ISFJ, die Dinge mit dem Establishment zu arrangieren.

Der ENTP fühlt sich auch zu dem Typus hingezogen, der das Gegenteil seiner N-Seite darstellt, nämlich dem INFJ. Eigenartigerweise unterscheidet dieser sich aber in wichtigen Aspekten von dem nur scheinbar ähnlichen ISFJ. Der INFJ hat das Wesen des "Autors" – des Übermittlers von Sinnvollem, des Mystikers, des Orakels. Man könnte ihn vielleicht als den Konservator der Seele, als eine Art Messias bezeichnen. Auf jeden Fall besitzt der "Autor" (im weitesten Sinne gesprochen) etwas, das dem ENTP als begehrenswert erscheint. Prometheus wurde bestraft, als er der Menschheit das Feuer schenkte. Der prometheische ENTP mag der Ansicht sein, daß der INFJ als Partner zwar nicht seinen Körper vor den Geiern, zumindest aber seine Seele vor der Hölle bewahren kann.

Der INTJ-"Wissenschaftler"

In seinem Bestreben, die Natur zu beherrschen, fällt es dem INTJ-"Wissenschaftler" wahrscheinlich schwerer als allen anderen Typen, sich für einen Partner zu entscheiden. Selbst die Partnerwahl muß auf wissenschaftliche Art und Weise geschehen. Es kann durchaus sein, daß die Erzählungen, Theaterstücke und Filme, in denen die vernunftgemäße und sachliche Einstellung bei der Partnerwahl angefochten wird, auf den überzeugten Wissenschaftler INTJ zugeschnitten sind. Nichtsdestoweniger fühlt sich der INTJ in jungen Jahren zu dem aufgeschlossenen, spontanen, vergnügten "Entertainer" ESFP hingezogen. Der INTJ besteht jedoch darauf, daß für eine eheliche Verbindung bestimmte Kriterien erfüllt werden, ansonsten wird sie nicht zustande kommen. Auf diese Weise sind für den INTJ Beziehungen, die aufgrund natürlicher Anziehungskraft beginnen, oft nicht von Dauer. Da er oder sie vernunftmäßig und systematisch vorgeht, fällt die Wahl häufiger auf einen Partner, der gleichgeartet ist, als auf einen gegensätzlichen Partner. Er geht davon aus, daß gleiche oder ähnliche Typen besser miteinander auskommen als entgegengesetzte. Der INTJ-"Wissenschaftler" fühlt sich auch vom ENFP-"Journalisten" angezogen, was möglicherweise mit dessen enthusiastischer, überschäumender und scheinbar spontanen Art, Freude und Erstaunen auszudrücken, zusammenhängt – das Gegenteil der vorsichtigen, überlegten und exakten Art des INTJ.

Der ENTJ-"Feldmarschall"

Der ENTJ ist der geborene "Feldmarschall", d.h. er brennt darauf, mit mehreren "Armeen" zu arbeiten, die Truppen aufzustellen und den "Krieg" auf die Weise zu führen, auf die er geführt werden sollte. Wenn dieser ENTJ einem Unternehmen vorsteht, ganz gleich wie unbedeutend dies sein mag, so wird er es seinem Temperament zufolge stets so führen, wie er eine Armee führen würde – mit einem Blick für langfristige Strategien und die davon abzuleitenden Taktiken, Logistik und Konse- quenzen. In geradezu verblüffendem Kontrast hierzu ist der Feldmarschall in das "Blumenkind" verliebt, den bukolischen Künstler ISFP, der sich in friedlicher Stille am Dorfweiher niederläßt! Möglicherweise wünscht sich der ENTJ einen Partner, der die friedliche Stille der Natur mit ihm teilt – weitab vom Gedränge der Massen – und somit eine Privatsphäre schafft, die das Berufliche von Heim und Familie trennt.

Der ENTJ fühlt sich auch zu seinem Gegenstück im apollinischen Lager, dem klösterlichen, suchenden INFP, hingezogen. Was besitzt dieser fromme oder ritterliche INFP (wie z.B. die heilige Johanna oder Sir Galahad), das den Feldmarschall anspricht? Zunächst läßt sich eine gewisse äußere Ähnlichkeit zwischen INFP und ISFP feststellen, was möglicherweise an dem unterschwellig vorhandenen missionarischen Hang der INFPs liegt. Beide, die INFPs und die ISFPs, besitzen eine Art missionarischen Eifer, erstere über den Ehepartner und letztere über der Stille der Natur.

Der INFP-"Quästor"

Für den INFP-"Quästor" ist die Partnerwahl wahrscheinlich problematischer als für irgendeinen der anderen Typen. Dabei ist zu beachten, daß die INFPs nur relativ selten, nämlich in kaum mehr als einem Prozent der Bevölkerung, vorkommen. Die Problematik liegt in ihrer Grundeinstellung zum Leben begründet. "Das Leben", so der INFP, "ist eine äußerst ernsthafte Angelegenheit". Wenn also jemand sein Leben als eine Art Kreuzzug oder als eine Reihe von Kreuzzügen betrachtet, dann kann sich dies für den Ehepartner belastend auswirken. Falls der INFP die andere Richtung einschlägt, die "monastische" (ein und dieselbe Person kann zwischen beiden Richtungen hin und her schwanken – einmal der Kreuz-ritter und einmal der Mönch sein), so sieht sich der Ehepartner wiederum der Belastung ausgesetzt, den monastischen Partner aus den düsteren, meditativen Versenkungen emporzuheben.

Die der kreuzfahrenden-monastischen Persönlichkeit entgegengesetzten Typen, die ENTJs und ESTJs, scheinen für die Belastungen dieser sich abwechselnden Phasen gut ausgerüstet zu sein. Beide sind mit der Wirklichkeit fest verankert. Der ENTJ, der seine oder ihre Truppen anordnet und auf ferne Ziele richtet; der ESTJ, der auf gut-fundierte, zuverlässige und traditionelle Art und Weise das ausübt, was er auszuüben hat. Beide können demjenigen einen sicheren Halt bieten, der sich sonst in Meditationen oder Kreuz-zügen verlieren würde. Einen Partner von irrelevantem Format zu wählen (z.B. einen ISTP-Artisan oder einen ESTP-Promotor), wäre nicht die weiseste Taktik in einer so wichtigen Angelegenheit wie dem Leben.

Der ENFP-"Journalist"

Hier handelt es sich um einen Vorboten, einen temperamentvollen Verkünder von Neuigkeiten. Hinter dem übersprudelnden Enthusiasmus des ENFP verbirgt sich jedoch ein Mensch, der sich auf fanatische Weise mit dem "Sinn" des Lebens beschäftigt. In dieser Hinsicht erinnert er an den INFP-Kreuzritter, allerdings unternimmt er weder Kreuzzüge noch neigt er zur Meditation, wenigstens nie für längere Zeit. Der ENFP untersucht alles, ähnlich einem kleinen jungen Hund, der herumschnüffelt und seine Nase überall hineinsteckt. Der ENFP will über alles Bescheid wissen und kann es nicht ertragen, von irgendeiner Sache ausgeschlossen zu sein. Aus diesem Grunde eignet er sich hervorragend als Reporter, Nachrichtensprecher und Journalist. Wer könnte diesen ausgelassenen, übersprudelnden aber ernsthaften Menschen mögen? Der Felsen von Gibraltar, natürlich – ISTJ, der "Treuhänder". Der ISTJ, der sich daran ergötzen kann, "die Bücher ordentlich zu führen", "das Budget auszuarbeiten", "zu sichern und zu versichern", "zu stabilisieren und auszugleichen", "Verträge einzuhalten", "einen steten Kurs beizubehalten" und "tadellose Ordnung zu halten", kann sich auch daran erfreuen, ein sicherer Hafen für den heraldischen ENFP zu sein.

Welcher Typus wirkt außerdem noch anziehend auf den wißbegierigen Journalisten und findet diesen seinerseits anziehend? Merkwürdigerweise der theoretisierende Wissenschaftler INTJ, der versunken in seiner Welt der abstrakten Betrachtungen und Hypothesen einen sicheren Halt bei dem Menschen findet, der weiß, was in der Wirklichkeit passiert! Somit kann der ENFP entweder ein sicherer Hafen sein oder einen sicheren Hafen benötign , und wer weiß, welche der beiden Möglichkeiten er wählt?

Der INFJ-"Autor"

Der orakelhafte INFJ entscheidet sich möglicherweise für den erfinderischen ENTP, kann sich aber auch für eine andere Art des Gegensatzes interessieren, nämlich für den ESTP. Zwischen dem ESTP und ENTP besteht, oberflächlich betrachtet, eine große Ähnlichkeit. Beide sind charmant, zuvorkommend, weltgewandt, humorvoll, geistreich, leicht zugänglich, waghalsig und verwegen. Der eine aber hat es darauf abgesehen, zu erfinden, während der andere daran interessiert ist, zu fördern und zu unterstützen, was einen beträchtlichen Unterschied zwischen beiden Typen bedeutet. Den Erfinder braucht man für Erfindungen, den Promotor für

Unternehmungen. Der Promotor muß, um Erfolg zu haben, ein "con artist" im besten Sinne des Wortes sein; er muß das Vertrauen (confidence) anderer gewinnen können. Weshalb sollte sich nun der Übermittler von Sinnvollem, der INFJ, für den Entrepreneur, den ESTP, interessieren? Weil er diesem dazu verhelfen möchte, sich zu verinnerlichen und über die Bedeutung seines Daseins nachzudenken. Ebenso kann man sich fragen, weshalb sich der INFJ vom ENTP angezogen fühlt? Weil er den Ikonoklasten von seiner scheinbaren Torheit retten möchte (man wird zugeben müssen, daß die meisten Erfindungen Blindgänger sind).

Der ENFJ-"Pädagoge"

Wer ist die Ergänzung dieses Wachstumsförderers? Sein Gegenüber auf der S-Seite ist der ISTP, der "Artisan". Es fällt nicht besonders schwer, sich vorzustellen, daß der ENFJ auf Grund seiner Neigung zum Lehren[2] das Handwerkliche im ISTP zur vollen Entfaltung bringen möchte. Der Handwerker besitzt allerdings von Natur aus auch eine andere Seite, die hin und wieder zum Durchbruch gelangt und in manchen Fällen sogar zum Leitfaden seines Lebens wird – Abenteuerlust und Erforschungsdrang. Der ISTP ist somit gewissermaßen unberechenbar und kann möglicherweise in unbekannte Regionen entschwinden. Es ist kaum anzunehmen, daß beim ENFJ auch im Hinblick auf die Abenteuerlust des ISTP der Wunsch besteht, fördernd auf ihn einzuwirken.

Wie bereits erwähnt, findet der ENFJ den INTP anziehend. In ihm findet der große Förderer ein hervorragendes Objekt, da sich hinter dem gelassen, gefaßt, unbeteiligt und mißtrauisch wirkenden Äußeren des INTP ein Designer von Bauwerken, Maschinen, Werkzeugen, Arbeitsabläufen, Taktiken, Ausdrucksweisen, mathematischen Aufgaben und dergleichen verbirgt. Die Voraussetzung

---

2 Falls der ENFJ als Lehrer tätig ist – ganz gleich auf welcher Ebene – so könnte bei ihm der Wunsch nach dem ihn ergänzenden Partnertypus weniger stark als sonst ausgeprägt sein. Allerdings wählen die wenigsten ENFJs den Beruf des Lehrers.

dabei ist natürlich, daß sich diese latenten Designer-Fähigkeiten "aktivieren" und "fördern" lassen.

Der ESFJ-"Verkäufer"

Wie bereits erwähnt, ziehen sich ESFJs und INTPs gegenseitig an. Der ESFJ, der dem in höheren Regionen des Abstrakten schwebenden INTP ein fester Halt sein möchte, findet im ISTP einen noch besser geeigneten Kandidaten zur Verankerung. Die Höhenflüge des ISTP sind oft sogar wörtlich und nicht nur sinnbildlich zu verstehen, denn er fliegt tatsächlich. Im Cockpit fast eines jeden Flugzeugs findet man den ISTP. Natürlich fliegen die meisten ISTPs nicht im eigentlichen Sinne des Wortes, aber die Sehnsucht nach Abenteuern und Erforschungen, die durch das Fliegen symbolisiert wird, ist vorhanden, und das ist es, diese Sehnsucht, die den ESFJ anzieht wie das Licht die Motte. Was spricht hierbei nun das gebende, fürsorgliche und wohlwollende Wesen des ESFJ an? Nun, natürlich die Rückkehr des Abenteurers, wenn der Fürsorgende Erquickung und Entspannung bieten kann.

Der ISFJ-"Konservator"

Wie bereits festgestellt, findet der ISFJ in seiner bewahrenden, erhaltenden Wesensart seine Ergänzung im ikonoklastischen ENTP, dem "Erfinder". Eine noch größere Affinität scheint zwischen ihm und dem ESTP-"Promotor" zu bestehen. Die schneidigen, glänzenden, raffinierten Kapriolen des ESTP bedürfen einer Absicherung. Der ESTP neigt zu "Hochphasen" des wirren, euphorischen Treibens. Der ISFJ ist jemand, der auf die "Bruchlandungen" vorbereitet ist. Nicht selten ist der ISFJ in den Bereichen beruflich tätig, in denen er oder sie sich um die Bedürfnisse anderer zu kümmern hat. Trotzdem scheint es ihm oder ihr nichts auszumachen, auch zu Hause derartige Dienste zu verrichten, wodurch der ISFJ häufig größeren Belastungen ausgesetzt ist als andere Typen. Falls der Ehepartner nicht hin und wieder Anerkennung für diese geleisteten Überstunden zeigt, muß er damit rechnen, daß körperliche und seelische Beschwerden beim ISFJ auftreten, da dieser seine Dienste nicht gewürdigt sieht.

Der ESFP-"Entertainer"

Die zwischen dem INTJ-"Wissenschaftler" und dem ESFP bestehende Affinität ist bereits untersucht worden. Allerdings kommt diese Art der partnerschaftlichen Verbindung nur selten vor, so daß hierfür lediglich ein rein theoretisches Interesse besteht. (Der INTJ macht nur etwa 1 Prozent der Bevölkerung aus und kommt außerdem nur selten mit ESFPs in Berührung). Der ESFP fühlt sich häufig vom ISTJ-"Treuhänder" angezogen. Beim ESFP handelt es sich um einen Menschen, der voller Energie bestrebt ist, sich stets irgendwie zu produzieren. Er braucht das Rampenlicht, die Partyatmosphäre, die anregenden Zusammenkünfte. In gewissem Sinne ist der ESFP die Seele der Party. Wie oft haben Schriftsteller und Drehbuchautoren ihre Geschichte vom "Showgirl und Bankier" erzählt? Dem ESFP ist daran gelegen, diesen Felsen von Gibraltar zum Leben zu erwecken, aber gleichzeitig möchte er durch dessen Beständigkeit zur Ruhe kommen.

Der ISFP-"Künstler"

Zwei wichtige Themen für den ISFP – nämlich Naturverbundenheit und künstlerisches Schaffen – lassen ihn nicht gerade als einen Vertreter des Nützlichkeitsprinzips erscheinen. Aber genau diese Einstellung ist es, die auf den bukolischen Geist anziehend wirkt. Der gegensätzliche N-Typus ist der ENTJ-"Feldmarschall", der in seinem Verlangen, zu führen und zu leiten, der militanteste aller Typen ist. ISFPs neigen stark dazu, Pazifisten oder Umweltschützer zu sein, fühlen sich aber gleichzeitig zu der Person hingezogen, die vom Temperament her für taktische Führungspositionen im Militärbereich oder anderswo geeignet ist. Der ISFP fühlt sich auch vom ESTJ-"Administrator" angezogen, dem Typus, der vom Temperament her geeignet ist, Einrichtungen oder Unternehmungen zu leiten. Man beachte, daß derjenige, der wahrscheinlich gegen das Establishment ist, sich zum Träger eines

Establishments (Unternehmens) hingezogen fühlt. Es ist zu bezweifeln, daß im Falle einer ehelichen Verbindung zwischen einem ISFP und einem ENTJ oder ESTJ ersterer die Absicht oder den Wunsch hat, aus dem Partner einen pastoralen Menschen zu machen. Der ISFP neigt unter allen Typen am meisten zu der Einstellung, andere gewähren zu lassen. Es ist eher anzunehmen, daß der ISFP für Unternehmertum und Zivilisation eine Möglichkeit der Verankerung bietet.

Der ESTJ-"Administrator"

Die Bewahrung des Establishments, seine Gesunderhaltung, Balance und Sicherheit ist das, was dem ESTJ Freude und Erfüllung bringt. Trotzdem übt der Gegner des Establishments, der ISFP, auf ihn eine große Anziehungskraft aus! Könnte er daran interessiert sein, dieses bukolische Wesen nach seinen Vorstellungen umzuformen? Anscheinend nicht. Möglicherweise sieht er in dieser Person mit ihrer extremen laissez-faire Einstellung einen gewissen Ausgleich zu der ihm eigenen Art, große Verantwortung auf sich zu nehmen.

Manchmal findet der ESTJ eine andere Art der gegensätzlichen Ergänzung in dem monastischen INFP. Dies geschieht allerdings nur selten, da auf 15 ESTJs nur ein INFP kommt. Es ist fraglich, ob der ESTJ im INFP seine Ruhe findet, da sich unter der monastischen Oberfläche ein ungestümer Kreuzritter verbirgt – kaum das, womit er gerechnet hat. Er könnte innerhalb kürzester Zeit gebeten werden, die Beziehung zu "vertiefen" und ihr mehr "Sinn" zu geben, ohne den geringsten Hinweis, wie dies zu bewerkstelligen ist. Seine wiederholten Bemühungen, die Beziehung zu "festigen" und zu "stabilisieren", werden nur als ein Zeichen von Oberflächlichkeit oder/und als bedeutungslos gewertet.

Der ISTJ-"Treuhänder"

Der ISTJ ist das leuchtende Vorbild, wenn es um Absicherung, vorbereitende Maßnahmen und Konsolidierung geht – ein Mensch, der das starke Bedürfnis hat, daß man ihm vertraut. Daher verwundert es kaum, daß er sich für das Rechnungs- und Bankwesen sowie das Wertpapiergeschäft interessiert. Man versuche sich vorzustellen, daß dieser Typus mit seinesgleichen verheiratet wäre – zwei Felsen von Gibraltar, die sich in ihrer Standfestigkeit gegenseitig bearbeiten! Es läßt sich mit ziemlicher Gewißheit sagen, daß eine derartige Verbindung nicht allzu gut funktionieren würde.

Vielmehr geht vom gegensätzlichen "Entertainer", dem munteren, lebhaften ESFP, eine Anziehungskraft aus. Der zur Sparsamkeit neigende ISTJ findet den Verschwender faszinierend, und häufig heiraten diese beiden Typen auch, was dann die perfekte Ergänzung darstellt. Ebenso häufig[3] findet man die Verbindung zwischen dem ISTJ und seinem Gegenstück auf der intuitiven Seite, dem ENFP. Es mag sein, daß der ISTJ im Bedürfnis des ENFP, Neuigkeiten zu verbreiten, etwas ähnliches sieht wie in dem Wunsch des ESFP, sich zu produzieren. Ganz sicher sind beide äußerst lebhafte, übersprudelnde Typen, eine Eigenschaft, die auf den nüchternen und vorsichtigen ISTJ bezaubernd wirkt.

Der ESTP-"Promotor"

Da der dem ESTP entgegengesetzte Typus auf der intuitiven Seite, der INFJ, nur relativ selten vorkommt (in etwa einem Prozent der Bevölkerung gegenüber 15 Prozent für den ESTP), treten Partnerschaften zwischen diesen beiden Typen nur hin und wieder auf, und das ist nur zu begrüßen. Eine eheliche Verbindung zwischen Orakel und raffiniertem Geschäftsmann ist kaum vorstellbar. Man sollte allerdings darauf aufmerksam machen, daß, ungeachtet eigener politischer Überzeugungen, die eindrucksvollsten Präsidenten der USA – J. F. Kennedy, L. B. Johnson, T. Roosevelt, F. D. Roosevelt – unvergleichliche ESTP-"Promotoren" waren. Es wäre höchst interessant, festzustellen, ob sie mit Frauen des gegensätzlichen INFJ-Orakel-Temperaments verheiratet waren.

---

3 ISTJs machen prozentmäßig den gleichen Anteil der Bevölkerung aus wie ENFPs, nämlich etwa 5 Prozent.

Die scheinbar richtige – und, man sollte annehmen, attraktivste – Wahl wäre der ISFJ-"Konservator". Diese Art der Ergänzung sollte gut funktionieren, besonders dann, wenn der Promotor männlich und der Konservator weiblich ist.[4]

Der ISTP-"Artisan"

Der abenteuerlustige ISTP sucht im ENFJ-"Lehrer" sein Gegenstück. Wie bereits bemerkt, findet er in ihm den Wachstumsförderer, eine Eigenschaft, die sicherlich eine Ergänzung seiner handwerklichen Talente darstellt. Allerdings existiert im Wesen des ENFJ nichts, das die abenteuerliche Seite des ISTP-Temperaments fördern könnte. Falls dieses Thema für den ISTP von vorrangiger Wichtigkeit ist, könnte es in einer ISTP-ENFJ-Verbindung Schwierigkeiten geben.

Der ISTP fühlt sich ebenso stark zu dem besänftigenden, betreuenden und gebenden ESFJ hingezogen. Dem ESFJ-"Zeremonienmeister" kann es gelingen, den ISTP für eine gewisse Zeit von seinem Motorrad, Surfbrett, Sportflugzeug usw. fernzuhalten, damit er auf produktivere Weise Kontakte zu anderen pflegen kann. Der ISTP braucht diese Art der Verankerung, da er sonst von dannen zieht, um unerforschte Gebiete zu erkunden (als Horace Greeley sagte, "go West, young man", nahm der ISTP sich das zu Herzen und ging!).

Der dionysische (SP) Partner

Partner Unabhängig davon, ob es sich um einen extravertierten oder introvertierten, einen zum Denken oder zum Fühlen

---

4 Gesellschaftliche Klischees verhindern oder verbieten möglicherweise die komplementäre Verbindung eines männlichen ISFJ mit einem weiblichen ESTP. Wenn solche Paare daran arbeiten, diese Klischees abzubauen, wird es ihnen gelingen, ihre sich gegenseitig vervollständigende Funktion wahrzunehmen.

neigenden, einen männlichen oder weiblichen SP handelt, erweckt er stets den Eindruck eines Schlafzimmer-Virtuosen, eines sexuellen Superwesens, das begierig ist zu experimentieren. Die Details des Experimentierens werden allerdings im allgemeinen den anderen überlassen. SPs reden offenbar gern über Sex, verfügen mitunter über ein ausgiebiges Repertoire an obszönen Sex-Geschichten und hören gern Details über sexuelle Aktivitäten jeder Art. Neuzeitliche Romane, in denen Sex zum Mittelpunkt gemacht wird, scheinen mehr den SP als irgendeinen anderen Typus zu beschreiben. Die SPs scheinen mehr als andere Typen auf taktile, auditive und visuelle Stimuli im Sexualbereich anzusprechen, die konkret, wirklich und anschaulich sind. Durch Stimuli symbolischer Natur (z.B. Gedichte) fühlen sich die SPs weniger als andere Typen angeregt.

Die Einstellung der SPs, daß man das Leben genießen sollte, kommt im Sexualbereich ebenso zum Ausdruck, wie bei der Arbeit oder Freizeitbeschäftigung. Sie lieben die Abwechselung in allen Dingen. Ein SP kann Konfliktsituationen ebenso sexuell anregend finden wie sinnliche Lust und Liebesbeweise, so daß er unter Umständen Streit, Tränen oder Wutausbrüche – ganz gleich, ob diese von ihm selbst oder seinem Partner ausgehen – stimulierend findet. Gruselfilme, Katastrophen- und Kriegsfilme, bildliche Darstellungen von Grausamkeiten, Erschreckendem oder Erotischem können SPs animieren. Eine sich langsam entwickelnde Liebesgeschichte spricht sie dagegen weniger an und verursacht eher ein Gefühl der Ungeduld. Die überlebensgroße Liebesgöttin oder der sexuelle Superheld der Leinwand kann die SPs, die in ihrer hedonistischen Art stets Aufregung und Abenteuer suchen, angenehm anregen. Romeo und Julia, H/loise und Abälard, waren ganz offensichtlich keine SPs. Diese zwei Liebespaare und ihre Art der Liebe finden die SPs wahrscheinlich bedauernswert.

SPs neigen dazu, mit allem einverstanden zu sein, was im Sexualbereich geschieht. Sie wirken entschlossen und scheinen zu wissen, was sie wollen, was aber in Wirklichkeit impulsives Handeln ist und weniger auf wohlüberlegten Entscheidungen (wie etwa bei NTs) beruht. SPs sind in der Lage, sich äußerst schnell in ein Verhältnis zu verwickeln, um die Bindung dann als lästig zu empfinden. Sie wissen oft nicht, wie sie das Verhältnis lösen sollen. Da die Konfrontation im allgemeinen nicht ihre Art ist, versuchen sie das Problem durch Abwesenheit oder Stillschweigen zu lösen. Lang-andauernde Phasen des Umwerbens liegen den SPs nicht, da sie in ihrem Freiheitsbedürfnis Emotionen dann zum Ausdruck bringen möchten, wenn sie auftreten. Erklärungen tiefer emotionaler Zuneigung anderer können bei ihnen Nervosität und ein Gefühl des Gefangenseins auslösen. Wenn SPs unter Druck stehen, sind sie in der Lage, sich taktlos, ja sogar brutal, zu verhalten, was sie nicht mehr wissen oder wahrhaben möchten, sobald der Vorfall vorüber ist. Entspricht ihr Verhalten nicht den Erwartungen anderer, so sind sie gern bereit, sich zu ändern. Allerdings ist das versprochene andere Verhalten meistens nicht von Dauer. Im allgemeinen neigen SPs zu einer unkritischen, frohen und zufriedenen Einstellung. Sie leben derart intensiv in der Gegenwart, daß sie im Hinblick auf Verpflichtungen des Alltags nicht immer zuverlässig sind, wobei aber kaum jemals die Absicht besteht, Mißfallen zu erregen. SPs sind in der Lage, ebenso schnell wütend zu werden wie sie handeln, aber ihr Ärger verfliegt zumeist wieder schnell. Sie verstehen es, Kommentare positiver oder negativer Natur, die sich auf ihren Charakter oder ihr Verhalten beziehen, mit absoluter Gelassenheit zu behandeln; weder das eine noch das andere wird sie lange beschäftigen. SPs setzen nur selten Prioritäten, ob innerhalb oder außerhalb der partnerschaftlichen Beziehung, sondern reagieren auf alle Anforderungen mit der gleichen Energie. Einer kleineren Krise können sie somit ebenso viel Aufmerksamkeit und Einsatzbereitschaft entgegenbringen, wie einer wesentlich größeren; einem Fremden können sie ebenso viel Aufmerksamkeit schenken wie einem Eng-Vertrauten. Diese Eigenschaft kann beim Ehe- oder Lebenspartner Unzufriedenheit hervorrufen. Die großzügige Art des SP (was sein ist, ist auch dein und was dein ist, ist sein und kann somit auch von ihm verschenkt werden) kann mitunter sehr irritierend für einen Partner mit unterschiedlicher Einstellung sein.

SPs erhalten und geben gern Geschenke. Menschen dieses Temperaments schenken nicht nur gern extravagante Dinge, sondern legen Wert auf ein Publikum, das die Wirkung ihrer überschwenglichen Großzügigkeit miterlebt. So könnte es gut möglich sein, daß unter dem Weihnachtsbaum ein Nerzmantel liegt, obwohl im Kleiderschrank nur das Notwendigste vorhanden ist. SPs drücken oft durch Geschenke aus, wenn sie jemanden sexuell anziehend finden. Was den SP dabei anregt, ist die

Abwicklung des Vorganges. Es bereitet ihm Vergnügen, auch außerhalb der Saison den Weihnachtsmann zu spielen. Die Reaktionen des Empfängers – Freude und Überraschung – und die Reaktionen von anderen, die dabei zugegen sind, sind für einen SP das Ausschlaggebende.

Obwohl SPs den Anschein erwecken, äußerst wachsam zu sein, kann ihre Wirklichkeitsbezogenheit dazu verleiten, das Augenblickliche zu akzeptieren, weshalb sie manchmal den Unterschied zwischen Qualität und Quantität einer Beziehung nicht erkennen. Ganz gleich, um wen oder was es sich handelt, werden sie sich wahrscheinlich mit dem Gegebenen abfinden. SPs machen oft keinen Unterschied zwischen einer Person, die zu großer Loyalität fähig ist und jemandem, der sich nur "auf der Durchreise" befindet. SPs sind auch im Hinblick auf Entwicklungen, die die Beziehung gefährden können, nicht immer wachsam. Dies kann besonders bei weiblichen SPs dazu führen, sich in Verhältnisse verwickeln zu lassen, die unklug sind. SPs handeln wahrhaftig oft unüberlegt, ob auf sexuellem, gesellschaftlichem oder auch wirtschaftlichem Gebiet. Sie können heute gute Ernährer und morgen absolute Verschwender sein. Geld ist ebenso wie Sex zum Gebrauch und zum Genießen bestimmt. SPs sind im allgemeinen nicht, wie die SJs, am Sparen und Aufbewahren für schlechte Zeiten interessiert, weder in finanzieller noch in sexueller Hinsicht. Sie nutzen ihre Zeit, ihre Kraft und ihre finanziellen Mittel eher zum Ausprobieren neuer Restaurants, der neuesten Mode, eines neuen Begleiters oder eines neuen Automobiles. Sie können sich stundenlang mit neuen Geräten oder neuen Bekanntschaften befassen, bis sie ihr Interesse anderen Dingen zuwenden.

Die SP-Hausfrau neigt dazu, ihren Tatendrang in künstlerische oder kunstgewerbliche Betätigung umzusetzen. In ihrer Wohnung findet man oft eine ganze Reihe von Projekten, die sich in den verschiedensten Stadien der Fertigstellung befinden. Es stört sie nicht, wenn in ihrer Wohnung viele Sachen herumstehen. Es kann vorkommen, daß sie sich zeitweilig ganz auf die Gourmetküche konzentriert, um dann mit der gleichen Begeisterung zum Weben, Töpfern oder ähnlichem überzuwechseln. Farben, zumeist kräftige, spielen bei ihr eine große Rolle, ebenso wie Pflanzen, die sie wahrscheinlich in Hülle und Fülle über alle Räume ihrer Wohnung verteilt. Unangemeldete Gäste sind ihr fast immer willkommen und sie wird kaum, wie die weiblichen SJs, aus der Fassung geraten, wenn sich die Wohnung nicht in einem gästegerechten Zustand befindet. Die SP-Frau neigt eher dazu, heiter und unkompliziert mit dem Gast zu teilen, was ihr gerade zur Vergügung steht. Sie wird ihre Projekte zur Seite schieben, um Sitzgelegenheiten oder Platz zum Essen zu schaffen.

Die SP-Mutter tendiert dazu, ihre Kinder fest in der Hand zu haben. Sie neigt nicht zu der Ansicht, im Dienste ihrer Kinder zu stehen. Das heißt jedoch nicht, daß sie deshalb Schuldgefühle entwickelt, indem sie sich fragt, ob sie damit das Richtige tut oder ob sie sich ebenso verhält wie andere Mütter. Sie handelt einfach so, wie es ihr im Augenblick als richtig erscheint. Von ihren Kinder erwartet sie Gehorsam, obwohl sie ihnen auf der anderen Seite ein großes Maß an Autonomie zugesteht. Sie läßt sich von ihren Kindern nicht um den Finger wickeln und sich nicht von ihnen beherrschen. Einer SP-Mutter scheint es leichter zu fallen als Müttern anderer Temperamente, andere in die Erziehung ihrer Kinder mit einzubeziehen. Wenn beispielsweise ihr Erstgeborenes in den Kindergarten kommt, bewältigt sie diesen Schritt müheloser als andere Typen.

SPs propagieren ihre eigene Persönlichkeit auf energische Weise und verstehen es gut, auch in sexueller Hinsicht für sich zu werben. Dies gilt sowohl für die extravertierten SPs als auch für die introvertierten. Sie gewinnen den Partner ihrer Wahl meistens schnell und oft bereits nach kurzer, stürmischer Werbung. Falls der Partner keine unrealistischen Erwartungen auf den SP projiziert, kann ihre Beziehung eine befriedigende, aktive Lebensart darstellen. Verlangt er aber vom SP, der Mensch zu sein, der er nicht ist, so wird es möglicherweise für beide Partner Enttäuschungen geben. SPs neigen weniger dazu, die Beziehung zum Ehe- oder Lebenspartner zu lösen, vorausgesetzt es besteht zwischen ihnen eine gewisse Kompatibilität im sexuellen Bereich. Anders als der NF, der in seiner romantischen Art ein Leben lang auf der Suche nach der vollkommenen Liebesbeziehung ist, macht sich der SP kaum Gedanken darüber, ob die Wahl eines anderen Partners besser gewesen wäre.

Der epimetheische (SJ) Partner

Die Vertreter des epimetheischen Temperaments (SJs), ob männlich oder weiblich, neigen zu größerer Gesetztheit im sexuellen Bereich als die SPs. Für sie ist Sex eine etwas ernstere Angelegenheit. Während SPs durch Sex möglicherweise ihre Probleme zu vergessen suchen, neigen die SJs dazu (besonders die männlichen SJs), sich durch Sex zu regenerieren, sich körperlich und seelisch zu erholen. Nachdem die sexuelle Entspannung erreicht ist, sind die SJs äußerst fürsorglich um das körperliche Wohlbefinden ihres Partners bzw. ihrer Partnerin bemüht. Während andere Typen Sex oft als eine Aktivität betrachten, die beiden Partnern Freude bereitet, und von der Mann und Frau gleichermaßen profitieren, neigt der SJ-Mann dazu, seiner Partnerin gegenüber Dankbarkeit für die sexuelle Erfahrung auszudrücken. Er vermittelt damit die Einstellung, daß etwas für ihn getan wurde. Daß die Partnerin die Erfahrung vielleicht ebenso genießt oder braucht wie er, kann er oft nicht begreifen. Die SJ-Frau wird diese Einstellung wahrscheinlich akzeptieren, ihre eigenen sexuellen Bedürfnisse denen des Partners unterordnen und Sex als eheliche Pflicht und nicht als Form des Vergnügens betrachten.

SJs halten sich in der Regel an ihr Eheversprechen. Die männlichen SJs stoßen sich die Hörner vor der Ehe ab. Sobald sie verheiratet sind, interessieren sie sich vorwiegend für die Gründung von Heim und Familie und widmen ihre ganze Kraft dem Beruf. Weibliche SJs haben im allgemeinen vor der Ehe auf sexuellem Gebiet nur begrenzte Erfahrung, selbst im Zeitalter der sexuellen Freizügigkeit. Wenn dies nicht zutrifft, dann ist zu vermuten, daß sie durch Gleichaltrige unter Druck gesetzt wurde, sexuelle Erfahrungen zu machen, weil dies eben "dazugehört", weil es "peinlich ist, mit 20 Jahren noch Jungfrau zu sein".

SJs beider Geschlechter können der Ansicht sein, daß sexuelle Aktivitäten ein Dienst sind, den die Frau zu leisten und auf Wunsch pflichtbewußt auszuführen hat, vermutlich als Gegenleistung für soziale und wirtschaftliche Sicherheit. Sie neigen im Sexualbereich nicht zum Experimentieren; ihrem Temperament entspricht eher das Festhalten an gewohnten Zeiten, Orten und Praktiken. Obwohl der männliche SJ auf seine Partnerin bedacht ist und dies auch zum Ausdruck bringt, können SJs beiderlei Geschlechts der

Überzeugung sein, daß der Orgasmus bei der Frau nicht erforderlich ist. Es besteht die Ansicht, wenn auch unausgesprochen, daß "das eine anständige Frau nicht tut". Auf der anderen Seite kann der männliche SJ in Gesellschaft anderer Männer (und einzelner Frauen) – z.B. bei Tagungen, auf der Jagd und dergleichen – in seiner deutlichen Sprache und seinem Repertoire an erotischen Witzen dem SP durchaus das Wasser reichen. Weibliche SJs sprechen selten über ihre sexuellen Erfahrungen, weder mit anderen Männern noch mit anderen Frauen.

SJs betrachten Sex offensichtlich als Mittel der Reproduktion und nicht hauptsächlich als Form der Entspannung. Kinder zu bekommen ist für SJs beider Geschlechter selbstverständlich und wünschenswert, denn Kinder bedeuten eine Quelle der Freude und der Erquickung sowie die Weiterführung des Familiennamens. Sex wird im allgemeinen als etwas betrachtet, das man nachts in der Abgeschiedenheit des Schlafzimmers und nach mehreren Ehejahren so selten wie möglich praktiziert. Wenngleich dies in unserem Zeitalter der sogenannten sexuellen Freizügigkeit nicht unbedingt zutreffend sein mag, so ist dennoch die Ansicht, daß Sex Vergnügen bedeutet, bei SJs kaum zu finden.

SJs tendieren dazu, ihre Zuneigung auf standardisierte Art und Weise zu zeigen, indem sie ihre Liebeserklärungen in feierlicher Ausdrucksweise formulieren und zu den passenden Gelegenheiten Geschenke überbringen. Diese Geschenke besitzen oft ideellen Wert und sind Gegenstände, die zur Aufbewahrung gedacht und die in Ehren zu halten sind. Für SJs ist das Ritual des Schenkens das Wichtige, nicht, wie beim SP, die Überraschung oder das Beeindrucken der Zuschauer. Der Gedanke, daß Diskussionen über Philosophie, Religion, Ästhetik oder Ethik als Einleitung für erotische Aktivitäten dienen können, ergibt für SJs beiderlei Geschlechts keinen Sinn. Sex ist Sex und Philosophie ist Philosphie. Der Begriff, "die große Leidenschaft", dürfte für SJs wahrscheinlich verwirrend sein. Zwar sind sie in der Lage, ihren Phantasien freien Lauf zu lassen, werden aber sehr bald zu den Realitäten des Lebens zurückkehren. Ein SJ macht seinem Partner vor der Hochzeit den Hof und danach nicht mehr. Sobald der Handel besiegelt ist, widmet er sich vorrangig seinem beruflichen Vorwärtskommen, der Familiengründung, der Schaffung eines Freundeskreises und gesellschaftlicher Beziehungen. Sexuelle

Gewohnheiten werden gewöhnlich am Anfang der Ehe geprägt und ein Leben lang eingehalten. Das Unerwartete und Ungewöhnliche gehört im allgemeinen nicht zum Sexualverhalten der SJs. Der SJ-Mann wird unter Umständen andere Erfahrungen außerhalb des ehelichen Rahmens machen, aber nur dann, wenn er zu Hause besonders unzufrieden ist.

Für SJs kann es mitunter schwierig sein, die emotionalen Bedürfnisse anderer Typen, besonders die der NFs und NTs, zu verstehen, deren Sexualverhalten auch von den Dingen, die außerhalb des Schlafzimmers geschehen, abhängt. Ein SJ kann sich z.B. zu Wutausbrüchen, sarkastischen Bemerkungen und massiver Kritik hinreißen lassen und dann von seinem Partner erwarten, daß er dieses Verhalten von der sexuellen Beziehung trennt. Er oder sie versteht dabei vielleicht nicht, wie andere Typen, die möglichen Auswirkungen auf das Sexualverhalten des Partners. Dieser Partner-Typus ist der Überzeugung, daß seine "konstruktiven Denkzettel", die er oder sie dem anderen erteilt, dessen Zuneigung ihm gegenüber nicht beeinträchtigen sollten, solange er oder sie dem Partner wohlgesonnen ist und für ihn sorgt.

SJs können in bezug auf ihre Familien besitzbetonend sein, indem sie oft von "meiner Frau", "meinen Kindern", "meinem Auto" usw. sprechen. Ihr Besitz kann umfangreiche Proportionen annehmen und viel Aufmerksamkeit erfordern. Diese Besitztümer werden pflichtbewußt gepflegt und erhalten und dürfen niemals leichtsinnig verschwendet werden. SJs tendieren dazu, mit Geld vorsichtig umzugehen und sparsam zu haushalten. Unter zum Teil großen Entbehrungen sorgen sie für die Zukunft vor. Versicherungspolicen, Sparkonten, Wertpapiere und ähnliches erscheinen ihnen sinnvoll. Sie sind sich aber auch des Nutzwertes von Grundstücken, Werkzeug, Automobilen, Kleidung usw. bewußt. Besitztümer sollen funktionell und möglichst wenig ostentativ sein. Abgetragene oder abgenutzte Sachen werden nicht weggeworfen, sondern Wohltätigkeitseinrichtungen gespendet. Ihr Grundstück sieht aller Wahrscheinlichkeit nach gepflegt aus, und sie erwarten, daß andere es ihnen gleichtun. Die SJ-Frau, besonders die introvertierte, macht oft das Heim zum Mittelpunkt ihrer Aktivitäten. Aufopfernde Hingabe dem Ehemann und den Kindern gegenüber, die Vorbereitung der Mahlzeiten, die Pflege der

Wohnung und der reibungslose Ablauf des Haushalts können ihre ganze Zeit in Anspruch nehmen und für sie zum Lebensinhalt werden. Dies kann bewirken, daß sie in den mittleren Lebensjahren, nachdem die Kinder das Haus verlassen haben, eine große Krise erfährt. Bei den männlichen SJs kann eine ähnliche Krise auftreten, wenn sie sich zur Ruhe setzen, da der Beruf für sie oft das bedeutet, was Heim und Familie für die SJ-Frau sind. Beide neigen dazu, sich sorgenvolle Gedanken zu machen, wenn Familienmitglieder abwesend sind, und häufigen telefonischen Kontakt mit ihnen zu pflegen. SJs tendieren zur Schwarzmalerei und machen sich Sorgen wegen möglicher aber unwahrscheinlicher Unglücksfälle.

Häufige oder plötzliche Veränderungen im heimischen Umfeld, in gewohnten Abläufen und Arbeitsvorgängen sowie im Personalbereich werden von SJs im allgemeinen nicht begrüßt. Individuelle Abweichungen von traditionellen und wünschenswerten Verhaltensweisen von seiten der Familienmitglieder werden von SJs nicht unterstützt. Sie besitzen ein sicheres Gespür für das Gute und Richtige und zögern nicht, ihre Meinung den anderen Familienmitgliedern aufzudrängen. SJs sehen das Auferlegen von Verhaltensnormen als ihre Pflicht an. Sie bestehen darauf, daß Menschen und Dinge, Verfahren und Erzeugnisse beständig und dauerhaft und im Einklang mit dem Herkömmlichen sind.

Die SJs sind von der Vergangenheit fasziniert. Sie besitzen viel Sinn für Familientradition und lassen sich gern Geschichten über die Famile erzählen. Sie laden gern Verwandte ein und legen Wert auf den Kontakt zu Mitgliedern der erweiterten Familie. Traditionelle Bräuche, wie z.B. die Gans zu Weihnachten oder das Osteressen, werden aufrechterhalten. Kirchliche Aktivitäten nehmen oft einen beträchtlichen Teil ihrer Freizeit in Anspruch, ebenso wie innerhalb der Gemeinde organisierte Aktivitäten (gesellschaftliche Veranstaltungen und Wohltätigkeitsorganisationen). Ein SJ-Partner gehört oft den organisierten Bürgergruppen in der Gemeinde an und ist im Bilde über die Status-Hierarchie innerhalb dieser Gruppen.

SJs verbringen ihre Zeit vorwiegend mit produktiven Aktivitäten, und zwar solchen mit klarer Aufgabenstellung. Sich mit oberflächlichen Dingen zu beschäftigen, betrachten sie als

Zeitverschwendung. Das Lesen einer Zeitung spricht sie eher an als das Lesen eines Romans. SJs achten Zeit als eine Sache, die man nutzen und nicht vergeuden sollte. Sie pflegen stets pünktlich zu sein, was sie auch von ihrem Partner erwarten. Sie halten sich gern an einen Zeitplan, den sie für sich selbst und manchmal auch für andere Mitglieder der Familie erstellen. Der SJ-Partner legt Wert auf einen planmäßigen, ordnungsgemäßen Ablauf gesellschaftlicher Ereignisse, die angenehm aber nicht zu ausgelassen fröhlich verlaufen sollen. Im allgemeinen haben SJs nichts dagegen, wenn ihre Zeit von Mitgliedern der Familie (oder auch anderen) in Anspruch genommen wird, vorausgesetzt es besteht ein triftiger Grund dafür.

Als Ehepartner beklagen sich SJs selten über Langeweile. Sie sind damit zufrieden, ein ausgeglichenes, ruhiges Leben mit routinierten Abläufen zu führen. So kann es sein, daß sie z.B. jeden Freitag abend im gleichen Restaurant essen oder Jahr für Jahr das gleiche Urlaubsziel haben, die gleichen Freizeitaktivitäten mit den gleichen Leuten am gleichen Ort betreiben.

Der SJ-Partner neigt dazu, sowohl eine erzieherische als auch eine kritische Einstellung zu vermitteln. In der Sprache der Transaktionsanalyse ausgedrückt rührt dies sowohl vom erzieherischen als auch vom kritischen Eltern-Ego her. Sich um den Partner oder die Kinder zu kümmern heißt für den SJ, dafür zu sorgen, daß der andere weiß, was richtig ist und entsprechend handelt. Das "Richtige" ist stets das, was er von seinen Eltern und der Tradition her kennt. Seine Spontaneität ist im allgemeinen unterdrückt, obwohl er in Streßsituationen oder Übermüdungszuständen in der Lage ist, Wutausbrüche, beißenden Sarkasmus oder, in seltenen Fällen, Gewalttätigkeit zu zeigen.

Das Bedürfnis des SJ, sich nützlich zu machen und den Institutionen der Gesellschaft anzugehören, läßt ihn zu einem beständigen, verantwortungsbewußten und zuverlässigen Lebenspartner werden, der einschätzbar, loyal und treu ist. Er tendiert nicht dazu, in den mittleren Lebensjahren seine Familie zu verlassen oder das Familienvermögen durch impulsive Kaufwellen zu verschleudern. SJs sind ausgezeichnete Haushaltsführer und unterstützen die Institutionen der Gesellschaft – Familie, Kirche, öffentliche Einrichtungen – auf hervorragende Weise.

Der prometheische (NT) Partner

Der Ehe- oder Lebenspartner eines prometheischen NT könnte durchaus den Eindruck gewinnen, daß dieser sich kaum Gedanken macht über das Wohlergehen seines Gefährten und wenig Kenntnis hat von den täglichen Begebenheiten und Abläufen des Familienlebens. Der Partner eines NT sehnt sich möglicherweise nach einem häufiger mit Worten zum Ausdruck gebrachten Beweis der Zuneigung und der Fürsorge. Der NT, auf der anderen Seite, wäre wahrscheinlich erstaunt zu hören, daß seine Art, Liebe und Zuneigung zu zeigen, vom anderen als zurückhaltend oder wenig fürsorglich empfunden wird.

NTs wirken tatsächlich oft kühl und teilnahmslos. Sie verbergen ihre Gefühlsregungen hinter einer unveränderlichen Miene, so daß höchstens die Augen emotionale Reaktionen erkennen lasen. Gefühlsausbrüche in der Öffentlichkeit sind ihnen besonders zuwider.

Da es den NTs widerstrebt, über Offensichtliches zu reden oder sich zu wiederholen, drücken sie ihre Zuneigung nur selten mit Worten aus. Andere Typen empfinden ihre Art als kühl und reserviert und fühlen sich durch diese Zurückhaltung oft verletzt. Für NTs bedeutet das wiederholte Feststellen oder Kommentieren einer ohnehin klaren Angelegenheit, daß man seiner Sache nicht ganz sicher ist. Wenn sie sich einmal festgelegt und Position bezogen haben, ändert sich daran nichts mehr, bis sie das Gegenteil verlauten lassen. Somit sehen sie es als überflüssig und unangebracht an, das Feststehende und Offensichtliche wiederholt auszudrücken.

Wenn die NTs eine sexuelle Beziehung eingehen, handeln sie selten impulsiv. Sie verwickeln sich nicht schlagartig in ein Verhältnis. Vielmehr entspricht es ihrem Naturell, sich eine Verbindung genau zu überlegen und zu durchdenken. Erst dann sind sie bereit, in eine Beziehung zu investieren. Wenn eine Beziehung durchaus nicht funtioniert, sind sie geneigt, die Angelegenheit mit einem Achselzucken abzutun oder eventuell ein leichtes Bedauern zum Ausdruck zu bringen. Wenn sie sich aber für einen Partner entschieden haben, wird diese Entscheidung von ihrer Seite aus kaum jemals rückgängig gemacht, vorausgesetzt natürlich, daß eine gewisse Gegenliebe bei dem oder der Betreffenden vorhanden ist. Dabei ist sehr wahrscheinlich, daß der NT die Beziehung nach seinen oder ihren Vorsstellungen entwickelt. Ist eine langfristige Verbindung in seinem Sinne, so geht er eine langfristige Verbindung ein. Ist eine kurzfristige Beziehung angebracht, so geht er eine kurzfristige Beziehung ein. Hierbei ist oft folgende Eigentümlichkeit zu bemerken: Beabsichtigen NTs eine dauerhafte Verbindung, werden sie über diese Tatsache nicht viele Worte machen, da diese Absicht ihrer Meinung nach offensichtlich ist. Wenn die Beziehung aber nur von kurzer Dauer sein soll, werden sie diese Tatsache verbal unterstreichen, für den Fall, daß dies nicht offensichtlich ist. NTs halten sich im allgemeinen an ein einmal gegebenes Versprechen, selbst wenn sich die Verbindung nicht ihren Erwartungen gemäß vollzieht. Sie sprechen selten über irgendwelche Enttäuschungen oder Unzufriedenheiten.

Für Unstimmigkeiten hält der NT selten seinen Partner verantwortlich und sieht es eher als seine Pflicht an, etwas dagegen zu unternehmen. NTs halten nichts von Auseinandersetzungen auf persönlicher Ebene. Sie bevorzugen intellektuelle Debatten. Streitigkeiten auf emotionaler Ebene finden sie destruktiv. In der Regel kehren sie derartigen Auseinandersetzungen einfach den Rücken.

Merkwürdigerweise zeigen NTs häufig eine gewisse Amoralität im Vergleich mit den von der Gesellchaft akzeptierten Normen des Sexualverhaltens. Die moralischen Werte der Gesellschaft beeindrucken die NTs nicht sonderlich, wohl aber ihre eigenen eigentümlichen Verhaltensnormen, die gewöhnlich wohl überlegt sind und auch ohne gesellschaftliche Billigung befolgt werden. Ihre Moralvorstellungen sind ihre ganz persönlichen, die den Sitten und Gebräuchen der Zeit entsprechen können oder auch nicht.

Wenn man mit einem NT eine sexuelle oder freundschaftliche Beziehung eingehen möchte, so erfordert das im allgemeinen einen erheblichen Aufwand an Zeit und Energie. Dies gilt besonders im Vergleich mit dem SP, der eher bereit ist, Beziehungen aufzunehmen. Andere Typen sind oft nicht gewillt, die notwendige

Zeit und Kraft zu investieren, um einen NT näher kennenzulernen. Selbst extravertierte NTs, die scheinbar leicht kennenzulernen sind, kann man aufgrund ihrer komplizierten Persönlichkeitsstruktur oft nur schwer verstehen. Freunde und Partner der NTs sind immer wieder erstaunt, Aspekte des NT-Charakters zu entdecken, die zuvor nicht erkennbar waren.

Besonders die NT-Frau neigt dazu, ihre Sexualität mit Intellektualismus zu überlagern. Ihre Vorliebe für das Logische kann bewirken, daß ihre Gefühle, die mehr oder weniger gut entwickelt sein können, verborgen bleiben. Im letzteren Falle könnte die NT-Frau Schwierigkeiten haben, orgasmische Reaktionen zu zeigen, es sei denn, ihr Partner nimmt sich die Zeit, macht sich die Mühe und zeigt Verständnis für die Notwendigkeit einer sexuellen Annäherung durch gemeinsames Untersuchen intellektueller Begriffe. Es dürfte unwahrscheinlich sein, daß ein ihr geistig nicht ebenbürtiger Partner sie sexuell anregen könnte. Männliche NTs haben andere Erwartungen in bezug auf die intellektuelle Ebenbürtigkeit der Partnerin. Ihre Vorliebe gilt der Partnerin, die ihnen geistig unterlegen ist, dies aber nur in geringem Maße. Notfalls akzeptieren sie auch eine Partnerin, die ihnen geistig ebenbürtig ist. Die intellektuell begabte Frau hat somit bei NTs nur begrenzte Chancen.

Auf jeden Fall können beide, männliche und weibliche NTs, die Bereitschaft zeigen, innerhalb ihrer Beziehung die verschiedenen Möglichkeiten der erotischen Erregung zu erforschen. Wenn sie dies zu ihrem Kompetenzbereich machen, können sie sachkundige Techniker sexueller Praktiken werden. Sie besitzen oft ein außerordentliches Geschick in der physischen und psychologischen Logistik des Geschlechtsverkehrs und verstehen sehr gut die Notwendigkeit einer breiten Palette gemeinsamer Interessen auch außerhalb des Schlafzimmers. Während die NFs das Lesen wissenschaftlicher Abhandlungen über Sexualität unromantisch finden könnten (z.B. Masters and Johnson, 1966), finden NTs es wahrscheinlich relativ einfach, sachliche Hinweise in sexuell kreatives, sinnliches Verhalten umzusetzen.

Außerhalb des Schlafzimmers ein spielerisches Verhalten zu zeigen, scheint den NTs schwerer zu fallen als anderen Typen. Im

Großen und Ganzen sind sie von ernstem Charakter, finden es amüsant, Dialoge mit dem, was sie vielleicht als "die siebente Ebene des Irrealen" bezeichnen würden, zu halten – ein Zeitvertreib, den andere Typen eher langweilig finden. Das für einen NT Amüsante und Humorvolle ist meistens subtiler Natur und basiert häufig auf Wortspielen. NTs lieben ganz besonders die Art des Humors, bei dem überraschende Zweideutigkeiten zu Tage treten. Anders aber als die SPs und bisweilen auch die SJs sind sie nicht für ordinäre Sex-Geschichten oder Streiche zu haben. Sie finden es geschmacklos, derartiges zum Besten zu geben, besonders in gemischter Gesellschaft.

Dem typischen Verhaltensmuster der NTs zufolge gibt es in ihrem Leben gewöhnlich nur einige tiefgehende Beziehungen. Promiskuität wird im allgemeinen mit Abneigung betrachtet. Partnertausch zu praktizieren finden NTs wahrscheinlich abstoßend, und sie betrachten diese Art der Erfahrung sicher als psychologisch schädlich. Sie sprechen selten über ihre früheren Liebesbeziehungen, weder mit dem Ehepartner noch mit anderen, und fast niemals und mit keinem über ihren gegenwärtigen Partner.

Für einen NT wie auch für einen NF beginnt Sinnlichkeit in der Phantasie. Beide Typen sind in der Lage, für Erotisches in solchen Nuancen empfänglich zu sein, die für Typen mit S-Neigung irrelevant oder sogar unergründlich sind. Als Sexualpartner kann der NT äußerst kreativ, einfallsreich und aufregend sein. Der Grad der Zufriedenheit innerhalb einer Beziehung hängt für den NT im allgemeinen davon ab, wie tiefgehend die Verbindung ist. Trotzdem wird die bloße sexuelle Befriedigung manchmal als notwendig erachtet, besonders, dann, wenn sexuelle Spannungen wichtige Arbeiten unterminieren. In diesem Fall wird er versuchen, die Spannung prompt und so zweckdienlich wie möglich abzubauen.

NTs haben ein relativ geringes Interesse an Reichtum und Wohlstand und sind als Partner daher auch mit bescheidenem Komfort zufrieden. Besitz zu erwerben ist als Ziel an sich für sie nicht motivierend. Vielmehr motiviert sie der Genuß, der ihnen durch das ansprechende Design eines Gegenstandes, durch dessen Schönheit, durch dessen elegantes Funktionieren vermittelt wird.

Ein altes Auto- oder Flugzeugmodell, ein elegantes Kunstobjekt und dergleichen bereiten ihm Freude, unabhängig davon, ob er der Besitzer ist oder nicht. Diese charakteristiche NT-Eigenschaft, etwas genießen zu können, ohne es besitzen zu müssen, ruft oft bei ihren Partnern, die diese Unvoreingenommenheit nicht teilen, Unwilligkeit hervor. Das relative Desinteresse des NT an materiellem Reichtum über ein gewisses Maß hinaus, das für die Sicherheit und einen gewissen Komfort notwendig ist, kann ebenfalls zu Unstimmigkeiten in der Partnerbeziehung führen. Obwohl sich der NT von Zeit zu Zeit für den Gedanken, sich ein Vermögen zu schaffen, begeistern kann, hält dieser Drang selten lange genug an, um den Wunsch in die Tat umzusetzen. Der NT wendet seine Aufmerksamkeit schnell wieder dem Theoretischen zu, und das augenblickliche Interesse am Erlangen von Reichtum schwindet, um hin und wieder erneut zum Vorschein zu kommen, jeweils mit dem gleichen Ergebnis.

Das Interesse der NTs an Büchern und Wissen dagegen bleibt im allgemeinen unvermindert groß. Ihr Heim ist oft mit einer großen Anzahl von Büchern ausgestattet. In der Tat wird der NT von seinem Partner häufig als ein Mensch empfunden, der seine gesamte Aufmerksamkeit der Welt der Theorien und der Methodik widmet, meistens auf Kosten der Zeit, die er mit dem Partner verbringen könnte. Obwohl NTs das Familienleben, das sich um sie herum vollzieht, nicht zu beachten oder zu bemerken scheinen, zeigen sie gewöhnlich Interesse, wenn man sie von derartigen Geschehnissen in Kenntnis setzt. NTs neigen dazu, ein ungenaues Zeitgefühl zu haben (besonders die introvertierten NTs), und sie sind sich oft der Stunde, des Tages oder der Jahreszeit nicht bewußt. Dies kann zu Schwierigkeiten in der Beziehung führen, wenn es sich bei ihrem Partner um den Typus handelt, der auf Jahrestage, Geburtstage und dergleichen großen Wert legt.

Bei NTs wie auch bei introvertierten NFs scheint die intellektuelle Entwicklung schneller voranzuschreiten als die Entwicklung intimer Beziehungen. Bei beiden Typen nimmt die Kommunikation, die durch die körperliche Beziehung vermittelt wird, im Laufe der Zeit an Komplexität zu, d.h. die sexuellen Annäherungen werden mit Finesse und Symbolik gehandhabt. Dem Geschlechtsakt wird häufig eine tiefere Bedeutung beigemessen als die der bloßen befriedigenden Entspannung. Die introvertierten NTs pflegen möglicherweise seltener sexuellen Kontakt als die extravertierten. Die Routine des täglichen Lebens kann sich repressiv auf die emotionale und sexuelle Bereitschaft der NTs auswirken, besonders wenn der Alltag konfliktbeladen ist. Dies gilt ganz besonders für die introvertierten NTs (wie auch für die introvertierten NFs). NTs können den Geschlechtsakt als Ausdruck tiefer Liebe empfinden oder ins andere Extrem verfallen und ihn als einen Akt der Selbsterniedrigung und Selbstverunglimpfung betrachten, was dazu führen kann, daß sie sich von sich selbst angewidert fühlen.

NTs nehmen familiäre Verpflichtungen ernst, besonders ihre eigene Verantwortung der Familie gegenüber, ihre Eltern eingeschlossen. Anderen Familienmitgliedern erscheint es jedoch oft, als bestünde zwischen NTs und anderen eine größere psychologische Distanz als zwischen anderen Typen. NTs neigen weniger als andere Typen dazu, das Verhalten (oder den Körper) ihres Partners als ihr "eigenes" zu betrachten. Die Fehler anderer sind nicht ihre Fehler, ganz gleich, ob es sich um Familienmitglieder handelt oder nicht, und werden objektiv gesehen. Ihre eigenen Fehler oder Irrtümer sind die unentschuldbaren, die unverzeihlichen. Das Elternsein ist somit für NTs im allgemeinen ein Vergnügen, da sie die Entwicklung der Kinder (und des Partners) mit Freude verfolgen, jedoch mehr von der Position des Zuschauers aus.

Der apollinische (NF) Partner

Falls es je einen Menschen gab, der aus Liebe starb, so kann es sich nur um einen Apollonier (NF) gehandelt haben. Romeo und Julia, beide NFs, konnten sich ein Leben ohne einander nicht vorstellen und wählten den Tod in einer Weise, die ihre Aufrichtigkeit und ewig-währende Verbindung symbolisierte. Weitere berühmte Liebespaare, wie z.B. Hloise und Abälard, die Brownings, Antonius und Kleopatra, sie alle machten ihr Liebeswerben zu einem Kunstwerk. Das überrascht insofern nicht, als die NFs u.a. die Kunst beherrschen, romantische Beziehungen zu entwickeln. Das Wort Sex scheint in der Tat im Zusammenhang mit einem NF zu grob zu sein; der treffendere Begriff für die Art, in der er die körperliche Beziehung erlebt, ist Liebe. Weibliche und männliche

NFs zeigen ihrem Partner oder ihrer Partnerin Zuneigung, Zärtlichkeit und häufig leidenschaftliche Liebesbeweise (auf verbale und auf nicht-verbale Weise). Da sie redegewandt sind, befinden sie sich in der Lage, ihre Emotionen in solchen Nuancen auszudrücken, wie andere Typen dies kaum vermögen. NTs scheuen sich nicht, mit Poesie, Musik und Zitaten ihr Werben um den Partner zu intensivieren. Die romantische Seite des NF gedeiht unter derartigen Beweisen der Zuneigung und Hingabe. NFs pflegen jede ihrer Liebeswerbungen als aufregend darzustellen und neigen dazu, in jeder die vollkommene Liebe zu sehen. Ihr Stil des Freiens erinnert an Märchenbücher. Der NF-Freier glaubt fest daran, daß er fortan für immer glücklich und zufrieden leben wird, und diese Gewißheit überträgt sich mit Sicherheit auf auch auf das Objekt seiner romantischen Verfolgungsjagd. Das Ideal der immerwährenden, vollkommenen Liebe motiviert die NFs, einen Partner zu finden, mit dem sie nicht nur körperlich, sondern auch geistig etwas verbindet. Sie sind bestrebt, aufrichtige Liebhaber zu sein, die in der Lage sind, eine tiefe, intime Beziehung aufrechtzuerhalten. Sich in ihrer Identität als Ehe- oder Lebenspartner zu sehen, macht einen wesentlichen Teil ihrer Persönlichkeit aus.

So wie die NFs in anderen Bereichen ihres Lebens das Mögliche stets verlockender finden als das Tatsächliche, interessieren und inspirieren sie auch im Bereich der persönlichen Beziehungen die Entwicklungsmöglichkeiten. Wenn der NF eine persönliche Beziehung eingeht, wird der Empfänger seiner Aufmerksamkeit in der Regel zum Mittelpunkt seines Lebens. Er scheut keine Mühe, wenn er jemandem den Hof macht, und verfolgt seinen Plan zielstrebig. Eine unsterbliche Liebe bahnt sich an, und ist die körperliche Verbindung erst einmal vollzogen (den männlichen NF betreffend) oder die Liebeserklärung erfolgt (den weiblichen NF betreffend), so ist die Beziehung mit romantischer Glückseligkeit gesegnet. Sowohl der männliche als auch der weibliche NF neigt dazu, im Anfangsstadium einer Liebesaffäre gegen mögliche Fehler und Schwächen des geliebten Wesens blind zu sein. Man glaubt an eine immerwährende Glückseligkeit (obwohl die Details dieser immerwährenden Glückseligkeit nicht genau untersucht werden). Die romantische Gebärde und die Idealisierung der Beziehung sind für das Verhalten eines verliebten NF charakteristisch. Der Traum ist ihm manchmal lieber als die

Wirklichkeit. Das tatsächliche sexuelle Erlebnis kann mitunter an die Phantasievorstellungen des NF (besonders des männlichen NF) nicht heranreichen.

Die weiblichen NFs sind allem Anschein nach eher in der Lage, den Sinn für Romantik innerhalb der Beziehung aufrechtzuerhalten als die männlichen NFs. Wenn die körperliche Seite der Beziehung durchlebt ist, kann der männliche NF sein Interesse daran verlieren und sich einer anderen Schwärmerei zuwenden. Auf eine don-quichotische Art und Weise scheint er sich genötigt zu sehen, dem unerfüllbaren Traum von der überlebensgroßen Göttin der Leinwand nachzujagen, die Madonna, Geliebte, Hure, Mutter, Tochter und Frau für ihn ist. Seine wirkliche Partnerin ist oft nicht in der Lage, diesem Wunschbild zu entsprechen. Der NF-Mann, der bei einer Frau etwas erreichen will, ist geneigt, unsterbliche Liebe zu beteuern, die dann allzu schnell im Licht des Morgens danach zu schwinden scheint. Dieses Charakteristikum findet man bei den weiblichen NFs kaum; vielmehr tendieren sie dazu, ihre Zuneigung dem Partner gegenüber nach dem Vollzug der körperlichen Vereinigung noch zu verstärken. Ihre Anhänglichkeit und Hingabe werden zunehmend stärker. Sie hält daran fest, die Beziehung in einem romantischen Licht zu sehen und von ihrer Vollkommenheit überzeugt zu sein. Trivialen Begebenheiten mißt sie große Bedeutung bei und ist geneigt, die Beziehung zu ihrem Partner zu dramatisieren, ja sogar bereit, für diese Liebe zu sterben. Der Geschlechtsakt scheint für sie nur selten enttäuschend zu sein; ihre eigene orgasmische Reaktion erscheint ihr unwichtig im Vergleich zu dem Genuß, den sie dem Partner bereitet. Wichtig ist, daß er auf seine Kosten kommt und zufrieden ist. Beim männlichen NF kann Vertrautheit Langeweile hervorrufen, was bei weiblichen NFs weniger wahrscheinlich ist. Während die SPs mit Dorothy Parker sprechen könnten: "I'll be true as long as you, and not a moment after..."; gehen die weiblichen NFs eher von der Vorstellung aus, sich einmal im Leben zu verlieben, und dann für immer. Die Tatache, daß dies nicht immer funktioniert, negiert dennoch nicht die Möglichkeit der Erfüllung des Traumes. Glücklicherweise besitzen sowohl die männlichen als auch die weiblichen NTs die Fähigkeit, über das Sexuelle hinaus eine tiefe Zuneigung und Fürsorglichkeit für den Partner zu entwickeln, und diese Fähigkeit kann die Basis für eine dauerhafte, befriedigende Beziehung sein.

In jüngster Zeit ließ sich eine interessante Erscheinung beobachten, die vielleicht mit der Eigenschaft der weiblichen NFs, selbst unter widrigen Umständen an ihren romantischen Träumen festzuhalten, zusammenhängt. Bei den Anführerinnen der Frauenbewegung handelte es sich um NFs. Es waren die NF-Frauen, die sich gegen das Anlegen verschiedener Maßstäbe in sexueller (und anderer) Hinsicht wehrten. Es waren die NF-Frauen, die als die militantesten unter den Frauen forderten, der Frau das gleiche Recht auf die orgasmische Erfahrung zuzugestehen. Es waren die NF-Frauen, die beschlossen, dem Partner nicht unbedingt die Treue zu halten, selbst wenn dieser ihnen treu war. Aus irgendeinem Grunde gelangten die weiblichen NFs zu der Auffassung, daß ihre Vision von einer besseren, in größerem Maße befriedigenden Partnerschaft verwirklicht werden könnte. In ständig wachsender Anzahl schienen sie bereit zu sein, die notwendigen Risiken einzugehen, um diese Partnerbeziehung zu finden, und zwar innerhalb oder außerhalb einer ehelichen Bindung. In der Tat scheinen die NF-Frauen in zunehmendem Maße zu zögern, sich gesetzlich zu binden. Sie vertrösten ihren Partner auf später, bitten ihn zu warten, bis sie sich ihrer Sache sicher sind. Mehr und mehr NF-Frauen scheinen gewillt zu sein, ihre Kinder außerehelich zu haben und allein großzuziehen. Dies soll jedoch nicht heißen, daß nicht auch andere Frauentypen der Bewegung angehören, aber es sind die NFs zusammen mit einer begrenzten Anzahl NTs die zur Vorhut der Revolution gehörten. Anstatt bereit zu sein, für die Liebe zu sterben, ist die heutige NF-Frau offensichtlich gewillt, für die Möglichkeit einer besseren Art der Beziehung zum Mann zu leben.

Die NFs beider Geschlechter sind in der Regel charmante, herzliche Partner, die in unerschöpflicher Weise Unterstützung und Verständnis aufbringen. Sie sind stets bereit, Mitgefühl zu zeigen, wenn dem Partner Unerfreuliches widerfährt oder er sich von der Welt mißverstanden fühlt. Sie nutzen derartige Situationen selten dazu aus, dem Partner Fehlverhalten vorzuwerfen, wozu andere Typen vielleicht versucht sein könnten. NFs sind gewandt im Umgang mit anderen, und andere fühlen sich in ihrem Heim gewöhnlich willkommen und gut bewirtet. Sie verstehen es oft meisterhaft, ihren Gefallen an bestimmten Dingen auszudrücken. Dies gilt besonders im Hinblick auf persönliche Eigenschaften anderer, die sie in besonders großzügiger Weise würdigen.

Wahrscheinlich sind NFs unter allen Typen die zärtlichsten, hingebungsvollsten, liebevollsten und dankbarsten Partner, und sie bringen diese Emotionen uneingeschränkt auch zum Ausdruck, sowohl ihrem Partner als auch ihren Kindern gegenüber. In Unterhaltungen mit ihnen bedienen sich die NFs, besonders die extravertierten, im allgemeinen vieler Koseworte. NFs können ihre Liebe ebenso extravagant mit Geschenken zum Ausdruck bringen wie die SPs, aber die NFs neigen dazu, ihre Geschenke unter vier Augen zu präsentieren und mit großer Sorgfalt etwas auszuwählen, das eine besondere Bedeutung oder Symbolik enthält. NFs beider Geschlechter denken in allgemeinen auch ohne Anstoß an Geburts- und Jahrestage und ähnliches und benötigen höchstens einen kleinen Wink. Wenn andere die sie betreffenden Gedenktage nicht beachten oder vergessen, so zeigen sie sich zutiefst verletzt, aber ebenso sehr wissen sie es zu schätzen, wenn man sich ihrer erinnert.

Obwohl die NFs (besonders die männlichen) unruhig werden, wenn andere, einschließlich Partner, Kinder oder Eltern, von ihnen abhängig sind, besitzen sie bestimmte Charaktereigenschaften, die diese Abhängigkeit fördern. Sie sind stolz darauf, einfühlsam und fürsorglich anderen gegenüber zu sein. Es ist für einen NF nahezu unmöglich, sich der psychologischen Bedürfnisse anderer nicht bewußt zu sein. Aber er empfindet eine gewisse Unrast, sobald diese Bande ihn einzuengen beginnen. Dies ist dann der Fall, wenn der emotionale Input so groß ist, daß eine psychologische Überbeanspruchung erfolgt. Wenn das geschieht, ist der NF in der Lage, hart und unbarmherzig zu sein und völlig überraschend darauf zu bestehen, daß sich der andere "auf seine eigenen Füße stellt". Diese Änderung seiner Einstellung tritt meistens plötzlich ein, so daß sich derjenige, der der Überzeugung war, dem NF ganz besonders am Herzen zu liegen, zurückgewiesen fühlt. Dabei liegt es den NFs fern, rücksichtslos oder unfreundlich zu sein; sie beenden ganz einfach eine Beziehung, mit der sie nicht länger fertig werden – trotz der Tatsache, daß sie durch ihr Einfühlungsvermögen und ihr außergewöhnlich großes Verständnis an dieser Abhängigkeit nicht unmaßgeblich beteiligt waren. Es gehört zum Naturell der NFs, eine Atmosphäre der Empathie zu schaffen, und sie sind darin wahre Meister. Wenn aber diejenigen, die ihnen nahestehen, mehr und mehr Aufmerksamkeit, Wertschätzung oder Beweise tiefer Zuneigung von ihnen fordern, so können sie ungehalten reagieren. Sie fühlen sich unter Druck gesetzt, das einhalten zu müssen, was sie einst versprachen, nämlich die ideale Liebesbeziehung, die vollkommene Freundschaft, das absolute gegenseitige Verständnis.

Die NFs sind derartigen Mißverständnissen aufgrund ihrer ungewöhnlichen Fähigkeit zur Introjektion leicht ausgesetzt. Sie sind in der Lage, die Ansichten, Emotionen und psychologische Verfassung eines anderen derart in sich aufzunehmen, daß sich der andere völlig akzeptiert und verstanden fühlt. Was die andere Person dabei vielleicht nicht erkennt, ist die Tatsache, daß sich der NF in anderen Beziehungen ebenso verhält. So ist er dann enttäuscht zu entdecken, keine Sonderstellung beim NF einzunehmen. Sobald sich der NF von jemandem entfernt hat, bleibt bei ihm keine nachhaltige Resonanz in bezug auf diese Person bestehen; er widmet sich demjenigen, der augenblicklich gegenwärtig ist. Dies kann verständlicherweise zu Schwierigkeiten in der ehelichen Beziehung führen, da der Partner oder die Partnerin auf größere Exklusivität in der Ausübung dieser Charaktereigenschaft Wert legen könnte. NFs wissen oft nicht, wie sie sich den emotionalen Ansprüchen anderer entziehen sollen.

Der Ehepartner eines NF kann unter Umständen, nachdem die Flitterwochen vorüber sind, über den Kontrast enttäuscht sein, der zwischen seinen Erwartungen vom Zusammenleben mit dem NF und der Realität besteht. Die Erkenntnis, daß es sich beim NF-Partner durchaus nicht um einen vollkommenen Menschen handelt, führt oft unverdienterweise zu Ressentiments diesem gegenüber. Die NF-Partner ihrerseits befinden sich in einer Zwickmühle. Sie sind von ihren romantischen Vorstellungen und Erwartungen seelischer und körperlicher Erfahrungen gefangengenommen, wozu sie von anderen noch ermutigt werden. Die Phantasievorstellungen werden höchstwahrscheinlich von beiden, dem NF und seinem Partner, übertrieben und somit kommt es bei NFs häufig vor, daß sie die Erwartung als wesentlich schöner empfinden als den eigentlichen Vollzug. Dies gilt besonders für den Vollzug des Geschlechtsaktes, da sich die NFs aufgrund ihres romantischen Naturells selten sexuelle Erfahrung durch Lernen aneignen. Vielmehr sehen sie sich selbst als diejenigen an, die intuitiv die richtige liebevolle und zärtliche Methode kennen. Wissenschaftliche Abhandlungen zu befragen wird als gefühllos, sachlich und gewißermaßen destruktiv betrachtet. Daher ist es möglich, daß die sexuelle Beziehung zunächst nicht den Erwartungen entspricht und für beide Partner, bis sie mehr Erfahrung gesammelt haben, enttäuschend ist.

Obwohl NFs fast übermäßig feinfühlig im Hinblick auf die Stimmungen ihres Partners sind – besonders die introvertierten NFs – sind sie nicht immer bereit, die emotionalen Reaktionen des anderen positiv aufzunehmen. NFs sind in ihrer Gefühlswelt oft durch eigene Belange derart stark in Anspruch genommen, daß sie sich nicht in der Lage sehen, sich mit dem Gefühlsleben derer, die ihnen besonders nahestehen, auseinanderzusetzen, vor allem, wenn es sich um Konflikte oder Schmerz handelt. Somit werden die Partner der NFs möglicherweise die Erfahrung machen, daß die NFs weniger vertrauten Personen Wärme und Anteilnahme entgegenbringen, die sie dem eigenen Ehepartner vorenthalten.

Als Eltern sind NFs äußerst mitfühlend, was zum Teil so weit gehen kann, daß sie völlig auf der Seite ihrer Kinder stehen, so daß diese sich in ihrem unsozialen und selbst-schädigenden Verhalten bekräftigt fühlen. So ist ein NF-Elternteil beispielsweise in der Lage, seinem Kind zu Hilfe zu eilen, um es vor den Konsequenzen seines Fehlverhaltens zu retten und dabei zu versäumen, die Entwicklung der Fähigkeiten zu fördern, die das Kind benötigt, um sich in einer weniger beschützten Welt zurechtzufinden. NF-Partner neigen mitunter dazu, sich nur schwer von ihren beruflichen Aufaben oder gesellschaftlichen Verpflichtungen lösen zu können, um sich Zeit für die Familie vorzubehalten. In dieser Hinsicht gleichen sich NFs und SPs. Beide Typen haben Schwierigkeiten, zu attraktiven Angeboten nein zu sagen, und können somit Prioritäten vernachlässigen. Derjenige, der gerade anwesend ist und seine Aufmerksamkeit verlangt, bekommt sie auch, ungeachtet dessen, ob andere anderenorts auf ihn warten.

Bei NFs besteht die Gefahr, daß sie von einer intimen Beziehung zur anderen wechseln, statt die Bereitschaft zu zeigen, die bestehenden zu entwickeln. Da sie dazu tendieren, die Erwartung attraktiver zu finden als den Vollzug einer Sache, kann es sein, daß sie einen großen Teil ihrer Energie an Träume verschwenden, was zumeist auf Kosten des Verfügbaren geht. Sobald ein NF alles über einen anderen Menschen zu wissen glaubt, läßt sein Interesse an ihm nach; er verspürt Rastlosigkeit und Langeweile. NFs möchten, wie andere Typen auch, ihr Leben so gestalten, daß ein gewisses Maß an Abwechslung gewährleistet ist. Andere Typen versuchen, diese Abwechslung durch intellektuelles Streben, durch Änderungen ihrer Lebensgewohnheiten, durch Urlaub oder durch neue Aktivitäten herbeizuführen. Die NFs dagegen sind äußerst gefährdet, Abwechslung in neuen Beziehungen zu suchen, was einer Vertiefung bereits bestehender Verbindungen im Wege stehen kann.

Was die NFs in eine intime Beziehung einbringen können, ist ein ungewöhnlich großes Maß an Sensitivität und die Fähigkeit, sich auf gefühlvolle Art und Weise mitzuteilen. Auf diesem Gebiet sind sie unübertroffen, denn keiner der anderen Typen besitzt ein nur annähernd großes Einfühlungsvermögen. NFs sind in der Lage, dem Ehe- oder Lebenspartner ein großes Maß an Wärme, Wertschätzung und Unterstützung zu geben. Andere Typen können hier kaum mithalten.

IV

KINDER UND TEMPERAMENT

In der Eltern-Kind-Beziehung tritt das in der Partnerschaft so offensichtliche Pygmalion-Verhalten in den Hintergrund. Schließlich erwartet man von einem Kind ein anderes Verhalten als von einem Erwachsenen. Erst später einmal soll der Sprößling so sein wie die Eltern, darauf aber wird bereits während der Kindheit unbewußt hingearbeitet. Die elterliche Aufmerksamkeit konzentriert sich im wesentlichen auf die Handlungen des Kindes, und nicht darauf, wie das Kind seine Handlungen erlebt; sie konzentriert sich darauf, wie andere das Kind erleben, nicht wie das Kind sich selbst erlebt. Man setzt fälschlicherweise voraus, daß jeder, indem er die gleiche Handlung vollzieht, auch die gleiche Erfahrung macht. Somit liegt der Schwerpunkt auf der Handlung, nicht auf der Erfahrung.

Zwei Kinder mit grundlegend verschiedenem Temperament werden, auch wenn sie die gleiche Handlung vollziehen, grundlegend verschiedene Erfahrungen machen. Der Betreuer dieser zwei Kinder z.B. Eltern oder Lehrer) geht nun unter Zugrundelegung eigener Kindheitserfahrungen davon aus, daß die Erfahrungen seiner zwei Schützlinge den eigenen ähnlich sein müssen, was meistens absolut falsch ist. Wenn dieser Erwachsene in gut gemeinter Absicht auf der Basis einer solchen Fehlannahme handelt, wird er wahrscheinlich den Blickwinkel der beiden Kinder unberücksichtigt lassen, d.h. er verhält sich den Perspektiven der Kinder gegenüber unzugänglich und ablehnend. Gelegentlich wird der stets in guter Absicht handelnde Erwachsene aufgrund seiner eigenen Fehleinschätzung und Unzugänglichkeit in die Privatsphäre des Kindes eindringen, als handelte es sich um einen Roboter. Damit hätten wir die vier Reiter (der Apokalypse der Kindheit): nicht Pest, Hungersnot usw., sondern Einmischung, Unzugänglichkeit, Fehleinschätzung und Ablehnung, die dem elterlichen Wohlwollen entspringen und auf der unbewußten Annahme von Gleichheit beruhen.

Ebenso wenig wie die Natur asymmetrisch geformte Schneeflocken zuläßt, gestattet sie es, daß ein Kind mit formlosem Temperament zur Welt kommt. Kinder unterscheiden sich von Anfang an voneinander, und kein Ermahnen, "Formen" oder traumatisches Erlebnis kann diesen Unterschied verringern.

Die Probleme, die sich aus diesen stets vorhandenen Verschiedenartigkeiten ergeben, wollen wir im folgenden betrachten. Angenommen der Vater einer Familie ist ein ISTJ-"Treuhänder", die Mutter ein ESFP-"Entertainer" mit einem INFP-"Quästor", einem ISTP-"Artisan" und zwei ESFJ-"Verkäufern" als Kindern:

	Männlich	Weiblich
Eltern	ISTJ	ESFP
		INFP
Kinder	ISTP	ESFJ
		ESFJ

Um das Problem noch komplizierter zu machen, lassen wir den ISTJ-Vater einen körperlich kräftigen Mann mit viel Ausdauer und athletischer Tüchtigkeit sein (Qualitäten, die nie zum Einsatz kommen, da er als Wirtschaftsprüfer tätig ist). Sein ISTP-Sohn ist, wie die Mutter, von zierlichem Knochenbau, schlank, mit schwacher Muskulatur und durchschnittlichen intellektuellen Fähigkeiten. Die Mutter, einst Tänzerin, ist hübsch, beweglich und voller Leben.

Beide Eltern "verstehen" die zwei ESFJ-Mädchen "voll und ganz", zumindest sehen sie es so. Das INFP-Mädchen ist nicht hübsch, sie ist die Jüngste, wird als ein Kind "verstanden", das "Schwierigkeiten hat, sich in die Familie einzufügen". Ihre Aufgewecktheit wird überhaupt nicht bemerkt. Der ISTP-Junge hat einfach "den

Ernst des Lebens noch nicht erfaßt". (In Wahrheit aber paßt ihm dieser "Ernst" nicht). Das Problem scheint also ein recht kompliziertes zu sein, so daß wir vorerst zugeben müssen, keine Lösung zu haben.

Nun wollen wir das Dilemma des Lehrers betrachten. Nehmen wir einmal an, es handelt sich um eine ISFJ-"Konservator"-Lehrerin der vierten Klasse mit 32 völlig unterschiedlichen Mädchen und Jungen – 12 SJs, 12 SPs, 4 NTs und 4 NFs. Der Einfachheit halber nehmen wir weiter an, daß die Lehrerin die Sitzordnung der Kinder bestimmt (SJ-Lehrer bevorzugen typischerweise eine traditionelle Sitzordnung, d.h. die Sitze sind hintereinander in Reihen angeordnet) und daß ähnliche Kinder wie folgt zusammensitzen:

ESFJ	ESFJ	ESFP	ESFP	ENTP	INTP
ESFJ	ESFJ	ESFP	ESFP	ENTJ	
ESFJ	ESTJ	ESFP	ESTP	ENTJ	
ESTJ	ISFJ	ESTP	ISFP	ENFP	
ESTJ	ISTJ	ESTP	ISFP	ENFP	
ESTJ	ISTJ	ESTP	ISTP	ENFJ	INFJ

Wenn nun diese Lehrerin ihre Aufgabe darin sieht, dafür zu sorgen, daß alle Kinder ihre Arbeiten sorgfältig, gewissenhaft und pünktlich ausführen, um sich gute "Arbeitsmethoden anzugewöhnen" und um später einmal "zuverlässige, hilfsbereite, ehrliche und verantwortungsbewußte Bürger" zu werden, dann vertritt sie die typische SJ-Auffassung vom Sinn der Schule; sie will erreichen, daß die Kinder das für erstrebenswert halten, was einem SJ als begehrenswert erscheint. Alle Kinder werden in dieser Hinsicht als gleich betrachtet, wenn auch einige von ihnen vielleicht noch nicht erkannt haben, daß sie Verantwortung tragen möchten und ein Gefühl der Zugehörigkeit wünschen. Aber es ist schließlich die Aufgabe der Lehrerin, ihnen zu dieser Erkenntnis zu verhelfen. Irgendwelche gegenteiligen Signale der 20 Kinder, die die SJ-Vorstellungen nicht unbedingt teilen, werden sofort wenn auch unbewußt) disqualifiziert, d.h. die Lehrerin reagiert darauf mit Unzugänglichkeit, Fehleinschätzung, Ablehnung oder sogar Einmischung.

Dies geschieht, wenn die Lehrerin nicht erkannt hat, daß viele ihrer Schüler völlig anders geartet sind als sie selbst und sich auch voneinander unterscheiden. Angenommen, sie ist sich dieser unabänderlichen und allgegenwärtigen Unterschiede bewußt. Was sollte dann geschehen? Sollte sie jedes Kind individuell behandeln? Kann man erwarten, daß sie ihre eigenen Ansichten und Überzeugungen hinsichtlich des eigentlichen Zwecks einer Schule aufgibt? Sollte die Methode des Unterrichtens sowie der Lehrstoff auf die verschiedenen Temperamente zugeschnitten sein? Handelt sie z.B. weise oder töricht, wenn sie den fünf ESFJs der vorderen Reihen die gleichen Aufgaben, Erklärungen und Fragen erteilt wie dem einsamen INTP in der letzten Reihe?

Solche Fragen ergeben sich zwangsläufig aus der TemperamentHypothese. Falls diese nicht berücksichtigt wird, kann man davon ausgehen, daß die Lehrerin jeden ihrer Schüler so behandelt, als wäre es ihnen vorbestimmt, ihr nachzueifern. Sobald sie sich aber für die Hypothese entscheidet, ist dies ein verhängnisvoller Schritt; verhängnisvoll in dem Sinne, als alle bisherigen Ansichten über Ablauf und Ergebnis des Schulunterrichts erschüttert werden. All diese Ansichten müssen zunächst einmal aufgegeben und dann einzeln überprüft werden, inwieweit sie der Entwicklung des einzigartigen Lebensstils eines jeden Kindes förderlich sind. Wir brauchen ganz sicher keine 32 ISFJs, selbst wenn es möglich wäre, die anders gearteten Kinder umzuwandeln. Dies gilt natürlich ebenso für die anderen Typen. Die Lehrer sehen sich vor ein schwieriges Problem gestellt, dessen Lösung, falls es sie überhaupt gibt, schwer zu finden sein wird. Es ist jedoch weitaus besser, sich dem Problem zu stellen, auch wenn es keine Lösung gibt, als vorzugeben, daß es nicht existiert, nur weil man keine Lösung dafür weiß. Sich dem Problem zu stellen wird all den Kindern zu Vorteil gereichen, deren Signale unbeachtet blieben.

Man sagt von Lehrern, daß sie in loco parentis – anstelle der Eltern – handeln. Sicher kann man die Aufgabe des Lehrers mit der der Eltern vergleichen, so daß man ohne weiteres den Lehrer neben Vater, Mutter, Großmutter usw. als eine elterliche Person betrachten kann.

Wie sollten sich die elterlichen Personen angesichts der Komplexität verhalten, die sich aus der Vorstellung von grundlegenden Unterschieden bei Kindern ergibt? Zunächst einmal muß sich die elterliche Person mit den Temperament-Variationen vertraut machen. Nur unter dieser Voraussetzung wird er oder sie in der Lage sein, bei jeder Begegnung die Frage zu stellen, "mit welcher Art der Persönlichkeit habe ich es zu tun, und welche Mitteilungen meinerseits können die Beziehung auf förderliche und produktive Weise beeinflussen"? Zugegeben, die Notwendigkeit dieser Frage problematisiert unsere Beziehungen zu Kindern, d.h. sie scheinen auf den ersten Blick einen Mangel an Spontaneität aufzuweisen. Bei näherem Hinsehen erkennt man, daß diese Frage die Spontaneität eher fördert, statt sie zu limitieren, und daß die vorhergegangene und hoffentlich nicht länger praktizierte Denkweise – "meine Kinder sind im Grunde genommen genau wie ich" – eine Spontaneität in dieser Beziehung ausschließt.

Wie nun macht man sich mit den Temperament-Variationen vertraut? Zunächst sollte man sich die vier von Jung postulierten Unterschiede vor Augen führen – Introversion gegenüber Extraversion, Empfindung gegenüber Intuition, Denken gegenüber Fühlen und Urteil gegenüber Wahrnehmung – da sich diese Unterschiede im Verhalten von Kindern abzeichnen. Selbst wenn ein bestimmtes Verhaltensmuster eher auf das Temperament als auf Jungs "Neigungen zurückzuführen ist, kann es dennoch nützlich sein, sich bei Beobachtungen diese ins Gedächtnis zurückzurufen. Im Anschluß daran sollte man sich vor Augen führen, wie sich die vier Temperamente bei Kindern offenbaren. Zum Schluß kann man untersuchen, was über die vier Temperamente im Zusammenhang mit dem Schulunterricht zu sagen ist.

"Extraversion" gegenüber "Introversion"

Beobachtung: *Zögert das Kind, sich einem unbekannten Besucher, einem Lehrer oder einem Spiel zu nähern, oder tritt es an einen Besucher, einen Lehrer oder ein Spiel unverzüglich, in aktiver Beteiligung und scheinbar ohne Zurückhaltung heran?*

Das introvertierte Kind übt im allgemeinen Zurückhaltung, wenn es einer unbekannten Person oder Situation gegenübersteht, während das extravertierte Kind eher bereit ist, ohne Zögern an die Situation heranzutreten. Das introvertierte Kind neigt dazu, schüchtern, ruhig und weniger aufdringlich als das extravertierte Kind zu sein. Das introvertierte Kind zeigt die Tendenz, langsamer zu reagieren, indem es einem Gedanken nachhängt oder sich in einen Gegenstand vertieft. Es scheint, als möchte es die Eigenschaften dieses Gegenstandes in sich aufnehmen, ehe es bereit ist, seine Reaktion mitzuteilen. Daher kann beim introvertierten Kind mitunter der Eindruck entstehen, daß es geringere intellektuelle Fähigkeiten besitzt, als dies tatsächlich der Fall ist. Das introvertierte Kind entwickelt seine Gewohnheiten meist langsamer als das extravertierte Kind. Introvertierte halten die Aspekte ihres Temperaments vor der "Öffentlichkeit" verborgen, die sich im Stadium der Enttwicklung befinden. Der "Öffentlichkeit" werden die Qualitäten gezeigt, die bereits entwickelt sind – die Gefühle und Anschauungen, die aus ihren gestrigen Erfahrungen stammen. Die "Wachstumsseite" der Introvertierten ist ihren Lehrern, Eltern oder Freunden nicht zugänglich. Deshalb erscheinen nicht nur die introvertierten Erwachsenen, sondern auch die introvertierten Kinder ihrer Umgebung manchmal rätselhaft. Oftmals halten Erwachsene das Kind für "eigensinnig", weil es darauf besteht, seine Antwort zurückzuhalten, bis es sie innerlich durchgespielt hat.

Wickes (1968), ein Anhänger Jungs, gibt zu bedenken, daß das introvertierte Kind ganz besonders gefährdet ist, Schäden davonzutragen, wenn man von ihm verlangt, sich wie ein extravertiertes Kind zu verhalten. Bedauerlicherweise ist das introvertierte Kind das am häufigsten mißverstandene, und es wird unter Druck gesetzt, sich zu ändern. Seine Zurückhaltung im Umgang mit anderen, seine Zurückgezogenheit und Schüchternheit, die langsame Entwicklung seiner gesellschaftlichen Fähigkeiten, die Tendenz, seinen Kopf zu senken und die Finger in den Mund zu stecken, sein Erschrecken, wenn Erwachsene "über ihn herfallen", seine Schwerfälligkeit, sich freiwillig zu melden, sein Zögern, die Ergebnisse seiner Überlegungen und Handlungen anderen mitzuteilen, sein Bedürfnis, ungestört zu sein – all dies sind Verhaltensweisen, die die Eltern und Lehrer häufig zu ändern suchen. Bei einem solchen Vorgang wird dem introvertierten Kind vermittelt, daß seine natürliche, zurückhaltende, introvertierte Art nicht richtig ist.

Das extravertierte Kind wird im Gegensatz zum introvertierten im allgemeinen besser verstanden. Ihm fällt der Umgang mit anderen leicht, es fühlt sich wohl im sozialen Umfeld und ist in der Regel aufgeschlossen, ausdrucksvoll und enthusiastisch. Das extravertierte Kind ist gewöhnlich bereit, an Gruppenaktivitäten teilzunehmen und die Ideen oder Vorschläge anderer zu akzeptieren, ohne sich erst langsam "erwärmen" zu müssen. Ein Umzug der Familie bereitet dem extravertierten Kind meistens keine Anpassungsschwierigkeiten; es findet schnell neuen Anschluß in Schule und Nachbarschaft und beteiligt sich ohne Umschweife an Spielen. Nur selten handelt es sich bei einem abgesonderten Kind um ein extravertiertes. Extravertierte Kinder sind eher als introvertierte in der Lage, negative Kontakte zu tolerieren. Durch provozierendes Verhalten die Kritik der Eltern, Lehrer usw. auf sich zu ziehen oder sich möglicherweise lächerlich zu machen, ziehen sie einem Nichtbeachtetwerden vor. Das extravertierte Kind teilt gewöhnlich die öffentliche Meinung und schließt sich in fast allen Fällen der Mehrheit an. Das extravertierte Kind neigt dazu, sich schnell auf neue Situationen einzustellen, schnell im Formulieren von Worten und schnell im Handeln zu sein. Während das introvertierte Kind relativ wenige persönliche Beziehungen entwickelt, unerhält das extravertierte Kind oft eine ganze Anzahl persönlicher Beziehungen. Extravertierte Kinder machen oft einen begierigen, eifrigen Eindruck, während introvertierte Kinder zu zögern und sich zu widersetzen scheinen. Extravertierte gehen auf Neues oder Unbekanntes mit einer Selbstverständlichkeit zu, während Introvertierte zögern, sich nur vorsichtig nähern und so reagieren, als bedeute das Neue oder Unbekannte eine Gefahr. Da es mehr Extravertierte als Introvertierte gibt (das Verhältnis liegt bei etwa 3 : 1), findet sich das extravertierte Kind in seinem Verhalten wesentlich häufiger bestätigt als das introvertierte Kind, und zwar sowohl durch Erwachsene als auch durch Kinder. Folglich wachsen Extravertierte mit geringeren Selbstzweifeln auf als Introvertierte.

"Empfindung" gegenüber "Intuition"

Beobachtung: *Verhält sich das Kind oft verträumt und scheint es ein starkes Verlangen nach Erzählungen aus dem Reich der Phantasien zu haben, die es in häufiger Wiederholung erzählt haben möchte? Oder ist das Kind von einem Tatendrang erfüllt, beteiligt es sich an Spielen und liebt es Geschichten wahrer Begebenheiten?*

Das intuitive (N) Kind neigt dazu, sich die gleichen Geschichten in ständiger Wiederholung erzählen oder vorlesen zu lassen. Es bevorzugt im allgemeinen phantasierreiche und metaphorische Erzählungen. Das S-Kind hat eine Vorliebe für fortlaufende Abenteuergeschichten über Bekanntes und Wahres, Geschichten mit Handlungen, die Sinn ergeben. Das S-Kind bevorzugt Erzählungen, die viele Einzelheiten enthalten, und hört lieber eine neue statt einer oft erzählten Geschichte. Das S-Kind beteiligt sich gern an Spielen oder anderen Aktivitäten, die es dem Zuhören von Geschichten vorzieht. Im frühen Kindesalter lassen sich nur die extrem intuitiv Veranlagten (NTs) bereits als solche erkennen. Die Kinder mit mittelmäßig ausgeprägter Intuition gleichen in der Korrektheit ihres Verhaltens und ihrer Ansichten eher den mit einem Mittelmaß an Empfindungsvermögen (S) ausgestatteten Kindern. Diese Tatsache führt zu dem Trugschluß, daß nur wenige N-Kinder in den unteren Grundschulklassen vorkommen. Wie bereits im I. Kapitel erwähnt, ist das Verhältnis zwischen S- und N-Veranlagten unter Erwachsenen 3: 1. Das bedeutet also, daß das Verhältnis selbst dann ein unausgewogenes wäre, wenn es gelingen könnte, jedes N-Kind als ein solches zu identifizieren. Was die Unausgewogenheit dieses Verhältnisses noch vergrößert ist die Tatsache, daß die N-Charakteristiken bei Kindern nur langsam zu Tage treten, so daß es den Anschein hat, als gäbe es nur wenige Kinder mit N-Neigung. Für das extrem intuitiv veranlagte Kind – besonders das introvertierte-fühlende-intuitive – besteht somit die Gefahr, daß es sich wie ein häßliches Entlein vorkommt.

Das N-Kind scheint oft größere Vorfreude im Hinblick auf künftige Ereignisse zu empfinden als das S-Kind. Daher kann das

Nichteinhalten eines Versprechens für ein N-Kind ein tragischer Vorfall sein, während sich ein S-Kind leichter damit abfinden kann. Mit einem N-Kind umzugehen kann mitunter schwierig sein. Es scheint stets auf seiner Eigenständigkeit zu bestehen, was die Erwachsenen manchmal beanstandenswert und ärgerniserregend finden. Da sich das N-Kind zu dem Zukünftigen und Möglichen hingezogen fühlt, mag es sein, daß es in bezug auf das Gegenwärtige unbeteiligt und unaufmerksam wirkt. Wenn dieses Gegenwärtige aus Schulunterricht oder elterlichen Instruktionen besteht, kann das N-Kind in Schwierigkeiten geraten. Das N-Kind (besonders das NT-Kind) wirkt auf andere manchmal etwas überheblich. Es scheint sich seines Wissens bewußt zu sein, wenngleich es oft nicht in der Lage ist, seine Ansichten zur Zufriedenheit anderer zu rechtfertigen. Somit kann sich das N-Kind der Beschuldigung ausgesetzt sehen, sein Wissen nur vorzutäuschen.

In seinen freundschaftlichen Beziehungen ist das N-Kind leidenschaftlicher Hingabe und Schwärmereien fähig, die manchmal unangebracht sein können, ihn aber dazu beflügeln, uneingeschränktes Vertrauen und emotionelles Investment in die Beziehung einzubringen. Wenn sein Vertrauen mißbraucht wird, leidet es gewöhnlich sehr darunter. Ein durch negative Gefühle (z.B. durch Rachegelüste) motiviertes N-Kind versteht es meist, sein Opfer an der empfindlichsten Stelle zu treffen. Auf diese Weise könnte sich z.B. ein Lehrer, den das N-Kind haßt (und N-Kinder können leidenschaftlich hassen!) in der peinlichen Situation befinden, von diesem beleidigt zu werden und hilflos, bestürzt und unfähig zu sein, mit der Situation – oder dem N-Kind – auf vernünftige Weise fertigzuwerden. Das N-Kind neigt auch dazu, seine Lehrerin oder seinen Lehrer auf ein Podest zu erheben, das für menschliche Schwächen keinen Platz läßt. Das angebetete Objekt kann sich mit dieser unbehaglichen Situation nur abfinden und hoffen, daß sich diese Bewunderung im Laufe der Zeit in eine vernünftige Beziehung verwandelt. Sowohl Eltern als auch Lehrer von N-Kindern – besonders von introvertierten – sehen sich mit der Obhut eines äußerst verletzlichen Selbstwertgefühls betraut, was zur Folge hat, daß sie im Umgang mit diesem Typ Kind oft ein gewisses Unbehagen empfinden. Wenn z.B. ein NT-Kind, das eine einfallsreiche Schöpfung von hoher Qualität produziert hat, von einem Erwachsenen in gutem Glauben verdächtigt wird, diese kopiert zu haben, so kann ein derartiges Mißgeschick zum totalen Stillstand seiner kreativen Einfälle führen und sein Selbstwertgefühl beträchtlich unterminieren. Wenn sich das N-Kind mit Schularbeiten oder häuslichen Aufgaben beschäftigt, kann es mitunter in einen trance-ähnlichen Zustand verfallen, was zur Folge haben kann, daß es von seinen Erziehern wegen seiner Trödelei gerügt wird.

Eltern und Lehrer, die selbst S-Typen sind, empfinden das N-Kind oft als verwirrend, während sie das S-Kind wesentlich besser verstehen und mit ihm arbeiten können. Während das N-Kind zum Verträumtsein neigt, besitzt das S-Kind größeren Bezug zu seiner Umwelt. Es geht aus sich heraus, sobald sich ihm die Gelegenheit zum Handeln bietet. Kommt z.B. ein Besucher ins Haus, dann wird ein S-Kind wahrscheinlich den geeigneten Moment wählen, um der Mutter ein kleines Zeichen seiner Zuneigung zu geben – ein Streicheln oder eine ähnliche entzückende Geste. In der Schule zeigt sich das S-Kind gewöhnlich realitätsbezogen. Seine Einstellung zur Umwelt ergibt sich aus dem persönlichen Bezug, den es zu den Menschen und Dingen seines unmittelbaren Umfeldes hat, denen es große Bedeutung beimißt. Das S-Kind reagiert auf Details und bemerkt Intensität und Vielfalt des Details. Es beschäftigt sich gern mit Malbüchern und schenkt den Einzelheiten in Arbeitsheften Aufmerksamkeit. Ein N-Kind kann gelegentlich das Glück haben, einem Lehrer zugeteilt zu werden, der seine besondere Art versteht, und es kann unter diesen Umständen in der Lage sein, gute schulische Leistungen zu erzielen. Ein S-Kind findet dagegen fast immer einen Lehrer, der einen gewissen Bezug zu seiner Art hat. S-Kinder stellen die Verbindung zu anderen häufig über einen Gegenstand oder eine Sache her, z.B. ein Spielzeug oder eine Arbeit, die sie im Unterricht gefertigt haben. Ein S-Kind ist in der Lage, sich für längere Zeit ganz zufrieden mit dem Manipulieren von Gegenständen zu beschäftigen, aber man wird bei ihm nur selten den abwesenden Blick entdecken, der für N-Kinder so charakteristisch ist. Spielsachen verwandeln sich für ein S-Kind selten in etwas anderes; ein Lastwagen bleibt ein Lastwagen, der dazu bestimmt ist, Erde zu transportieren oder auf der Straße hin- und herzufahren. In der Phantasie des N-Kindes kann sich der Lastwagen durchaus in ein Unterseeboot oder Tiefseemonster verwandeln, das lebt und die Fähigkeit zum Fliegen besitzt.

Es kann für Lehrer und Eltern verwirrend sein, wenn sie diese Unterschiede zwischen Kindern nicht verstehen. Wenn sie jedoch Einsicht in die Besonderheiten der N- und S-Kinder gewinnen, kann dies für das Wohlergehen der Kinder dieser beiden Typen von grossem Vorteil sein. Meistens sind jedoch die N-Kinder diejenigen, die unverstanden sind und deren Art als "anders" und nicht akzeptabel gilt.

"Denken" gegenüber "Fühlen"

Beobachtung: *Wenn man von dem Kind verlangt, in einer Situation, die ihm nicht ganz verständlich ist, Gehorsam zu leisten, neigt es dazu, nach dem Grund zu fragen, oder eher dazu zufriedenzustellen?*

Das zum "Denken" neigende Kind will im allgemeinen die Gründe wissen, weshalb es sich in einer bestimmten Weise verhalten soll, während das zum "Fühlen" neigende Kind durch Gehorsam zu gefallen sucht. Das F-Kind besitzt ein ausgeprägtes Gespür für die Gefühle anderer und deren Behagen oder Unbehagen in körperlichen und sozialen Belangen und ist in der Lage, ein ungewöhnliches Maß an Verantwortung zu tragen. Das F-Kind neigt dazu, seinen Eltern oder Lehrern kleine Dienste zu erweisen, legt aber Wert darauf, daß diese Gefälligkeiten bemerkt und anerkannt werden. Das F-Kind ist in bezug auf die allgemeine Stimmung in der Familie äußerst empfindsam. Wenn es ständigen Streitereien und Unsicherheit ausgesetzt ist, kann es mit physischen Beschwerden reagieren. Das T- Kind scheint eher in der Lage zu sein, Abstand zu wahren und sich von derartigen Stimmungen nicht beeinflussen zu lassen. Es merkt oft nicht einmal, wenn andere in seiner unmittelbaren Umgebung betrübt sind. Das F-Kind hört wahrscheinlich gern zu, wenn sich Erwachsene über Familienangelegenheiten oder nachbarliche Ereignisse unterhalten, während sich das T-Kind lieber anderen Aktivitäten zuwendet. Das T-Kind möchte für alles eine sachliche Erklärung haben und reagiert bestürzt und unwillig auf Antworten wie "weil ich es sage!" Das F-Kind ist eher geneigt, eine solche Antwort zu akzeptieren, die es zwar als unbefriedigend empfinden kann, aber trotzdem seiner Wege geht, so als wäre die Frage in seinem Sinne beantwortet worden. Das Kind mit T-Neigung tendiert in Krisensituationen dazu, in seinem Gesichtsaudruck keine Gefühlsregungen zu zeigen, während das F-Kind in der gleichen Situation seinen Gesichtsausdruck verändert und Gefühlsregungen auch mit Worten zum Ausdruck bringt. T-Kinder mögen es oft nicht, wenn man sie berührt, und es fällt ihnen mitunter schwer, den Eltern Zuneigung zu zeigen, während F-Kinder im allgemeinen für körperliche Beweise der Zuneigung empfänglich sind. F-Kinder sind leichter als T-Kinder zum Weinen zu bringen; bei dem Kind, das keine Reaktion zeigt, wenn es gescholten oder bestraft wird, handelt es sich meistens um ein T-Kind. Obwohl es den Anschein hat, als wäre das F-Kind das verletzlichere, wenn es um Anerkennung durch elterliche Personen geht, so ist dies in der Tat nur äußerer Schein. Das T-Kind mag zwar gleichgültig und teilnahmslos wirken, kann aber dennoch innerlich ebenso leiden wie das ausdrucksstärkere F-Kind.

"Wahrnehmung" gegenüber "Urteil"

Beobachtung: *Scheint das Kind das Geordnete und Beständige, Feststehende und Entschiedene zu bevorzugen, oder mag es Überraschungen und stets die Möglichkeit der freien Wahl?*

Bei dem Kind, das das Festbegründete und Geordnete bevorzugt, handelt es sich um ein Kind mit natürlicher Neigung zum "Urteilen" (J). Das Kind, das in bezug auf Feststehendes gleichgültig reagiert (besonders wenn es sich um Dinge handelt, die ihm von anderen auferlegt werden), neigt von Natur aus zur "Wahrnehmung" (P). Das Kind, das rechtzeitig fertig ist, wenn es zur Schule geht, und das sich über sein mögliches Zuspätkommen Gedanken macht, ist aller Wahrscheinlichkeit nach ein J-Kind. In seinen Schränken und Schubfächern herrscht im allgemeinen Ordnung und Sauberkeit. Das P-Kind dagegen wirkt unbekümmert, wenn es darum geht, pünktlich zur Schule zu kommen. In seinen Schränken herrscht gewöhnlich ein großes Durcheinander. Es kann z.B. vorkommen, daß es seine Kommodenschublade zum Rattennest umfunktioniert, ohne zu verstehen, weshalb dies seiner Mutter Unbehagen bereitet.

Das J-Kind – besonders das extravertierte – neigt dazu, der Anführer von Aktivitäten in seiner nachbarschaftlichen Umgebung zu sein. Ein P-Kind muß möglicherweise daran erinnert werden, sich anzuziehen, zum Essen zu erscheinen, den Müll wegzutragen, seine Hausaufgaben zu machen usw. Ein J-Kind neigt eher dazu, diese täglichen routinemäßigen Verrichtungen von sich aus zu tun. Das J-Kind erweckt gewöhnlich den Anschein, selbstsicherer zu sein als das P-Kind, und neigt dazu, Aussagen mit Bestimmtheit zu machen. Das P-Kind tendiert dazu, in seiner Ausdrucksweise weniger bestimmt zu sein und seinen Aussagen Einschränkungen beizufügen.

Die vier Temperamente bei Kindern

Ebenso wie sich bei Erwachsenen eine Typenbestimmung anhand des im I. Kapitel enthaltenen Fragebogens durchführen läßt, ist es auch bei Kindern möglich, unter Berücksichtigung der nachfolgenden Ausführungen, eine provisorische Typenbestimmung vorzunehmen. Da es sich bei der Beobachtung von Kindern um eine Methode handelt, die weniger genau ist als die der Selbsteinschätzung Erwachsener, sollte man besonders bei Kindern die Bestimmung persönlicher Neigungen als eine provisorische Einschätzung betrachten.

Die Art und Weise, in der Kinder der vier Temperamente aufwachsen, wird in den nachfolgenden Abschnitten beschrieben. Der Stil des SP, SJ, NT und NF wird in dieser Reihenfolge dargestellt. Eine kurze Zusammenfassung eines jeden dieser Temperamente vervollständigt unter dem Untertitel "Lernweisen" das Kapitel.

Das dionysische (SP) Temperament Bei einem Kind mit SP-Temperament handelt es sich wahrscheinlich um ein aktives, rühriges Kind. Obwohl es, physiologisch gesehen, auf Nahrung ebenso reagiert wie Kinder mit anderem Temperament, muß man ihm in psychologischer Hinsicht ein größeres Maß an Genußempfinden und Vergnügen an Nahrung bescheinigen. Das SP-Kind ist im allgemeinen kein Kostverächter und wird häufig als "guter Esser" bezeichnet. Es neigt, zum Leidwesen seiner Mutter, dazu, sich leicht zu beschmutzen; nach wenigen Minuten im Garten kann ein SP-Kind bereits völlig beschmutzt sein. Dies führt oft dazu, daß das Kind gescholten wird, und es lernt häufig schon sehr früh, auf Vorhaltungen gleichgültig zu reagieren, weil es zu oft und zu früh derartigen Maßregelungen ausgesetzt ist. SPKindern fällt es meist schwerer als anderen Typen, Vorschriften zu verstehen, die sich auf das Sauberhalten des Zimmers, Ordnung in Schränken und Schubladen usw. beziehen. Im Zimmer eines SP-Kindes herrscht wahrscheinlich ein Durcheinander an Spielsachen, Kleidung und gesammelten Gegenständen, die es hier und da erstanden hat – alles in scheinbarer Unordnung, aber so, wie es das SP- Kind haben möchte. Es ist viel zu sehr beschäftigt, als daß es sich die Zeit nehmen möchte, seine Kleidung vorschriftsmäßig aufzuhängen oder seine Sachen ordentlich zu falten. Abgesehen davon sagt es sich wahrscheinlich, "was bringt das schon?", und ist der Meinung, daß man mit solchen Tätigkeiten nur seine Zeit verschwendet, wenn es doch aufregendere Dinge zu tun gibt.

Dennoch sind SPs (wenn sie dazu aufgelegt sind) in der Lage, sich eingehend in Aktivitäten zu verwickeln, die ihre Aufmerksamkeit stundenlang gefangenhalten können. SPs sind dazu fähig, sich tagaus tagein mit dem Manipulieren von Topfdeckeln zu beschäftigen, sich stundenlang mit einem Musikinstrument ihrer Wahl zu befassen und immer wieder die gleichen Spielsachen zu handhaben – nur um plötzlich das Interesse an diesen Dingen zu verlieren. Bei denjenigen unter ihnen, die das Interesse beibehalten, handelt es sich natürlich um die SPs, die später einmal hervorragende darstellende und bildende Künstler sowie Kunsthandwerker auf den verschiedensten Gebieten werden. SPs haben ein Bedürfnis nach Bewegung und Spannung und ein starkes Verlangen nach Wettbewerb.

Wenn für viel Abwechslung und etwas Spannung gesorgt wird, ist der SP ein fröhliches Schulkind. Er ist oft der Anlaß für Spaß und Frohsinn, wenngleich diese Reaktionen nicht immer angebracht sein mögen. SPs sind gern aktiv und stürzen sich voll und ganz auf die Ausübung eines Instruments, auf musikalische Darbietungen oder andere künstlerische Aktivitäten und Spiele. Beim Hantieren mit Werkzeug kommt es ihnen mehr auf die Handlung als auf deren Ergebnis an. SPs wirken flatterhaft, indem sie von einer Sache zur anderen springen und an Vollendung oder

Fertigstellung einer Sache nicht interessiert zu sein scheinen. Um lernen zu können, müssen sie in der Lage sein, handeln zu können. Je mehr die Aufgabe einem Spiel ähnelt, desto besser. Je weniger die Aufgabe eine Vorbereitung auf Späteres zu sein scheint, desto besser. Im Kindergarten, dessen Stundenplan im wesentlichen auf das Spielen mit verschiedenen Gegenständen beschränkt ist, machen SPs sich gewöhnlich gut. Während ihrer schulischen Laufbahn, wo die Arbeit in zunehmenden Maße Vorbereitung erfordert, wo man sich Regeln und Fakten durch Lesen und Schreiben aneignen muß, verlieren SPs mehr und mehr das Interesse. Sie wollen sich nicht "vorbereiten" oder für irgendetwas "startbereit" machen. Je weniger Möglichkeiten für aktive Tätigkeiten im Lehrplan enthalten sind, desto schwieriger ist es für einen SP, das zu finden, was ihn interessiert. Je mehr Konzentration gefordert wird, desto rastloser werden die SPs und wenden sich Aktivitäten zu, die sie sich selbst einfallen lassen. Dies äußert sich häufig in Form von Störungen des Unterrichts oder unentschuldigtem Fehlen.

Bei Kindern mit extremem SP-Temperament können Unrast, Nervosität, Langeweile und wahlloses Handeln leicht ein solches Ausmaß erreichen, daß sie von törichten Lehrern und Medizinern unter naiver Anwendung des derzeitigen Physikalismus als "hyperaktiv" bezeichnet werden. Auf der anderen Seite können diese Kinder tatsächlich übermäßig angeregt und erregt sein, daß sie kaum in der Lage sind, sich zu beruhigen. Es ist wichtig, daß dem SP-Kind ruhige Perioden mit entspannenden Aktivitäten zur Verfügung stehen und daß es lernt, sich selbst zu entspannen. SPs brauchen sowohl genügend Auslauf, um sich aktiv bewegen zu können, als auch ihr eigenes, ruhiges Fleckchen. Das Klassenzimmer, das kreisförmig angeordnete, einzelne kleine Nischen vorsieht, ist für die Lernbedürfnisse der SPs bestens geeignet.

SPs sind als Kleinkinder im allgemeinen aktiv, obwohl dies eher auf die extravertierten als die introvertierten SPs zutrifft. Der Versuch, einen SP auf grundlegende Weise zu ändern, führt lediglich zu Milieuschäden des Kindes. Er ist weder ein SJ noch ein NT oder NF. Sein Bedürfnis nach Betätigung ist stärker als sein Bedürfnis nach Verantwortung, Kompetenz und Selbsterfahrung. Ein SP-Kleinkind ist ganz sicher nicht damit zufrieden, in ein Laufgitter gesperrt zu werden, sondern möchte frei umherwandern können. SPs lieben im allgemeinen Tiere, obwohl sie auch dazu neigen, manchmal etwas grob mit ihnen umzugehen. Das SP-Kind neigt auch dazu, mit seinen Spielsachen und Kleidungsstücken hart umzugehen. Deshalb sollte man ihm strapazierfähige, stabile Gegenstände geben: Einfache Spiele und Gegenstände fesseln es gewöhnlich mehr als komplizierte.

Da sich der SP im Umgang mit anderen eher brüderlich als elterlich verhält, eignet er sich ausgezeichnet als Mannschaftsspieler. Er blüht und gedeiht in Konkurrenz- und Wettkampfsituationen. Gleichberechtigung ist für ihn ein wichtiges Thema, das gleiche gilt für Handlungsfreiheit. Er unterhält sich gern mit anderen, hat aber das starke Bedürfnis, selbst Herr über seine Aktivitäten zu sein. Wenn er bei irgendeinem seiner Projekte das Gefühl hat, daß andere sich "einmischen" und er nicht selbst die Gewalt darüber hat, verliert er das Interesse daran. Er legt Wert darauf, bei seinen Aktivitäten sein eigenes System herauszufinden, obwohl er gewöhnlich gern mit anderen über seine Fortschritte diskutiert. Will man sein Interesse an einer Sache wecken, muß man für Unterhaltung sorgen. Er lernt meist nicht viel aus Erläuterungen, bei denen er passiver Zuhörer ist. Er muß in der Lage sein, aktiv manipulieren, operieren und anfertigen zu können. Wenn immer möglich, sollte man ihn anregen und unterstützen, etwas zu wagen.

Feedback, das man einem SP-Kind übermittelt, sollte sich stets auf seine "Leistung" beziehen. Das "Ergebnis" einer Tätigkeit zu loben ist eher für das SJ-Kind geeignet. Das SP-Kind ist im allgemeinen mit sich selbst und denen, die es beaufsichtigen, zufrieden, vorausgesetzt man gibt ihm genügend Bewegungsfreiheit und viele Möglichkeiten zum Handeln. Vorträge oder Vorlesungen sollten kurz gehalten werden, das gleiche gilt für seine eigenen Leseübungen. Ruhige Lernperioden, in denen sich das Kind allein beschäftigt, sollten sich mit solchen Perioden abwechseln, die die Möglichkeit zur Betätigung nach eigenem Interesse bieten. Häufiges Wechseln zwischen Einzelbetätigung und Aktivitäten in kleineren und größeren Gruppen könnte sich ebenfalls positiv auf das SP-Kind, das sich von Natur aus zu widersetzen sucht, auswirken. Das Theaterspielen spricht SP-Kinder besonders stark an. Sie finden den Gedanken, als Schauspieler gesehen zu werden, ungeheuer aufregend. Theaterstücke, deren Themen für Klasse und Schule relevant sind und die dem SP die Möglichkeit zum Rollenspielen bieten, befriedigen sein Handlungsbedürfnis.

Das soll jedoch nicht heißen, daß SP-Kinder nicht auch Konzentrationsübungen brauchen und lernen sollen, mit Verzögerungen und Komplexität umzugehen. Diese Fähigkeiten müssen entwickelt werden. Der erste Schritt in dieser Entwicklung sollte sein, daß man ihre natürlichen Neigungen als legitim anerkennt und versteht, daß Kinder dieses Typs dazu neigen, komplizierten Dingen aus dem Wege zu gehen. Das hängt damit zusammen, daß sie impulsiv veranlagt sind und Verzögerungen nur schwer ertragen können.

Der SP, von dem man verlangt, ausschließlich nach dem Stil des SJ zu lernen, kann in der Klasse zum "Problemkind" werden und möglicherweise nur schwer unter Kontrolle zu halten sein. Die Unterrichtsmethode, bei der das Kind an seinen Schreibtisch gefesselt ist und in einer Reihe von hintereinander angeordneten Schreibtischen mit dem Gesicht nach vorn sitzt, die ihm lediglich die Lehrer-Schüler-Wechselbeziehung erlaubt, die von ihm verlangt, seine Aufgaben auszuführen, weil "er das später einmal brauchen wird, wenn er erwachsen ist", oder die verlangt, daß er sich stundenlang mit abstrakten Dingen auf Papier beschäftigt – sie erscheint dem SP-Kind als vergebliche Mühe. Situationen wie diese sind für einen SP derart ungeeignet, daß er sich von der Schule abwendet, sie erduldet, solange er muß, und von der Schule abgeht, sobald er kann. Dabei handelt es sich bei 40 Prozent der Schüler einer durchschnittlichen Schulklasse in den USA um SPs, was soviel bedeutet wie 12 von 32 Schülern. Man kann gut verstehen, weshalb Schüler dieser Gruppe dazu neigen, ihre formale Schulausbildung mit dem "High School"-Abschluß zu beenden, Fortbildungsschulen zu frequentieren und in höheren Semestern an Universitäten durch Abwesenheit zu glänzen.

Der Ausspruch, "lerne heute, damit sich dir morgen die Türen der höheren Bildungsanstalten öffnen", ist als Richtschnur für SPs und deren Lernstil völlig ungeeignet. SPs müssen in der Lage sein, ihre momentanen Impulse freisetzen, sich ungehindert körperlich betätigen und in angeregter Atmosphäre lernen zu können, wo Risiken, Abenteuer und Wettstreit Bestandteil des Lehrplans sind und wo Geräusche, Farben und Bewegung in Fülle vorhanden sind. Tatsächlich ist das einzige, was einen SP an die Schule gebunden hält, oftmals nur die Möglichkeit, dort ein Musikinstrument spielen zu können. SPs sind häufig in Gruppen vertreten, die instrumentale Musik praktizieren, was sicher damit zusammenhängt, daß man dort sowohl Handlung als auch Zuschauer findet, und beides lieben die SPs.

Der Lernstil der SPs scheint mit der allgemein praktizierten Unterrichtsmethode nicht in Einklang zu stehen. Bei der Mehrzahl der Lehrer handelt es sich um SJs, die (verständlicherweise) im SJ-Stil unterrichten. Somit wird dem jungen SP nahegelegt, auf langfristige Ziele hinzuarbeiten und fleißig zu lernen, um sich auf den späteren Beruf oder die höhere Schulausbildung vorzubereiten, zu sparen, um eine gesichere Zukunft zu garantieren, Pläne zu machen, um vorwärts zu kommen, soziale Bindungen zu entwickeln, um zu wissen, wohin man gehört. Diese Einschärfungen ergeben für einen SP jedoch keinen Sinn. Sich vorzubereiten bedeutet, seine Impulse zurückzustellen und einem Drang nicht nachzugeben, und das ist für einen SP undenkbar. Er will in der Gegenwart leben und das Heute genießen mit allem, was es zu bieten hat; was morgen geschieht, wird sich finden.

Somit haben wir also den SP-Schüler, der von Mentoren umgeben ist, die ihm sagen: "Sitz still während des Unterrichts". "Sieh nach vorn". "Gewöhne dir gute Arbeitsmethoden an". "Beachte die Regeln". "Erst die Arbeit, dann das Spiel – falls überhaupt Zeit für solche Frivolitäten übrig bleibt". "Warte". "Stell dich in die Reihe". Der SP steht also in der Reihe, er wartet, paßt sich an, arbeitet für später und kann die Pause kaum erwarten. Nichts von alledem spricht ihn an, und in jedem weiteren Schuljahr findet er zunehmend weniger, das ihm gefällt. Folglich sind die SPs in den Institutionen der höheren Schulbildung kaum vertreten. Die schulischen Leistungen der SPs liegen im allgemeinen unter dem Niveau, das sie zu erreichen imstande wären, gäbe man ihnen den nötigen Anreiz. "Wer fleißig lernt, belohnt sich selbst", sagen die Erzieher. Leider können SPs das nicht begreifen. Sie sind die Schüler, die der Schulverwaltung, dem Lehrkörper, den Beratern und den Eltern am häufigsten Anlaß zu Kopfzerbrechen und Frustration geben. Sie alle sind geneigt, ihre Wünsche und

Vorstellungen auf den SP zu projizieren, und der SP sträubt sich dagegen. Das dionysische Naturell kommt bereits in der frühen Kindheit zum Vorschein und versucht stets, sich durchzusetzen.

Das epimetheische (SJ) Temperament Das SJ-Kind ist in bezug auf instabile Familienverhältnisse verwundbarer als andere Kinder. Elterliche Beständigkeit und Einstimmigkeit geben ihm ein Gefühl der Sicherheit. Es kann für ein SJ-Kind vernichtend sein, zwischen zwei Elternteilen hin- und hergerissen zu werden, von denen der eine streng und der andere nachsichtig ist. Ein SJ muß sichergehen können, daß das, was heute gilt, morgen noch die gleiche Gültigkeit hat. Häufige Wohnsitzveränderungen können zum Beispiel bewirken, daß das SJ-Kind aus dem Gleichgewicht gerät, während sich SP-, NT- und NF-Kinder im allgemeinen schneller anpassen, wenn auch auf unterschiedliche Weise. Das SJ-Kind möchte gemeinsam mit seinen Freunden aufwachsen können, es legt Wert auf die vertraute nachbarliche Umgebung, die vertraute Schule, die vertraute Gemeinde. Es liebt den Umgang mit Mitgliedern der erweiterten Familie, wie z.B. Tanten, Onkel, Großmütter, Großväter, Cousins und Cousinen. SJs hören gern Geschichten aus der Vergangenheit der Familie und erinnern sich meist noch daran, wenn sie erwachsen sind. Sie machen sich gut in großen Familien; Brüder und Schwestern zu haben, empfinden sie gewöhnlich als Genugtuung, was für Kinder anderer Temperamente nicht unbedingt in dem Maße zutrifft.

Das SJ-Kind neigt dazu, Gefallen an routinemäßigen Abläufen zu finden. Es spricht gewöhnlich darauf an, wenn man ihm ganz bestimmte Aufgaben zuteilt, wie z.B. Ausleeren des Papierkorbes oder Mülleimers, Schneefegen, Betreuung eines kleinen Gartens, Pflege seines Zimmers. Natürlich müssen die Aufgaben, die man ihm überträgt, im Rahmen seines Leistungsvermögens liegen, damit es in der Lage ist, sie auch gut auszuführen, aber Instandhaltungsund Wartungsarbeiten scheinen den SJ anzusprechen, ob zu Hause oder in der Schule. Von Erwachsenen für derartige Tätigkeiten gelobt zu werden, bereitet einem SJ besonders viel Freude und ist für ihn von großer Wichtigkeit. Die Aufgabe als solche verliert schon bald ihren Reiz, wenn die entsprechende Anerkennung durch Erwachsene ausbleibt. SJs sprechen auf Schelte und negative Kritik an, indem sie versuchen, sich in noch größerem Maße anzustrengen. Körperliche Züchtigung wird von SJs wahrscheinlich eher als von anderen Kindern als ein Mittel der Zurechtweisung betrachtet.

Das SJ-Kind tendiert dazu, sich gut an das schulische Umfeld und die damit verbundene Routine zu gewöhnen, obwohl sich das introvertierte SJ-Kind anfangs oft schüchtern verhält. SJ-Kinder blühen und gedeihen unter den traditionellen Lehrmethoden, wie etwa Ausfüllen von Arbeitsbüchern, Wiederholungen, Einpauken, Aufsagen und Beantworten rhetorischer Fragen. Das SJ-Kind ist meist aufrichtig bemüht, den Lehrer zufriedenzustellen, und fragt nicht (wie etwa das NT-Kind) nach dem Grund für eine bestimmte Hausaufgabe. Die Tatsache, daß die Anordnung vom Lehrer stammt, reicht als Begründung gewöhnlich aus. Mißerfolg zu haben ist für SJs ebenso unerfreulich wie für andere Kinder. Sie scheinen jedoch eher in der Lage zu sein, einen selbstbewerteten Mißerfolg zu verkraften als einen vom Lehrer bewerteten. Dies ist besonders dann der Fall, wenn die Bemerkungen des Lehrers negativ sind, und wenn es dem Kind nur selten gelingt, etwas rechtzumachen. SJs neigen dazu, ihre mit goldenem Stern ausgezeichneten Arbeiten, Trophäen, Orden und Abzeichen in Ehren zu halten. Sie betrachten es als große Ehre, Klassenordner, Klassensprecher oder Klubmanager zu sein. Da derartige Posten ein Zeichen der Bestätigung durch Gleichaltrige und Erwachsene sind, schätzen sie diese entsprechend.

SJ-Kindern scheinen Fertigkeitsübungen im Rechnen, im Vorlesen und in der Rechtschreibung Freude zu bereiten. Die sachlichen Aspekte der Naturwissenschaften, Geographie und Geschichte finden bei SJs ebenfalls Anklang. Sobald ein SJ-Schüler die Mittel- oder Oberstufe erreicht hat, neigt er dazu, die kaufmännischen Fächer zu belegen. Die Sprache wird in zunehmenden Maße zum Arbeitsinstrument. Sein Interesse an Literatur und kreativem Schreiben läßt nach, und er versucht, die Naturwissenschaften und die höhere Mathematik zu meiden. Für Gruppendebatten und das Mitwirken in Theatergruppen zeigt er wenig Interesse. In den höheren Lehranstalten belegen SJs vorwiegend Fächer auf den Gebieten Betriebswirtschaftslehre, Rechnungswesen, Pädagogik, Krankenpflege und andere Dienstleistungsbereiche.

SJ-Kindern bereitet es im allgemeinen Vergnügen, gemeinsam mit den Eltern Verwandte zu besuchen. An traditionellen Feiertagen, wie Weihnachten und Ostern, finden sie großen Gefallen. Auf festbegründete und klar definierte Vorgänge sprechen sie in der Regel positiv an, während ihnen ständige Veränderungen und Krisensituationen Kummer bereiten. Ein Lehrerwechsel in der Mitte des Schuljahres kann einem SJ schwer zu schaffen machen, während ein SP- Kind die gleiche Situation ohne weiteres verkraften kann. Das SJKind legt aller Wahrscheinlichkeit nach Wert auf Ordnung in Schränken und Schubfächern. Seine Kleidung ist meistens fein säuberlich gefaltet aufbewahrt, und die Spielsachen sind ordnungs- gemäß in Regalen verstaut.

Das SJ-Kind spricht beim Lernen auf die Methode an, bei der ihm eine zu erlernende Fertigkeit Schritt für Schritt erklärt wird und die es ihm ermöglicht, jeden neuerlernten Schritt zu beweisen. Das SJ-Kind läßt sich nicht, wie beispielsweise das NT-Kind, durch die Aufforderung inspirieren, nach eigenem Ermessen zu verfahren und erfinderisch zu sein. Das SJ-Kind muß genau wissen, was von ihm erwartet wird und wie es eine Aufgabe auszuführen hat. Folge- richtiges Denken und Handeln sind für ihn wichtig.

SJs mögen handwerkliche Heimarbeit und fertigen, ebenso wie die SPs, gern Gegenstände aus Holz, Stoff oder Garn, wobei sich ihr Hauptinteresse aber auf das Erzeugnis richtet. Trotzdem legen sie Wert darauf, daß das Verfahren zur Herstellung des Erzeugnisses einwandfrei gehandhabt wird. Ein selbstgefertigtes Geschenk eines SJ kommt von Herzen und sollte gebührend gewürdigt, gut sichtbar aufgestellt und in Ehren gehalten werden.

Das SJ-Kind braucht das ständige Feedback der Erwachsenen seiner Umgebung, da es wissen möchte, ob es eine Sache richtig oder falsch macht. Es legt großen Wert darauf, möglichst alles richtig zu mahen, d.h. so, wie es der Erwachsene, der ihn betreut, erwartet. SJs achten auf Details. Sie stellen an sich selbst und andere hohe Leistungsansprüche. Sie können z.B. Genugtuung empfinden, wenn es ihnen gelungen ist, die Überschrift auf einem Blatt Papier richtig zu plazieren. Gute Arbeitsgewohnheiten halten sie für wichtig. Die Lernperioden sollten sorgfältig geplant, zeitlich eingeteilt und gewissenhaft durchgeführt werden. Worte der Ermunterung sind für das SJ-Kind wichtig, da es sichergehen muß, seine Sache auch gut zu machen.

SJ-Kinder haben im allgemeinen eine angenehme Kindheit. Statistische Wahrscheinlichkeit läßt darauf schließen, daß es sich wenigstens bei einem Elternteil der SJ-Kinder ebenfalls um einen SJ handelt. Außerdem ist anzunehmen, daß ein SJ-Kind recht gut mit einem NF- oder NT-Elternteil auskommen kann. Sind beide Elternteile SPs und somit möglicherweise etwas unberechenbar, kann das SJ-Kind Schwierigkeiten haben. Es ist den SJs nicht nur ein Bedürfnis, andere zufriedenzustellen, sondern auch ein Vergnügen. Sie neigen daher dazu, auf die Anforderungen ihrer Mentoren einzugehen, vorausgesetzt es handelt sich dabei um klare, unmißverständliche Richtlinien. Es kommt ihnen weniger darauf an, daß diese Anforderungen logisch richtig erscheinen, sondern eher darauf, genau zu wissen, was erwartet wird. Das SJ-Kind mag Lob und Komplimente, wie z.B. "du bist ein liebes Kind", "du hast das genau richtig gemacht", "deine Arbeit ist sehr sorgfältig ausgeführt", "du hast eine sehr schöne Handschrift".

Die Lehrmethode, die von einem SJ-Lehrer aufgrund seiner natürlichen Anlage praktiziert wird, kommt den Bedürfnissen des SJ-Schülers entgegen. Wenn der Schwerpunkt auf Verantwortung, auf guten Arbeitsgewohnheiten, auf der Entwicklung einer wünschenswerten sozialen Haltung, auf der Ausführung von strukturierten Aufgaben auf traditionelle Art und Weise liegt, dann fühlen sich SJ-Lehrer und SJ-Schüler gleichermaßen angesprochen. Das SJ-Kind eignet sich sein Wissen durch sorgfältiges Suchen nach Fakten, durch häufiges Wiederholen, durch Vorträge und traditionelles Lehrmaterial an. Es profitiert von der Art des Lehrmaterials, das Arbeitsabläufe schrittweise und in logischer Folge darstellt. Programmierter Unterricht scheint für SJs mehr Anziehungskraft zu besitzen als für SPs, NFs und auch NTs. Das SP-Kind braucht zum Lernen mehr Handlung, das NF-Kind mehr zwischenmenschlichen Austausch, das NT-Kind weniger Wiederholungen. Das SJ-Kind liebt genau festgelegte, nach einer bestimmten Routine verlaufende Vorgänge, die sich von einem Tag zum anderen kaum verändern. Es gedeiht am besten in einer ruhigen, gut organisierten Klasse mit geordneten Abläufen und scheint es nicht als unangenehm zu empfinden, wenn fast ausschließlich ein Lehrer-zu- Schüler-Austausch stattfindet. Übungen, Auswendiglernen, sokratisches Fragen und Vorträge, die viele veranschaulichende Beispiele enthalten, sind für SJ-Kinder äußerst nützlich. Sie können unter Umständen sogar auf Ablehnung, Sarkasmus und Spott ansprechen, obwohl solche verabscheuungswürdigen Schachzüge nicht empfehlenswert sind. Das SJ-Kind neigt dazu, sich über seine Schularbeiten Gedanken zu machen, gewissenhaft zu sein und es darauf anzulegen, seinen Lehrer zufriedenzustellen.

Das prometheische (NT) Temperament Das NT-Kleinkind ist aller Wahrscheinlichkeit nach ein ernstes Kind, das anderen, falls sie nicht ebenfalls NTs sind, oft etwas rätselhaft erscheint. NT-Kinder können ein altkluges Verhalten zeigen. Sie neigen dazu, früh sprechen zu lernen und sind oft schon lange, bevor sie eingeschult werden, des Lesens fähig. Die Wahrscheinlichkeit, daß es sich bei wenigstens einem Elternteil des NT- Kindes um einen NT handelt, ist gering, da diese Gruppe nur etwa 12 Prozent der Bevölkerung ausmacht. Das NT-Kind wird oft die gleiche Ablehnung erfahren, die auch dem SP zuteil wird, mit dem Unterschied, daß der SP diese Erfahrung mit dem Eintritt in die Schule macht und der NT bereits wesentlich früher. Immer wieder hört man NTs folgendes über ihre Kindheitserfahrungen sagen: "Ich war der Meinung, daß es in der ganzen Welt keinen anderen Menschen gab, der so war wie ich. Als ich ein Kind war, schien niemand die Dinge so zu sehen, wie ich sie sah. Als ich dann zur Hochschule kam, fand ich plötzlich viele, die mir ähnlich waren. Ich war nicht mehr so allein."

Das NT-Kind neigt dazu, den Eltern ständig Warum-Fragen zu stellen, z.B. "warum geht die Sonne da auf und nicht dort?" "Warum kann ich nicht wie ein Vogel fliegen?". "Warum darf ich die Nachspeise nicht vor dem Gemüse essen, wenn ich doch beides esse?" Da das NT-Kind zur Selbständigkeit neigt, zeigt es oft auch ein nonkonformistisches Verhalten, obwohl es sich in Angelegenheiten, die ihm gleichgültig sind, auch gehorsam und nachgiebig zeigen kann. So wie sich im Verhalten der SPs ihr Tatendrang ausdrückt, drückt sich im Verhalten der NTs ihre Wißbegierde aus, und sie fragen sich, "was würde geschehen, wenn ...?" Sie bestehen darauf, Antworten auf ihre Fragen zu finden, ganz gleich ob ihre Erzieher damit einverstanden sind oder nicht. "Was geschieht, wenn ich meinen Finger in die Steckdose halte?". "Was geschieht, wenn ich mein Brötchen in das Wasserglas lege?" Bei diesem exploratorischen Verhalten legt das Kind es nicht darauf an, die Erwachsenen zu irritieren, sondern es will damit sein natürliches NT-Bedürfnis nach Entdeckungen befriedigen. Es ist keineswegs daran interessiert, mit seiner Umgebung in Konflikt zu geraten. Falls dies aufgrund seiner Nachforschungen dennoch geschieht, ist es geneigt, diese Folgen in Kauf zu nehmen. NTs verursachen bei ihren Erziehern manchmal Ärger, weil sie dazu neigen, auf Zurechtweisungen uninteressiert oder distanziert zu reagieren. NT-Kinder neigen dazu, leicht ihren Respekt vor denen zu verlieren, die in ihren Zurechtweisungen nicht konsequent handeln und Weisungen erlassen, die nicht eindeutig gerechtfertigt sind.

Körperliche Züchtigung wird von NTs als zutiefst verletzend empfunden. Obwohl ihr Körper, wie ihre Umgebung, ihre Wißbegierde entfacht – wenn auch auf andere Weise als bei anderen Typen – reagieren sie auf körperliche Mißhandlungen überempfindlich und betrachten diese als Verletzung ihrer menschlichen Würde. Da sie auf Würde großen Wert legen, bezeichnen andere den NT oft als "stolz" und reagieren darauf so, als sei er anstößig und persönlich beleidigend, was sie häufig veranlaßt, den NT von seinem hohen Roß herunterholen zu wollen.

In der Wahrnehmung der elterlichen Funktionen heißt es vorwiegend Hände weg. Das NT-Kind benötigt eine Fülle von Möglichkeiten zum Experimentieren, zum Nachforschen, zum Beantworten seiner Fragen. Das Unterbinden dieses experimentierenden Verhaltens verursacht bei NTs häufig Ungehorsam und destruktives Verhalten, offen oder verdeckt. Die Eltern eines NT sollten dafür sorgen, daß das Kind eine Auswahl verschiedener Spielsachen zur Verfügung hat, von denen es aber jeweils nur einige zum Spielen benutzt. Damit soll verhindert werden, daß das Kind übermäßig angeregt wird. Da NTs häufig für intellektuell frühreif gehalten werden, sind sie der Gefahr ausgesetzt, Spielsachen zu bekommen, die für Kinder ihres Alters und sozialen Reifegrades ungeeignet sind. An Büchern und dem Vorlesen von Geschichten findet das NT-Kind im allgemeinen auch dann noch Gefallen, wenn Kinder anderer Temperamente sich längst anderen Dingen zugewandt haben. Mit einem neuen Spielzeug kann sich das NT-Kind stundenlang intensiv beschäftigen, um es dann plötzlich gar nicht mehr zu beachten und kaum jemals wieder Interesse daran zu zeigen. Sobald das NT-Kind begriffen hat, wie ein Spielzeug funktioniert, zeigt es kein Interesse mehr daran. Daß es sich am Vorlesen von Geschichten erfreut, beruht wahrscheinlich auf seiner Wißbegierde. Durch das Hören von Geschichten kommt es mit Komplexitäten in Berührung, die es geistig anregen und die es durch eigenes Lesen nicht erfassen könnte. Der Inhalt elementarer Lehrbücher kann für NTs derart langweilig sein, daß sie aufgrund von Desinteresse nicht lesen lernen, was ihre Lehrer oft überrascht. Allerdings kommt ein solcher Fall nur selten vor und ist eher die Ausnahme.

Das NT-Kind empfindet es als vernichtend, wenn es sarkastisch oder spöttisch behandelt wird. Es ist in größerem Maße als andere Kinder von Selbstzweifeln geplagt und ist auf eine Vielzahl von Erfolgserlebnissen angewiesen. NT-Kinder sind in diesem Bereich ausgesprochen verwundbar. Aufgrund ihres frühzeitigen Interesses an technischen Dingen erwarten Eltern und Lehrer, in guter Absicht, oft zu viel von ihnen und mehr als sie zu leisten imstande sind. Dies führt zum Mißerfolg, und das Kind zieht sich wahrscheinlich ganz in sich zurück. Auf negative Kritik sprechen NT-Kinder nur selten gut an. Ihnen zu Hilfe zu kommen, wenn sie darum bitten, ihnen Antworten auf ihre endlosen Fragen zu geben, ihnen eine geeignete Spielausrüstung von angemessenem Umfang zur Verfügung zu stellen und ihnen die Möglichkeit zu geben, in ihrer eigenen Welt nach eigenen Lösungen zu suchen, sind die Voraussetzungen, die dem NT in seinem Bedürfnis nach Kompetenz und Wissen entgegenkommen.

Das INT-Kind kann in seinem Sozialverhalten etwas unterentwickelt wirken, obwohl es in intellektueller Hinsicht frühreif zu sein scheint. Während es für NFs etwas ganz Natürliches ist, sich der wechselseitigen menschlichen Beziehungen bewußt zu sein, können NTs diese als etwas Rätselhaftes empfinden. Sie machen sich selten über Manieren Gedanken und nehmen die Reaktionen anderer oft nicht wahr. Dies bewirkt, daß NTs häufig nicht die gewinnende Art aufweisen, die man bei NFs, SJs und SPs finden kann, und zwar bei jedem auf seine Weise: der SP mit seiner sprudelnden, unbeschwerten und fröhlichen Natur, der SJ mit seinen unzähligen und oft ganz unerwarteten Liebesdiensten und der NF, der die Persönlichkeiten anderer zu schätzen weiß. NTs – besonders die introvertierten – scheinen oft unfähig zu sein oder zumindest sich zu widersetzen, Zuneigung auszudrücken. Körperlichen Beweisen der Zuneigung anderer entzieht sich der NT. Er erweckt den Anschein, mit einer harten Schale umgeben zu sein, was ein Ausdruck seiner Selbstzweifel ist.

Wenn man dem NT-Kind zu Erfolgserlebnissen in Hülle und Fülle verhilft, ihm ausreichende intellektuelle Anregung verschafft, es häufig ermuntert und anleitet, seine gesellschaftlichen Fähigkeiten zu entwickeln, dann hilft man ihm. Sich mit ihm zu brüsten, ihm zu gestatten, sich wie ein intellektueller Snob zu verhalten, der weniger Begabte als "minderwertig" beurteilt und von oben herab behandelt, wird ihm wenig einbringen. NTs sind im allgemeinen gute Schüler, die nicht dazu neigen, schwierige Fächer, wie z.B. naturwissenschaftliche Fächer oder höhere Mathematik, abzuwählen. Sie neigen dazu, sich übermäßig auf das Lernen zu konzentrieren und somit zu versäumen, an geselligen und erholsamen schulischen Aktivitäten teilzunehmen. Besonders beim INT kann es sich um einen Einzelgänger innerhalb seiner Klasse handeln, der in höchst unabhängiger Weise seine eigenen Interessen verfolgt. Der ENT, oft ein hervorragender Gruppenführer, kann mitunter auch in Opposition zu der vom Lehrer vorgeschlagenen Richtung agieren, so daß zwischen beiden ein Machtkampf entsteht. Die hartnäckige Aggressivität, mit der die ENTs auf korrekten Verfahrensweisen bestehen, zeigt sich ebenso bei INTs im Hinblick auf korrekte Formulierungen von Ideologien.

Einhergehend mit dem starken Verlangen des NT-Kindes, Fähigkeiten zu besitzen, ist ein sich selbst auferlegtes Leistungsniveau, an das es sich zu halten sucht, ganz gleich, wie unrealistisch es sein mag. Eine der Lebensaufgaben der NTs besteht darin, sich damit abzufinden zu lernen, nicht alles wissen zu können und deshalb Prioritäten zu setzen. Sowohl Eltern als auch Lehrer sollten dem NT dabei behilflich sein.

NTs sind in ihrer akademischen Arbeit meist sehr erfolgreich. Sie lernen, indem sie Prinzipien zu ergründen und zu verstehen suchen. NTs bevorzugen eine logisch aufgebaute Präsentation des Lehrmaterials. Sie finden Gefallen an Vorlesungen als

Unterrichtsmethode, vorausgesetzt die Ausführung ist zufriedenstellend, und betrachten die Diskussionsmethode als nicht unbedingt nützlich. Sie können in der Tat bisweilen unduldsam und grob auf die Meinungen und Vorschläge anderer reagieren – besonders derer, die ihnen intellektuell unterlegen erscheinen.

Da es die NTs als wichtig erachten, von anderen als kompetent betrachtet zu werden, können Zeugnisse sie unter Umständen negativ berühren. Wenn sie nach einmal erreichten hervorragenden Zensuren nicht weiterhin die gleichen guten Noten erzielen, sind sie geneigt, sich selbst für inkompetent zu halten. Ein Streben dieser Art ist offensichtlich unangebracht und vielleicht auch unklug, da das Kind neben dem Lernen keine Zeit für andere Aktivitäten hat.

In der Oberschule ist der NT in intellektueller Hinsicht oft ein großer Fisch im kleinen Teich. Die Situation an einer Hochschule ist insofern anders, als er sich größerer Konkurrenz ausgesetzt sieht. Er reagiert darauf bisweilen so, daß er seine akademischen Bestrebungen insgesamt aufgibt oder seine Aufmerksamkeit selektiv auf einige wenige Fächer lenkt. Somit kann er in einigen Bereichen ausgezeichnete Ergebnisse erzielen, während er in anderen schmählich versagt. Wenn Eltern und Lehrer darauf bedacht sind, den NT mit unterschiedlichen Erfahrungen zu konfrontieren – auch mit solchen, die nicht zu seinen Stärken zählen –, ist das Eintreten einer derartigen Situation weniger wahrscheinlich, da ihm seine Erfahrungen dazu verhelfen, gefährlich erscheinende Konkurrenz ins richtige Verhältnis zu setzen.

INT-Kinder finden Familienrituale und -feierlichkeiten wenig reizvoll. Sie müssen jede Handlung begründen können, daher sollte man ihnen verständlich machen, daß Rituale und Feste für andere Menschen bedeutungsvolle Ereignisse sind. NTs sind in der Pflege ihres Zimmers oder ihrer Kleidung unstet; sie können zeitweilig ausgesprochen ordentlich sein, während sie zu anderen Zeiten weder Staub noch Unordnung bemerken. Wahrscheinlich befindet sich ihr Zimmer vorwiegend in einem Zustand des scheinbaren Durcheinanders, aber NTs wissen trotzdem genau, wo jeder ihrer Schätze zu finden ist. Das NT-Kind neigt dazu, sich viele

Sammlungen zuzulegen, z.B. Steine, Münzen, Briefmarken, Schmetterlinge und dergleichen. Alles, was sich sammeln läßt und was ein tabellarisches Aufstellen von technischen Fakten und Klassifikation erfordert, spricht ein NT-Kind wahrscheinlich an.

Anders als das SJ-Kind, das beim Lernen detaillierte Richtlinien bevorzugt und in der Lage ist, Wiederholungen zu tolerieren, möchte das NT-Kind nur einmal eine Anweisung erhalten und nur einmal mit dem gleichen Inhalt konfrontiert werden. Der SP dagegen schenkt Richtlinien und Anweisungen nur geringe Aufmerksamkeit, ganz gleich wie genau oder ungenau sie sein mögen. Er wird zumindest versuchen, die Aufgabe neu zu definieren, bevor er eine Anweisung befolgt. Der NT tendiert dazu, auf die Feinheiten einer Anleitung nicht zu achten. Daher sollte man ihm die Anleitungen sowohl in mündlicher als auch in schriftlicher Form zukommen lassen.

Das NT-Kind ist beim Lernen auf das Feedback hinsichtlich der Qualität seiner Arbeit angewiesen und definiert Qualität gewöhnlich als Klarheit, Verständlichkeit und Tüchtigkeit. Es ist in der Lage, selbständig zu arbeiten, wenn es dazu angeleitet wird, und benötigt im allgemeinen wenige zusätzliche Ermunterungen und Anweisungen des Lehrers oder der Eltern. Es findet wahrscheinlich großen Gefallen an der Erweiterung seines Wortschatzes, den es gelegentlich als Waffe in Diskussionen einsetzt. Intoleranz gegenüber denen, die Schwierigkeiten mit Komplexitäten haben, ist eine NT-Charaktereigenschaft, sowohl der Kinder als auch der Erwachsenen. Eltern oder Lehrer können in dieser Hinsicht einen wertvollen Beitrag leisten, indem sie dem NT-Kind die möglichen Auswirkungen dieser seiner Einstellung verständlich machen.

Das apollinische (NF) Temperament Die Sprachbegabung des NF-Kindes zeigt sich oft schon im frühen Kindesalter. Höchstwahrscheinlich beginnt es früh zu sprechen. Im Falle eines extravertierten NF-Kindes erscheint es den Eltern häufig, als rede das Kind ununterbrochen. NFs neigen auch dazu, einen gewissen Charme zu besitzen, der auf andere anziehend wirkt. Sie scheinen ein besonderes Talent zu besitzen, mit ihresgleichen und mit Erwachsenen gut auszukommen, obwohl das introvertierte NF-Kind im Umgang mit anderen manchmal Schwierigkeiten hat, besonders außerhalb der Familie. Der NF muß das Gefühl haben, von seiner Umgebung geschätzt zu werden, und er sucht diese Art der Bestätigung täglich von neuem.

Bei dem Kind, das sich Geschichten ausdenkt und diese in lebendiger Bildersprache erzählt, handelt es sich höchstwahrscheinlich um ein NF-Kind. Es kann mitunter der Lüge verdächtigt werden, wenn es in Wirklichkeit nur seiner Phantasie freien Lauf läßt. NFs, besonders die introvertierten, tendieren dazu, mit offenen Augen zu träumen. Auf Zurückweisung oder Konflikte reagieren sie überempfindlich. Wächst der NF in einer Familie auf, in der sich die Eltern häufig streiten, kann er sich zu einem in sich gekehrten, verunsicherten Kind entwickeln. Er muß die Gewißheit einer harmonischen Umgebung haben, um seine eigene zartfühlende Persönlichkeit entfalten zu können.

Indem sich der NF selbst zu ergründen sucht, identifiziert er sich oft stark mit bestimmten Gestalten aus Geschichten und Erzählungen, besonders mit Märchengestalten. Prinzen und Prinzessinnen sind den NF-Kindern sehr wirklichkeitsnah, und ihre Träumereien führen sie oft in königliche Gefilde. Sie finden Gefallen an Geschichten, die in der Zeit des Mittelalters spielen, die von Rittern und Burgfrauen, von Drachen und dem Gral handeln. Eine gewisse Vorsicht in der Auswahl der Bücher, die dem NF-Kind zur Verfügung stehen, ist angebracht, da es durch die lebendige Bildersprache in Geschichten über Drachen, Hexen, Ungeheuer, Mord und Totschlag usw. leicht eine Sinnesüberreizung erfahren kann.

NF-Kinder genießen es ebenso wie die NT-Kinder, wenn man ihnen Geschichten vorliest, die ihre Lesefähigkeit übersteigen und die ihre Vorstellungskraft entfachen. Ebenso wie die NTs sind auch die NFs geneigt, sich die gleiche Geschichte immer wieder vorlesen zu lassen. Sie neigen auch dazu, an komplizierten Illustrationen in reichhaltiger Farbgebung Gefallen zu finden. NF-Kinder lieben Spielsachen, denen man Persönlichkeiten zuordnen kann, wie z.B. Puppen oder Stofftiere, die dann zu einem wichtigen Bestandteil ihres Lebens werden. Der Verlust eines solchen Freundes kann für ein NF-Kind in der Tat ein großes Unglück bedeuten. Figuren wie Winnie Puuh, Piglet, Mr. Toad, Alice im Wunderland, Dorothy und ihre Oz-Freunde sind für ein NF-Kind in viel größerem Maße Wirklichkeit als für Kinder anderer Temperamente. Das NF-Kind ist ebenso wie das NT-Kind geneigt, beim Spielen seine Spielsachen in Phantasiegegenstände zu verwandeln, wobei der NF eher dazu tendiert, diese mit erfundenen Geschichten zu verknüpfen als zu versuchen, ihre Funktionsweise zu verstehen. Es ist eine interessante Mutmaßung, ob es sich nicht bei dem unsichtbaren Begleiter, den manche Kinder zu haben glauben, um eine NF-Eigenschaft handelt. Man kann mit Sicherheit davon ausgehen, daß eine Ablehnung oder Verspottung dieses in der Einbildung existierenden Freundes durch andere für ein NF-Kind vernichtend wäre, weil es sich dadurch selbst zurückgewiesen fühlt.

An Konkurrenz- oder Wettbewerbssituationen findet ein NF-Kind weniger Gefallen als Kinder anderer Temperamente. Das NF-Kind ist im allgemeinen äußerst einfühlsam, wenn es um die Gefühle anderer geht, und neigt dazu, mit dem Verlierer zu leiden, selbst wenn er der Gewinner ist. Kooperative Spielarten und solche, bei denen er gegen sich selbst spielt, sind für ihn besser geeignet.

Obwohl die Kinder der verschiedenen Temperamente dem Problem der geschwisterlichen Rivalität gleichermaßen ausgesetzt sind und sich zurückgesetzt fühlen können, wenn die Familie Zuwachs erhält, muß ein solches Ereignis bei einem NF-Kind, das sich stets um sein eigenes Dasein Gedanken macht, besonders behutsam vorbereitet werden. Wenn das NF-Kind eingeschult wird, wird es wahrscheinlich die gleichen Erfahrungen machen wie das NT-Kind, nämlich sich außer Tritt mit den anderen Kindern zu fühlen. Es glaubt, anders als die anderen zu sein und gehört in der Tat bis zu dem Zeitpunkt, da es an einer Hochschule studiert, zur Minderheit.

Besonders das introvertierte NF-Kind neigt dazu, überaus schüchtern zu sein und äußerst feinfühlig auf die leisesten Andeutungen oder Worte der Ablehnung vonseiten des Lehrers zu reagieren. NFs tendieren dazu, ihre Lehrer zu vergöttern, sind aber auch fähig, sie mit der gleichen Inbrunst zu hassen, wenn sie sich von ihnen abgelehnt oder lächerlich gemacht fühlen. NF-Kinder gedeihen am besten, wenn man ihnen viel persönliche Beachtung schenkt. Auf körperliche Züchtigung sprechen sie im allgemeinen nicht an. Sie brauchen die Sicherheit, die von feststehenden, routinemäßigen Abläufen ausgeht. Diese sollten jedoch den regen Umgang mit Erwachsenen oder Kindern einschließen. Da sich ein NT durch scheinbar grausame Handlungen anderer ihm gegenüber zutiefst verletzt fühlt, kann der Umgang mit Gleichaltrigen große Wirkung auf ihn haben. Diese Art Kind – besonders wenn es introvertiert ist – ist nicht in der Lage, sich gegen Verhaltensweisen zu wehren, mit denen andere Kinder ohne weiteres fertigwerden.

NFs profitieren in der Schule von der Art der Anordnung, die ihnen rege zwischenmenschliche Kontakte ermöglicht, und nicht von einer Anordnung der hintereinander arrangierten, nach vorn zeigenden Schreibpulte. NF-Kinder müssen in der Lage sein, über den Inhalt ihrer Aufgaben und Übungen diskutieren zu können. Sie sprechen auf eine poetische Ausdrucksweise an und besitzen, wie bereits bemerkt, eine besondere Sprachbegabung. Sie sind geneigt, Diskussionen zu tolerieren, die einem NT als überflüssig oder abschweifend erscheinen könnten.

Es kann für ein NF-Kind bedrückend sein, mit einem Lehrer zu arbeiten, von dem es sich spöttisch behandelt oder persönlich abgelehnt fühlt. Es bereitet ihm gleichfalls Kummer, wenn einer seiner Mitschüler abgewiesen wird, und es neigt dazu, ein derart starkes Mitgefühl zu entwickeln, daß sein eigenes Unbehagen das des Empfängers der Zurückweisung übersteigt. Das NF-Kind mißt Versprechungen große Bedeutung bei; deren Nichteinhaltung wird als tiefe Enttäuschung empfunden und sehr persönlich genommen. Wenn es in dieser Weise häufig enttäuscht wird, können sich bei ihm körperliche Symptome bemerkbar machen, wie z.B. Schwierigkeiten in der Nahrungsaufnahme. Konfliktsituationen in Familie oder Schule verursachen beim NF-Kind Unbehagen, dagegen blüht es in einer Atmosphäre liebevoller und harmonischer Beziehungen auf.

NF-Kinder sind im allgemeinen erfolgreiche Schüler, besitzen doch viele von ihnen eine hervorragende Sprachgewandtheit. Sprachen sind ihre Stärke. Sie erlernen gewöhnlich leicht das Lesen, haben überdurchschnittliche Fähigkeiten in der schriftlichen und mündlichen Kommunikation und genießen den Kommunikationsvorgang. Sie arbeiten gern in kleinen Gruppen und entwickeln ihre besten Leistungen in einem demokratisch geführten Unterricht. NFs neigen dazu, auf die Erwartungen Erwachsener einzugehen, vorausgesetzt sie glauben, von diesen gern gemocht zu werden. Das NF-Kind ist im allgemeinen ein angenehmes und liebenswürdiges Kind, das zu gefallen sucht. Es muß sicher sein, von anderen wertgeschätzt zu werden, und braucht diese Art des Feedback. Wenn ein NF-Kind einen selbstgefertigten Gegenstand schenkt, kommt dieser von Herzen. Der geringste Hinweis auf mangelnde Anerkennung kann in einem solchen Grade vernichtend für es sein, daß seine Reaktion in keinem Verhältnis zum Grad der Nicht-Anerkennung steht. NF-Kinder fühlen sich in großen Gruppen, in denen der Unterricht auf unpersönliche Weise abgehalten wird und in denen der Lehrer zu beschäftigt ist, um auf die Bedürfnisse dieser Art Schüler eingehen zu können, nicht besonders wohl. Der NF möchte sowohl von seinen Lehrern als auch von seinen Eltern geliebt werden.

NF-Schüler finden im allgemeinen Gefallen an den Fächern Sozialkunde und Sprachen, da diese mit Menschen zu tun haben. Die Überzeugungen und Wertvorstellungen anderer Menschen, ihre Neigungen und Reaktionen, ihre Wünsche und Äußerungen – all dies ist für ein NF-Kind, das die Welt von einer persönlichen Warte aus betrachtet, faszinierend. Es verarbeitet diese Gedanken und Ideen stets in der Weise, als sei er der Mittelpunkt.

Mit Zorn oder Wut bei sich selbst und anderen fertigzuwerden, kann für einen NF – besonders einen introvertierten – manchmal schwierig sein. Häßliches findet er abstoßend und ekelerregend.

Das Erkennen oder Wahrnehmen von Dingen geschieht bei NFs oft auf impressionistische Weise. Es genügt ihnen im allgemeinen, eine Sache auf globale, diffundierte Art zu erfassen. Nachdem sie einen Gesamteindruck gewonnen und über Details hinweggesehen haben, glauben sie, ausreichend über ein Thema informiert zu sein. Ein NT-Kind dagegen ist daran interessiert, in allen Einzelheiten über ein Thema Bescheid zu wissen und fühlt sich geradezu gezwungen, übertrieben viel zu lernen.

NFs haben das Bedürfnis, sich in ihrer Identität bestätigt zu fühlen, und sie erhalten diese Art der Bestätigung u.a. durch persönliche Zuwendung. Körperliche Berührungen oder zumindest körperliche Nähe bedeutet für das NF-Kind meist Liebe und Wärme. Die Signale, die ein NF-Kind am meisten schätzt, sind die, die besagen, "ich schätze dich; du bist wichtig für mich."

Lernweisen

In den nachfolgenden kurzen Zusammenfassungen wird beschrieben, auf welche Art die vier Typen lernen, auf welche Unterrichtsmethode sie ansprechen, welche Fächer sie bevorzugen und welche Art des Feedback von ihren Erziehern das geeignete ist.

Der SP-Lernstil Kinder mit einer SP-Kombination haben das Bedürfnis nach handlungsreichen, aufregenden Vorgängen. Sie wollen von anderen als ein Mensch mit Handlungsfreiheit verstanden werden. Ein SP läßt sich trefflich mit den Worten Darsteller, Spieler, Abenteurer, aktiv, unternehmungslustig, fröhlich, ungehemmt beschreiben. Begriffe wie augenblicklich, ein gutes Leben, das Gegenwärtige, Spontaneität und Vergnügen beschreiben die Einstellung, die einen SP am meisten anspricht.

In der Schule ist der Stil des SP-Kindes der am häufigsten mißverstandene und verfemte. Dabei handelt es sich bei 38 Prozent der Schüler einer Klasse von schulpflichtiger Kindern um SPs. Diese Gruppe ist die in den höheren Lehranstalten am seltensten vertretene und diejenige, in der die niedrigste Korrelation zwischen akademischer Befähigung und Zensurendurchschnitt besteht. Es ist leider wahr, daß der allgemein übliche Schulunterricht für den ungewöhnlichen Lernstil des SP-Kindes ungeeignet ist.

Der SP-Schüler muß die Möglichkeit haben, beim Lernen auch körperlich tätig sein zu können. Er muß in der Lage sein, mit seinen Händen direkte Erfahrungen machen zu können. Er liebt den Wettbewerb, mag das Risiko, führt gern vor, lernt durch Darbietungen in den Medien, liebt es, zu unterhalten und unterhalten zu werden.

Der SP ist in der Lage, ein hervorragendes Mannschaftsmitglied zu sein, vorausgesetzt es geht um einen Wettkampf. Seine Grundeinstellung ist eine brüderliche, und er ist großer Loyalität gegenüber seinen Mannschafts –, Klub – oder Gruppenkameraden fähig. Eine elterliche Einstellung tritt bei ihm nur selten zutage. Er kann auf fanatische Weise egalitär eingestellt sein und sieht infolgedessen keine Notwendigkeit für "Vorgesetzte", daher rebelliert er gegen eine zu strenge Beaufsichtigung. Vorschriften betrachtet er als etwas, das es zu überlisten gilt. Er führt gern Gespräche mit anderen über seine Fortschritte, hält jedoch nicht viel von demokratischen Gruppenverfahren, wenn es um Entscheidungen geht. Er mag viel Abwechlung und ständigen Tempowechsel. Einen SP Tag für Tag, Woche für Woche in die gleiche Routine einzuspannen, ist für ihn tödlich und führt unweigerlich zu unentschuldigtem Fehlen oder unerwünschtem Verhalten im Unterricht.

SPs besitzen einen Hang zur Musik, zur Darstellungskunst, den schönen Künsten, zum Kunstgewerblichen, Handwerklichen, Baulichen und allem, was Aktivität beinhaltet, während SJs dazu neigen, die kaufmännischen Fächer zu belegen, die NTs die mathematischen und naturwissenschaftlichen und die NFs die geistes- und sozialwissenschaftlichen. SPs besitzen einen ausgeprägten Tätigkeitsdrang. Die Möglichkeit, Gegenstände manipulieren zu können, kann dieses Bedürfnis weitgehend befriedigen. Sie sind gefesselt, wenn sie einen Gegenstand in den Händen haben, den sie bewegen können. Falls ihnen die Gelegenheit, solche Aktivitäten rechtmäßig auszuüben, versagt bleibt, werden sie höchstwahrscheinlich versuchen, ihren Tatendrang auf andere Weise zu befriedigen. Dies können störende Unterbrechungen des Unterrichts sein, wie Klopfen auf Möbelstücke, Knuffen von Klassenkameraden oder lautes Scharren mit den Füßen.

Fortbildungsschulen werden zu einem großen Teil von SPs besucht, die die traditionellen Unterrichtsmethoden oft nur wenig reizvoll finden. Sie gehen möglicherweise von der Schule ab, sobald es ihnen gesetzlich erlaubt ist, um sich anderen, aufregenderen Dingen zuzuwenden. SPs bringen gewöhnlich Leben und Spaß in eine Klasse, obwohl sie es manchmal auch darauf anlegen, die Lehrer zu ärgern. Wenn ein SP aber überzeugt ist, daß man ihn wirklich gern hat, kann er sich höchst kooperativ verhalten. SPs sind bei ihren Mitschülern, die ihre unerschrockene und "wurstige" Art bewundern, oft sehr beliebt. Mitunter ist die Beteiligung des

SP an einer Musikgruppe der alleinige Grund, weshalb er nicht vorzeitig von der Schule abgeht. Seine Art ist manchmal recht flatterhaft, und er springt von einem Projekt zum anderen – fängt vieles an und führt nur wenig zu Ende. Schreibarbeiten sind für einen SP das reinste Gift. Verbale und visuelle Arbeiten sprechen ihn wesentlich mehr an und können ihn für längere Zeit auch fesseln, so daß er in der Lage ist zu lernen. Vorträge, sokratisches Fragen, Arbeitshefte sowie das Beantworten von Fragen am Ende eines Kapitels – all dies kann sein Interesse nicht erwecken. Einem SP Hausaufgaben zu geben ist aller Wahrscheinlichkeit nach ein nutzloses Unterfangen und gibt höchstens Anlaß zu Spannungen zwischen SP-Schüler und Lehrer und zwischen SP-Kind und Eltern.

Der SJ-Lernstil Kinder mit einer SJ-Kombination haben ein starkes Bedürfnis nach Zugehörigkeit, zunächst besonders zur Familiengruppe und später, wenn sie zur Schule gehen, zur Gruppe der Klassenkameraden. Verantwortung, Zuverlässigkeit, Pflichtgefühl und Dienstbarkeit sind Begriffe, die zu einem SJ-Schüler passen.

Nachdem es sich bei etwa zwei Drittel der Lehrer ebenfalls um SJs handelt, finden SJ-Schüler in der Schule häufig die Atmosphäre vor, mit der sie sich identifizieren können, die sie verstehen. Der SJ-Schüler ist im allgemeinen bestrebt, seinen Lehrer zufriedenzustellen, und zwar deshalb, weil er der Lehrer ist, die Autoritätsperson, die man braucht, um Einheiten zu schaffen, denen man angehören kann. Die Wertvorstellungen des Lehrers werden als gut akzeptiert. Gute Arbeitsgewohnheiten, die rechtzeitige und korrekte Durchführung der Hausaufgaben, Lernen und Vorbereiten sind Dinge, die ein SJ als lohnend betrachtet. Somit ist der Schulunterricht, wie er häufig praktiziert wird, besser für den SJ als für irgendeinen der anderen Typen geeignet.

SJ-Schüler sprechen auf Arbeitshefte an. Sie brauchen und bevorzugen Aufgaben, die strukturiert und in logischer Reihenfolge dargestellt sind. SJ-Schüler sind gewissenhaft und bemühen sich, ihr Bestes zu geben, solange sie klare Anweisungen erhalten und wissen, wie sie vorzugehen haben. SJs lassen es im allgemeinen nicht darauf ankommen, sich in irgendeiner Form durchzulavieren. Sie fühlen sich am wohlsten, wenn sie ausgiebig gelernt haben und somit auf das tägliche Rezitieren vorbereitet sind.

Der SJ-Schüler kann sich in einem Klassenzimmer, in dem die Schreibpulte reihenweise hintereinander angeordnet sind und in dem die gegenseitigen Wechselbeziehungen lediglich zwischen Lehrer und Schüler stattfinden, durchaus wohlfühlen. Auf negative Kritik spricht er zu einem gewissen Grade an, indem er sich bemüht, seine Sache besser zu machen, wenn seine bisherigen Leistungen den Anforderungen des Lehrers nicht entsprechen. Langfristige und selbstständig durchgeführte Projekte sind im allgemeinen weniger die Stärke der SJs als der NTs. Auch an Diskussionsgruppen finden SJs weniger Gefallen als etwa die NFs. SJs bevorzugen eine vom Lehrer geleitete Frage-und-Antwort-Sitzung. Sie mögen die sokratische Unterrichtsmethode und sind in der Lage, unter Anwendung dieser Methode gute Lernergebnisse zu erzielen.

Obwohl der SJ nicht die gleiche Sprachgewandtheit besitzt, die den NFs zueigen ist, schneidet er bei schriftlichen Antworten auf Fragen des Lehrers oder Fragen aus Lehrbüchern im allgemeinen gut ab. Derartige Übungen erscheinen den SJs gewöhnlich nicht als Zeitverschwendung.

Das SJ-Kind ist üblicherweise ein gehorsames Kind und paßt sich an die vom Lehrer festgelegten Verhaltensnormen an. Sarkasmus ist für ein SJ-Kind wesentlich leichter zu ertragen als für ein NFoder NT-Kind, aber es nimmt ihn, im Gegensatz zum SP-Kind, ernst. Es ist bei einem SJ-Kind wahrscheinlich, daß es einigen Schulklubs angehört, für die es sich auch stark engagieren kann. Solange es sich beim Lernen um Fakten oder Verfahren handelt, fühlt sich der SJ wohl. Verlangt man aber von ihm, er solle spekulieren, erfinden, schätzen oder improvisieren, so wird sich sein Lerneifer möglicherweise rasch verflüchtigen. Zeugnissen messen SJs große Bedeutung bei, und sie nehmen diese ernst. SPs könnten unter Umständen vergessen, ihr Zeugnis nach Hause mitzunehmen; NTs betrachten ihr Zeugnis wahrscheinlich als eine merkwürdige Angelegenheit (da sie sich stets selbst hinsichtlich ihrer Leistungen zur Rechenschaft ziehen), und NFs betrachten ihr Zeugnis meist als eine Art der persönlichen Beurteilung, die bedeutet, daß der Lehrer Notiz von ihnen nimmt. Von allen Typen aber sind die SJs diejenigen, die ihr Zeugnis am meisten achten und wertschätzen.

Das SJ-Kind liebt Beständigkeit, ist verantwortungsbewußt und profitiert von traditionsgemäßen Unterrichtsmethoden, einschließlich Vorführungen. Es geht im allgemeinen gern zur Schule und fühlt sich wohl dort, vorausgesetzt sein Lehrer ist geradlinig und berechenbar.

Der NT-Lernstil Kinder mit einer NT-Kombination haben ein starkes Bedürfnis kompetent zu sein. Sie legen Wert darauf, unbedingt alles zu wissen, was man wissen sollte, wobei ihre Liste der Dinge, die man wissen sollte, endlos lang ist. Bauen, Konstruieren, Erfinden und Kommandieren sind Begriffe, die die Art des NT- Kindes beschreiben. Der NT interessiert sich für die Dinge, die es ihm ermöglichen, zu verstehen, zu erklären, vorauszusagen und zu beherrschen. In ihm steckt ein kleiner Wissenschaftler.

Der NT neigt dazu, Regeln und Prinzipien zu sammeln und seine Gedankenwelt zu strukturieren. Es bereitet ihm Vergnügen, die Ideen und Gedankengänge anderer zu verfolgen und seine eigenen zu entwickeln. Es interessiert ihn herauszufinden, wie eine Idee entstanden ist, wie sie sich zusammensetzt, welche Widersprüchlichkeiten sie enthält, welche Fragen noch unbeantwortet sind, warum etwas so und nicht anders ist. NTs sind im allgemeinen voller Wißbegierde, und sie konzentrieren sich vom frühen Kindesalter an auf technische Dinge, besonders wenn es sich um einen männlichen NT handelt. Weibliche NTs werden aufgrund gesellschaftlicher Zwänge oftmals in eine "weiblichere" Richtung gedrängt.

Der NT neigt dazu, eine eigenständige Lernweise zu bevorzugen. Er geht gern eigenen Inspirationen nach und holt solange Informationen ein, bis er eine Sache zu seiner Zufriedenheit verstanden hat. Diese Charaktereigenschaft kann mitunter dazu führen, daß er andere Gebiete vernachlässigt und somit in einigen Fächern möglicherweise versagt.

Dem NT sagt die logische, didaktische Präsentation des Lehrstoffes zu, und er ist gewöhnlich in der Lage, ein Thema durch eigenständiges Lesen weiterzuverfolgen. Er besitzt im allgemeinen nicht die Geschicklichkeit im Schreiben, die dem NF zueigen ist, und könnte sich davor drücken, seine Erkenntnisse zu Papier zu bringen. Er zieht es vor, neue Informationen einzuholen, anstatt seine Zeit damit zu verschwenden, seinen Erziehern sein Wissen mitzuteilen. Somit kann es vorkommen, daß er die Ausführung seiner Hausaufgaben unterläßt.

Der NT kann möglicherweise in seiner Klasse ein Einzelgänger sein, besonders wenn er introvertiert ist. Die introvertierten NTs sind für diese Einzelgänger-Wesensart zum Teil deshalb anfälliger, weil sie während ihrer gesamten schulischen Laufbahn niemanden finden, der ihnen gleicht, nachdem in einer normalen Schulklasse nur ein introvertierter NT zu finden ist. NTs sind jedoch daran interessiert, ihre Gedanken mit anderen, die sie respektieren und die sie als intellektuell ebenbürtig ansehen, zu teilen. Sie suchen diese Art der Kommunikation oft nur bei ihren Lehrern, was zur Isolation von ihren Mitschülern noch beiträgt. Die hochintelligenten NTs können mitunter intellektuelle Snobs sein, denen man helfen sollte, außer intellektuellen auch andere Qualitäten schätzen zu lernen, wie z.B. gewandtes Umgehen mit anderen. Sein eigenes Sozialverhalten ist oft nicht besonders gut entwickelt, und er braucht auf diesem Gebiet eine gewisse Anleitung. Da er auf Gefühlsoffenbarungen relativ gelassen und ungerührt reagiert, fällt es ihm oft schwer, zu verstehen, daß andere leichter erregbar sind als er und ihren Gefühlen freien Lauf lassen. Er beachtet die Gefühle anderer oft nicht und kann somit verletzend sein.

Den NT-Schüler muß man dabei unterstützen, Prioritäten zu setzen. Sein Verlangen, alles zu wissen, ist äußerst stark ausgeprägt. Daher fällt es ihm oft schwer, sich mit der Tatsache abzufinden, nicht alles wissen zu können. Er wird oft zum Büffler, der es versäumt, sich die notwendigen Fähigkeiten für Freizeitaktivitäten anzueignen. Der NT-Schüler sieht Spielen möglicherweise als eine Zeitverschwendung an und zieht es vor, sich stattdessen mit Lernen zu beschäftigen.

Der NT-Schüler neigt dazu, relativ unabhängig zu sein, spricht aber auf Feedback in bezug auf seine erreichten Leistungen an, falls dieses von einer Person ausgeht, die er für kompetent hält. Von nicht ernst-gemeinten Komplimenten wendet er sich ab. Seine Miene ist im allgemeinen ernst. Wenn er häufige Fehlschläge erlebt, kann er ernsthafte Persönlichkeitsschäden davontragen. Der NT besitzt von Natur aus einen eingebauten Selbstzweifel-Mechanismus und ist auf ständige Erfolgserlebnisse angewiesen, um dieser seiner Anlage entgegenzuwirken. In seinem Bestreben, häufig Erfolge zu erzielen, liegt die Tendenz des NT begründet, sich selbst immer ein wenig über ein angenehmes Maß hinaus anzutreiben – über das hinaus, was er fast schon gemeistert hat. Oft steigert er sogar täglich sein Leistungsniveau.

NT-Kinder erwecken in ihrer kalten, gefühllos erscheinenden Art oft den Anschein, von einer psychologischen Mauer umgeben zu sein. Körperliche Züchtigung bei einem NT-Kind anzuwenden ist stets unklug. Der NT besitzt einerseits einen ausgeprägten Gerechtigkeitssinn und andererseits das starke Bedürfnis, Herr über sich selbst zu sein. Tätliche Angriffe eines Älteren verletzen seinen Gerechtigkeitssinn und zerstören gleichzeitig das Gefühl, Herr über sich selbst zu sein. Er nimmt solche (in seinen Augen ungerechtfertigten) Angriffe häufig für lange Zeit übel. Der NT spricht auf mündliche, logisch begründete Erklärungen an. Sobald er die Gründe für eine Situation kennt und versteht, findet er sich damit ab und paßt sich den Umständen an.

Der NF-Lernstil Kinder mit einer NF-Kombination haben ein starkes Bedürfnis nach einem ständig zunehmenden Gefühl der Selbsterfahrung. Ihre Selbstsuche beginnt schon frühzeitig und dauert ein ganzes Leben lang an. Ein NF ist bestrebt, selbstgetreu und bedeutungsvoll zu sein, d.h. er möchte "etwas darstellen". In dieser Gruppe findet man die charismatischen und einfühlsamen Menschen, die Darsteller und Idealisten, die ständig darum bemüht sind, ihre Persönlichkeit zu entwickeln und nach Vollkommenheit und Ungeteiltheit zu streben.

Das NF-Kind scheint die natürliche Anlage zu besitzen, sich anderen auf eine persönliche Art mitzuteilen. Auf Feindseligkeiten oder Streit reagiert es überempfindlich und kann unter Umständen sogar physisch krank werden, wenn es sich derartigen Spannungen ausgesetzt sieht. Ein NF-Kind zum Gegenstand des Spotts zu machen oder ihm mit Sarkasmus zu begegnen, ist unklug und grausam. NFs blühen und gedeihen, wenn ihnen Anerkennung, Fürsorge und Aufmerksamkeit zuteil werden, wenn ihnen die Möglichkeit zu gegenseitigem Meinungsaustausch gegeben wird und wenn sie sich in ihren gefühlsbedingten Verhaltensweisen bestätigt finden.

Das NF-Kind legt großen Wert darauf, von seinem Lehrer beim Namen genannt, erkannt und zur Kenntnis genommen zu werden. Persönliche Kommentare in bezug auf seine Arbeit schätzt es sehr. Eine positive Bemerkung des Lehrers, an den Rand eines Aufsatzes geschrieben, kann für ein NF-Kind äußerst motivierend sein; ein negativer Kommentar dagegen kann eine Herausforderung an den NF sein, zu rebellieren oder inaktiv zu werden.

Der NF-Schüler findet Gefallen an zwischenmenschlichen Kontakten. Er zeigt gute Mitarbeit in einem demokratisch geführten Unterricht und beteiligt sich auf enthusiastische Weise an Gruppenentscheidungen. Obwohl er in der Lage ist, für gewisse Zeit selbständig zu arbeiten, ist er gewöhnlich erfolgreicher, wenn er regelmäßiges Feedback durch Dialoge erhält. Beim Lernen profitiert der NF von Diskussionen, Rollenspielen, Theateraufführungen und freier Erfindung. Der NF zeigt häufig schon in jungen Jahren ein besonderes Talent auf dem Gebiet der Kommunikation. Er liest gern, besonders erfundene und phantastische Geschichten. Sein Wortschatz im mündlichen Ausdruck ist oft wesentlich weiter entwickelt als seine Fähigkeit, Gedanken zu Papier zu bringen. Die Möglichkeit, einen Aufsatz auf Tonband zu sprechen, kann dem NF-Kind dazu verhelfen, seinen reichhaltigen, kreativen Wortschatz zu beweisen.

Das introvertierte NF-Kind ist überaus schüchtern und muß dazu angeregt und ermuntert werden, sich gegenüber seinen Klassenkameraden gesellig zu verhalten. Da es überempfindlich gegenüber Ablehnung ist, hält es sich oft zurück, bleibt unbemerkt, unbeteiligt, abseits und einsam, wenn man ihm nicht hilft, Fähigkeiten im freundschaftlichen Umgang mit anderen zu entwickeln. Die meisten NF-Kinder neigen dazu, eine lebhafte Einbildungskraft zu besitzen, daher können sie durch Gruselgeschichten oder Gewalttätigkeiten eine Sinnesüberreizung erfahren. Sie tendieren dazu, Bilder für lange Zeit im Sinn zu behalten, und sind somit anfällig für Alpträume.

NF-Kinder sind weniger auf Wettbewerb als auf Kooperation ausgerichtet. Sie identifizieren sich derart stark mit anderen, daß sie unter dem Schmerz des Verlierers leiden, auch wenn sie selbst der Gewinner sind. Im Wettkampf gegen sich selbst zu stehen und andere an der Verbesserung ihres Leistungsvermögens teilhaben zu lassen, ist motivierend für NFs, die auf das ständige positive Feedback von anderen angewiesen sind.

NF-Kinder bevorzugen im allgemeinen die Fächer, die auf Menschen bezogen sind, gegenüber solchen, die Abstraktes beinhalten. Sie wählen als Hauptfächer gewöhnlich geisteswissenschaftliche gegenüber naturwissenschaftlichen und ingenieurwissenschaftlichen Fächern. Der NF profitiert von persönlichen Gesprächen, genießt es, an Entscheidungen eines demokratisch geführten Unterrichts teilzunehmen, findet Gefallen daran, andere zu erfreuen, ist empfindsam seinen eigenen sowie den Gefühlen anderer gegenüber und denkt im Sinne von sozialen Wechselbeziehungen. Er besitzt einen natürlichen Drang zur Verbesserung des sozialen Umfeldes, das er angenehmer und fruchtbarer gestalten möchte. So, wie er nach Selbstperfektion strebt, ist er auch bemüht, das soziale Umfeld zu vervollkommnen, zu Hause wie in der Schule.

NF-Kinder reagieren besonders positiv auf Lehrer, die verständnisvoll und konstruktiv sind, die auf Gefühle Rücksicht nehmen und dies auch verbal zum Ausdruck bringen, die sich einer Unterrichtsmethode bedienen, die eine individuelle Betreuung ermöglicht, die für regen Austausch in kleinen Gruppen sorgen, die wirklich auf die Ideen und Meinungen der Schüler eingehen, sie akzeptieren und darauf verzichten, sarkastische und spöttische Bemerkungen als Instrument zur Disziplinierung der Klasse einzusetzen.

V

FÜHRUNG UND TEMPERAMENT

Nur ein Führer, der Untergebene hat, die ihm folgen, ist auch tatsächlich ein Führer. Wenn wir als Manager von unseren Untergebenen erwarten, daß sie vorgegebene Aufgaben durchführen, sie es aber nicht tun, dann sind sie offensichtlich unseren Wünschen nicht gefolgt. Wenn wir von unseren Untergebenen erwarten, daß sie etwas Bestimmtes erreichen, unabhängig von der Art und Weise, in der dies geschieht, und sie erreichen es nicht, dann haben sie unseren Wünschen abermals nicht Folge geleistet. Es gibt nur diese beiden Arten der Führung: man kann entweder bestimmte Handlungen oder bestimmte Ergebnisse erwarten. Der Grad, zu dem sich unsere Erwartungen erfüllen, ist ein Maß für den Erfolg unserer Führung.

Eine Gefolgschaft ist nur insofern eine Gefolgschaft, als sie den Wünschen des Führers folgt, um ihn zufriedenzustellen. Ganz gleich, mit welchem Temperament wir ausgestattet sind, wir alle sind soziale Wesen, die sich bemühen, unsere Vorgesetzten zufriedenzustellen (oder sie nicht zufriedenzustellen – in diesem Punkt verhalten wir uns selten neutral). Die Arbeit wird immer für den Vorgesetzten verrichtet. Wir wachsen für unsere Eltern heran, wir lernen für unsere Lehrer, wir siegen für unseren Trainer. Selbst die Unabhängigsten unter uns betrachten ihre Arbeit als Geschenk für ihren Chef. Dieser handelt deshalb unklug, wenn er nicht in irgendeiner Form für die geleisteten Beiträge seiner Untergebenen dankt.

Reichen Vergütung und die Genugtuung zu wissen, daß man seine Arbeit zur Zufriedenheit ausgeführt hat, nicht aus? Offenbar nicht. Obwohl Vergütung und Selbstachtung äußerst wichtige Aspekte sind, geben wir uns damit nicht zufrieden. Wir alle legen Wert darauf, daß uns Anerkennung zuteil wird, und zwar durch die Person, der wir unterstehen.

Wir legen nicht nur Wert auf Anerkennung für geleistete Beiträge, sondern auch darauf, daß die Anerkennung im richtigen Verhältnis zu unseren Leistungen steht. Je größer die Leistung, desto größer das Verlangen nach Anerkennung. Leistungsstarke besitzen ein größeres Verlangen nach Anerkennung als Leistungsschwache!

Wenn ein Vorgesetzter vom Schaffen eines kreativen Menschen, der seine Arbeit verrichtet, keine Notiz nimmt, wird dieser versuchen, auf inoffizielle Weise Anerkennung zu finden, indem er irgendwo im Dickicht der Organisation einen vertraulichen Begutachter aufsucht. Von diesem erhält er die gewünschten "Streicheleinheiten" in einer Weise, die seinen Vorstellungen entspricht. Somit ist sein Verlangen nach Anerkennung gestillt, und er fährt mit neuer Kraft in seiner Tätigkeit fort.

Wenn ein Vorgesetzter darauf verzichtet, einem erfolgreichen Menschen anerkennende Worte zu sagen, diesem aber ein inoffizieller Begutachter nicht zur Verfügung steht, wird dieser sich sehr bald einen neuen Wirkungskreis suchen, um die gewünschte Anerkennung zu finden.

Da Führung bedeutet, Menschen dazu zu bewegen, das zu tun, was man als Führer von ihnen erwartet, weil man es erwartet, und da das Verlangen nach Anerkennung durch den Führer aus der Leistung entspringt, besteht die Hauptaufgabe des Führers darin, Aner- kennung zu vermitteln. Andere mögliche Aufgaben des Führers sind vergleichsweise als unbedeutend zu werten. Es ist für einen Vorgesetzten unerläßlich, die Leistungen seiner Mitarbeiter zur Kenntnis zu nehmen und ihnen darüber hinaus dafür wie für ein Geschenk zu danken.

Obwohl es kaum vorstellbar ist, jemandem für das danken zu müssen, was von ihm erwartet wird, ist ein Führer gut beraten, Anerkennung auszusprechen. Andernfalls wird seine Mannschaft versagen, und seine leitende Stellung wird einem anderen übertragen werden.

Selbst wenn sich der Leiter einer Gruppe dazu entschließt, diese bittere Pille zu schlucken, hat die Sache einen Haken. Des einen Freud, ist des anderen Leid, dies gilt auch für den Bereich der Anerkennung. Einem anderen für etwas zu danken, das in seinen Augen keine besondere Leistung darstellt, bedeutet bestenfalls einen Fehlschuß und schlimmstenfalls eine Beleidigung. Das Temperament des Führers macht ihn für die Wahrnehmung der Leistungen empfänglich, auf die er Wert legt, bzw. unempfänglich für solche, auf die andere Temperamente Wert legen. Selbst wenn der Führer einsieht, daß seine Hauptaufgabe darin besteht, den Untergebenen Anerkennung zukommen zu lassen, wird er vermutlich oft stümperhaft vorgehen, indem er seinen eigenen Stil unbewußt auf seine Mitarbeiter überträgt und ihnen für die Ausführung von Dingen dankt, die diese als unbedeutend oder wertlos betrachten.

Wenn also ein Führer akzeptiert, daß der Vermittlung von Anerkennung eine Vorrangstellung zukommt, so steht ihm alsdann die Aufgabe bevor, etwas über sein eigenes Temperament und das Temperament seiner Mitarbeiter zu lernen. Wir wollen uns daher einen kurzen Überblick verschaffen, welche Art der Anerkennung für welches Temperament relevant ist.

ANERKENNUNG

Anerkennung für den SP: SPs wissen es zu schätzen, wenn ihre geschickte, flüssige Arbeitsweise zur Kenntnis genommen wird. Ein Lob, das sich auf Gefälligkeit und Flair ihrer Handlungen bezieht, ist ihnen wichtiger, als anerkennende Worte für die Bewältigung eines gewissen Arbeitspensums zu erhalten. Die Arbeitsabläufe spielen für den SP eine größere Rolle als deren Ergebnisse. Sofern mit seiner Tätigkeit irgendwelche Risiken verbunden sind, sollte dazu Stellung genommen werden. Wenn sich ein von ihm eingegangenes Risiko bezahlt macht, sucht er die Gesellschaft anderer, um diesen Tatbestand zu feiern. Wenn es sich nicht bezahlt macht, ist er auf aufmunternde und tröstende

Worte angewiesen, die zum Ausdruck bringen, daß es sich lediglich um einen vorübergehenden Rückschlag handelt. Kühnheit, Mut, Durchhaltevermögen, Geschicklichkeit, Anpassungsfähigkeit und die Wahl des richtigen Zeitpunkts – dies sind die Attribute, auf die SPs stolz sind. Daher empfinden sie Anerkennung, wenn ihr Vorgesetzter diese Qualitäten würdigt.

Anerkennung für den SJ: Der produkt-orientierte SJ legt Wert auf behutsames, sorgfältiges, gründliches und genaues Arbeiten. Ein SJ erfreut sich an Bemerkungen, die sich auf die von ihm gefertigten Produkte beziehen, besonders wenn zum Ausdruck gebracht wird, wie gut diese den vorgegebenen Anforderungen entsprechen. Er schätzt es, als verantwortungsbewußter, treuer und arbeitsamer Mensch betrachtet zu werden. Da diese drei Adjektive praktisch zu jedem SJ passen, dürfte es kaum schwerfallen, ihm dieses zu vermitteln. SJs empfinden ein starkes Bedürfnis nach Anerkennung, obwohl es ihnen oft schwerfällt, ihre Freude über empfangene Anerkennung zum Ausdruck zu bringen.

Anerkennung für den NT: NTs legen Wert darauf, daß man ihre Ideen würdigt. Sie wünschen sich einen intelligenten Zuhörer, der sich die Mühe macht, ihren komplizierten Ausführungen zu folgen. Nur selten findet ein NT Gefallen an Bemerkungen persönlicher Art. Er spricht stattdessen auf Bemerkungen an, die seine Fähigkeiten würdigen. Ihm für die Ausführung von routinemäßigen Arbeiten Anerkennung zu vermitteln, bereitet ihm nicht nur keine Freude, sondern stimmt ihn möglicherweise sogar mißtrauisch gegen den Vorgesetzten. Es ist für den NT unerläßlich, daß derjenige, der ihm Anerkennung zollt, dafür auch qualifiziert ist. Daß dieser eine wichtige Position bekleidet, ist für den NT allein kein Kriterium. Sie muß zusätzlich mit den entsprechenden intellektuellen Fähigkeiten ausgestattet sein. NTs fällt es mitunter schwer, ankennende Worte zu sagen. Sie haben, ähnlich den SJs, Schwierigkeiten, Dank entgegenzunehmen.

Anerkennung für den NF: NFs legen größeren Wert als NTs darauf, daß Anerkennung auf eine persönliche Art zum Ausdruck gebracht wird. NFs wollen in ihrer Persönlichkeit als einzigartig verstanden werden, als Menschen, deren Beiträge ungewöhnlich sind. Sie legen Wert darauf, daß ihre Vorgesetzten, Untergebenen oder Gleichgestellten sich dessen bewußt sind und dies auch zum Ausdruck bringen. NFs fühlen sich durch negative Kritik entmutigt. Die drei anderen Typen sind eher in der Lage, mit negativer Kritik umzugehen, während diese bei NFs nur Untätigkeit bewirkt. Ein NF sieht es als wichtig an, sowohl in seinen Gefühlen als auch in seinen Gedanken von anderen verstanden zu werden, und möchte dies durch ständiges Feedback bestätigt wissen.

Die einzelnen Typen unterscheiden sich hinsichtlich dessen, was sie bei der Arbeit als irritierend empfinden. SPs nehmen es übel, wenn man ihnen vorschreibt, wie sie ihre Tätigkeit auszuführen haben. Sie wollen frei und uneingeschränkt handeln können. Auf standardisierte Arbeitsabläufe reagieren sie mit Rastlosigkeit und Ungeduld. SJs empfinden es dagegen als irritierend, wenn andere sich nicht an standardisierte Arbeitsvorgänge halten. Sie legen Wert auf Ordnung, und es fehlt ihnen jedes Verständnis für solche, die sich nicht an Regeln und Vorschriften halten. Sie messen Terminen große Bedeutung bei und reagieren unmutig auf deren Nichteinhaltung. NTs zeigen sich ungehalten, wenn sie etwas auszuführen haben, das ihnen unlogisch erscheint oder gewisse Prinzipien verletzt. Sie bestehen darauf, mit dem geringstmöglichen Aufwand das Größtmögliche zu erreichen, und reagieren unwillig, wenn Regeln, Traditionen oder Vorurteile im Wege stehen. NFs reagieren verärgert, wenn sie unpersönlich behandelt werden, d.h. wenn man sie nur über ihre Stellung oder Tätigkeit zur Kenntnis nimmt. Sie wollen sich nicht "hinter einer Uniform verstecken" und sich ebenso wenig durch eine solche einengen lassen. Sie verrichten ihre Arbeit nicht als Teil einer Geschäftsstelle, sondern als eigenständige Person, und sie wünschen, daß dies auch von anderen so gesehen wird.

Auch darauf ist hinzuweisen, welches Verhalten am Arbeitsplatz die Typen untereinander irritieren kann. SPs verärgern andere wahrscheinlich am häufigsten durch ihr Nichteinhalten von Vereinbarungen und ihr Versäumnis, anderen Mitteilung davon zu machen. Ihre Nachlässigkeit in bezug auf Details kann andere ebenfalls irritieren. Da, wo Vorbereitung angebracht wäre, zeigen sich SPs unvorbereitet, und da, wo Lob nicht am Platze ist, loben sie in besonders großem Maße, und sie platzen möglicherweise zu oft mit Überraschungen heraus. Mitunter gehen sie Verpflichtungen für andere ein, ohne mit ihnen vorher Rücksprache gehalten zu haben, was die betroffenen Kollegen, verständlicherweise, ungehalten stimmen kann.

SJs können andere verärgern, indem sie in ihrer Kommunikation zu oft eine Art "Weltuntergangsstimmung" vermitteln und nur Negatives zu sagen wissen. Sie können auch durch ihren Sarkasmus, scharfe Kritik und Spötteleien verletzen. Sie finden es möglicherweise angebracht, nur die Allerproduktivsten zu belohnen und die geringeren Beiträge anderer nicht zur Kenntnis zu nehmen. SJs zeigen selten ein Lächeln und geben oft den Eindruck, sich in einem Zustand der Erschöpfung oder des Besorgtseins zu befinden, was auf andere ansteckend wirken kann.

NTs können andere ebenfalls durch sarkastische Bemerkungen und Spott verletzen, wobei hier die Ursache darin zu suchen ist, daß die NTs oft an den Fähigkeiten und dem Begriffsvermögen anderer zweifeln. NTs können ihre Mitarbeiter auch dadurch verärgern, daß sie (in den Augen anderer untragbare), Haarspaltereien bis zu einem Punkt betreiben, da die anderen längst nicht mehr wissen, worum es ursprünglich ging. Die Ausdrucksweise der NTs wird von ihren Zuhörern manchmal als pedantisch und anspruchsvoll empfunden.

NFs können andere dadurch irritieren, daß sie einige Auserwählte begünstigen. Sie können heute von einer bestimmten Person besonders entzückt sein, nur um sich morgen, ohne eine Erklärung, von ihr abzuwenden und ihre Gunst einem anderen zu schenken. NFs können Anstoß erregen, indem sie in Situationen, in denen es auf die Untersuchung einer Idee ankommt, beharrlich darauf bestehen, über emotionale Reaktionen zu sprechen. Sie ergreifen bisweilen Partei für den vermeintlich Benachteiligten oder Unterlegenen und deuten an, daß sich die Anwesenden hartherzig und teilnahmslos gegenüber den Bedürfnissen anderer verhalten. NFs zeigen sich mitunter übermäßig hilfsbereit und bieten ihre Hilfe an, wenn diese weder gewünscht noch benötigt wird.

Für einen Manager genügt es nicht, das jeweilige Temperament seiner Untergebenen zu verstehen und zu würdigen. Er muß außerdem wissen, welchen Einfluß sein eigenes Temperament auf seinen Führungsstil hat. Er muß darüber hinaus Kenntnis vom Temperament seiner Vorgesetzten und der ihm Gleichgestellten haben, um zu wissen, was er von ihnen erwarten kann.

Im folgenden werden die vier Managementarten unter Anwendung der gleichen Begriffe wie in vorherigen Kapiteln beschrieben. An das Profil des SP-Managers schließen sich die Beschreibungen der SJ-, NT- und NF-Manager an. Es werden Stärken und mögliche Schwächen, die charakteristische Art und Weise, mit Kollegen umzugehen, Verhaltensmuster hinsichtlich der Übermittlung von Anerkennung, effektvolle Gruppenarbeit, Organisationsschema, Zeitmanagement und organisatorische Instabililitäten bei Nichtvorhandensein eines Managementstils herausgestellt.

DER ARBEITSSTIL DES SP-MANAGERS

Der SP-Manager ist äußerst realitätsbezogen. Er besitzt ein natürliches Talent, Verhandlungen mit Leichtigkeit zu führen. Begriffe, die für seinen Stil zutreffen, sind "Troubleshooter", "Diplomat" und "Strandmeister" (abgeleitet aus dem Militärischen: operativer Führer bei Landungstruppen). Ein Führer dieses Stils versteht es wie kein anderer, kritische Situationen zu meistern und Verwirrungen zu entwirren. Dieser Führungsstil ist ein rein pragmatischer; was auch immer getan werden muß, wird getan. Bindungen an Vergangenes oder Zukünftiges sind entbehrlich.

Große Unternehmen setzen die Talente von Führungskräften dieser Gruppe manchmal sehr wirkungsvoll ein. Sie kaufen verschuldete Unternehmen auf, die im Hinblick auf Patente oder steuerliche Abschreibungen von Interesse sind. Das große Unternehmen delegiert einen Troubleshooter, der die Aufgabe hat, die Übernahme und Eingliederung des kleinen Unternehmens in die Muttergesellschaft zu bewerkstelligen. Der Troubleshooter ist bevollmächtigt, jede Maßnahme durchzuführen, die sich als notwendig erweist, den Neuankömmling in das Gesamtunternehmen einzugliedern. Dieser Vorgang geht in der Regel relativ schnell vonstatten, da diese Art von Manager das Talent besitzt, andere von der Zweckmäßigkeit einer Sache zu überzeugen und sie auf diese Weise zur Kooperation zu bewegen. Sein sicheres Auftreten und seine Unerschrockenheit bewirken, daß andere ihm und seinen Entscheidungen uneingeschränkt vertrauen und sich seiner Führung anschließen. Falls dieser Führer Selbstzweifel hegt, übertragen sich diese nie auf seine Umgebung.

Daß andere diesem Führer vertrauen, hängt zum Teil damit zusammen, daß es sich bei ihm um einen äußerst realistischen Menschen handelt, der die Dinge so sieht, wie sie sind. Andere Typen sehen eine bestimmte Situation im Lichte von Firmenregeln, Vorschriften, Traditionen und Überzeugungen. Sie glauben, wenn etwas im Jahre 1910 gut gewesen ist, muß es auch heute noch gut sein. Derartige Einstellungen fungieren für sie als eine Art Filter, das den Blick auf die Realität trübt. Der SPTroubleshooter dagegen trägt keine filternden Brillengläser. Er tritt einer Situation nicht mit Blauäugigkeit entgegen, sondern eher wie ein Wolf im Walde mit einer guten Nase für günstige Gelegenheiten. Bestehende Regeln, Vorschriften, Traditionen, Verträge und Beziehungen beeinträchtigen sein Handeln in keiner Weise. Mit anderen Worten, für ihn steht nichts fest; alles und jeder ist verhandelbar!

Wenn der SP-Manager es sich zur Aufgabe gemacht hat, sich bekämpfende Fraktionen zu einem Kompromiß zu veranlassen, betrachtet er nichts von dem, was beide Seiten besitzen, als nicht verhandelbar. Die Mehrzahl der Vertreter von sich gegenüberstehenden Parteien dagegen halten die Dinge, die sie besitzen oder erreicht haben, als nicht verhandelbar. Sie nehmen ihre Plätze am Konferenztisch mit der Einstellung ein, daß etwas verhandelt werden muß, beabsichtigen aber, ein Minimum an Eigenbesitz anzubieten und dafür ein Maximum an Gewinn zu erzielen. Der SP-Unterhändler dagegen sagt: "Laßt uns alles, was wir haben, offen auf den Tisch legen und darüber verhandeln!" Sein außergewöhnlicher Realismus gibt ihm eine enorme Überlegenheit gegenüber allen anderen Typen. Im Vergleich zu ihm sehen andere Verhandlungsteilnehmer wie Amateure aus.

Auch wenn es um die Lösung von Problemen geht, ist der SPFührer allen anderen weit überlegen. Man denke an einen Strandmeister, der im Krieg seine Aufgabe wahrnimmt. Er gehört der Voraustruppe an, die zum Angriff auf eine Insel oder einen Kontinent ansetzt. Alle Männer und ihre Ausrüstungen befinden sich am Strand. Der Strandmeister besitzt absolute Machtbefugnis. Niemand kann ihm auch nur ein Wort sagen, was zu geschehen hat und was nicht. Er kennt nur ein Ziel, nämlich die Männer vom Strand in die Büsche zu befördern. Der Strandmeister muß in der Lage sein, den richtigen Augenblick zu erkennen und auf den Bruchteil einer Sekunde genau zu handeln. Er muß ein ungeheueres Gespür für das Augenblickliche besitzen und in Sekundenschnelle entscheiden können, was in die Gräben, ins Meer oder in die Büsche befördert werden soll. Wenn ein Befehlshaber, dessen Truppen sich am Brückenkopf befinden, einen Strandmeister einsetzt, wählt er nicht jemanden, der mit Traditionen belastet ist und sich an die Regeln der Kriegsführung hält, der an die Zukunft denkt und sich über die möglichen Auswirkungen eines Fehlschlages Gedanken macht oder der in diesem Augenblick über den Tod seiner Männer nachdenkt. Es geht hier allein um das Überleben. Alle anderen Betrachtungen müssen aufgegeben werden. Nichts zählt an diesem Brückenkopf als vom Strand wegzukommen, hinein in die Büsche – überleben, angreifen und das Ziel erreichen.

Diese Art der Führung ist nicht auf die Kriegsführung beschränkt. Ein Führer, der diesen Typus vertritt, versteht es, sich auf hervorragende Weise jeder Art von Krisensituation zu stellen. So wurde z.B. ein überaus fähiger Strandmeister in eine Oberschule entsandt, in der seit längerer Zeit eine gespannte Atmosphäre herrschte. Jeder neue Direktor wurde schon nach wenigen Monaten vom Lehrkörper zu Fall gebracht. Der Lehrkörper bestand aus zwei sich bekämpfenden Fraktionen, aber beide wußten, wie sie den Direktor stürzen konnten, und taten dies mit unfehlbarer Regelmäßigkeit. Diese Situation verschlimmerte sich laufend, und die Uneinigkeit unter den Lehrern wuchs. Da die Schüler immer weniger lernten, waren die Eltern in Aufruhr. Schließlich sah sich die Schulaufsichtsbehörde gezwungen, ihren Vertreter zu entsenden, um die Ordnung wiederherzustellen. Innerhalb von drei Monaten war der Streit beigelegt und die Schule eine harmonische Einheit mit harmonischen internen Abläufen. Es versteht sich, daß es sich bei dem entsandten Vertreter um einen SP-Troubleshooter handelte. Er vermochte mit untrüglichem Instinkt, die Betroffenen zur Kooperation untereinander zu bewegen, und zwar unumgänglich und augenblicklich. Aller Wahrscheinlichkeit nach wäre er ebenso erfolgreich gewesen, wenn das Lehrpersonal dieser Schule völlig anders gewesen wäre. Dieser Führungstypus ist dermaßen realistisch und losgelöst von Vergangenem, daß er die gegenwärtigen Möglichkeiten in jeder Situation erkennt.

Diese Art von Manager neigt dazu, für Theorien, Konzepte, philosophische Ausführungen und zielorientierte Darlegungen nichts übrig zu haben und betrachtet derartige Dinge als Zeitverschwendung. SP-Manager sind im allgemeinen ausgesprochen flexibel, und zwar nicht nur, was sie selbst betrifft, sondern auch in ihren Erwartungen anderen gegenüber. Sie sind aufgeschlossen, vorurteilslos und in der Lage, ihren Standpunkt ohne weiteres zu ändern. Sie lieben das Risiko, spekulieren gern und lösen mit Vorliebe Probleme in Krisensituationen. Wenn es darum geht, eine Schule von Schwierigkeit en zu befreien, ein Unternehmen vor dem Bankrott zu bewahren oder ein Geschäft aus den roten Zahlen zu heben, sind sie mit Begeisterung am Werk.

Angenommen aber, der SP-Troubleshooter/Unterhändler wird gebeten zu bleiben und die Schule, das Unternehmen oder das Geschäft aufzubauen und weiterzuführen. Angenommen man bietet ihm an, das Geschäft, das nunmehr Gewinne erzielt, zu leiten. Angenommen er wird beauftragt, innerhalb der Organisation für die Errichtung von Datenbanken und sozialen Systemen zu sorgen. Was kann man in solchen Situationen von ihm erwarten? Es läßt sich mit ziemlicher Sicherheit sagen, daß er Unheil anrichten wird. Er wird sich Aktivitäten suchen, die ihn interessieren, und Unruhe stiften, nur um danach schlichten zu können. Das sind die Folgen, wenn man einen Troubleshooter als Stabilisator eines Unternehmens arbeiten läßt. Stabilisierende Tätigkeiten befriedigen einen SP nicht. Sie scheinen ihm die Mühe nicht wert zu sein und langweilen ihn, somit stiftet er Unheil. Die Moral dieser Geschichte für Organisationen beliebiger Größe ist, daß Troubleshooter zur Lösung von Problemen in Krisensituationen einzusetzen sind, daß man sie jedoch nicht mehr benötigt, sobald die Probleme gelöst sind. Ermöglicht man ihnen das Verbleiben in der Organisation, erweist man sowohl der Organisation als auch dem Troubleshooter einen schlechten Dienst. Dieser Führer braucht Bewegungsfreiheit und sollte so eingesetzt werden, wie es seinen Fähigkeiten entspricht.

Management-Stärken: Der Troubleshooter/Unterhändler ist in jeder Hinsicht praktisch veranlagt. Konkrete Probleme werden prompt in Angriff genommen. Er ist in der Lage, beim Beobachten eines Systems dessen Funktionsweise zu erkennen und festzustellen, wo sich mögliche Schwachstellen befinden und Fehler auftreten. Er ist in der Lage, äußerst schnell zu beurteilen, welche Veränderungen oder Korrekturen angebracht sind. Veränderungen sind unter seiner Führung relativ leicht zu bewerkstelligen, da er sich neuen Situationen schnell anzupassen vermag. Er zeigt sich Veränderungen gegenüber aufgeschlossen und befürwortet diese. Da es sich bei ihm um einen scharfen Beobachter handelt, ist er besser als die meisten anderen darüber informiert, was innerhalb der Organisation vor sich geht. Unter seiner Führung geschehen die Dinge ohne viel Aufwand. Der SP-Führer kämpft nicht gegen das System an, sondern nutzt alles, was zur Verfügung steht, um Problemsituationen zu lösen. Er verschwendet seine Kräfte nicht nutzlos, indem er sich Gedanken über Dinge macht, die nicht verändert werden können. Dinge, die man verändern kann – Personal, Verfahrensweisen, Regeln – sind in Krisensituationen verhandelbar.

Management-Schwächen: Der SP-Manager befaßt sich nicht gern mit Theorien und reagiert auf Abstraktionen mit Unwilligkeit. Was ihm nicht vertraut ist, mag er nicht, und er könnte auf Veränderungen, die er nicht selbst bewirkt hat, negativ reagieren. Da er voll und ganz im unmittelbaren Augenblick lebt, kann er mitunter Schwierigkeiten haben, sich an bestehende Verbindlichkeiten und Entscheidungen, die in der Vergangenheit getroffen wurden, zu erinnern. Das Gestrige ist schnell vorüber und vergessen. Gegenwärtige Anforderungen genießen vor allem anderen den Vorrang. Diese Einstellung macht ihn für seine Kollegen und Untergebenen unberechenbar. Wenn es keine Probleme zu lösen gibt, kann der SP-Führer unbeweglich werden.

Umgang mit Kollegen: Der SP-Manager geht ohne weiteres auf die Ideen anderer ein, vorausgesetzt sie sind präzise. In der Zusammenarbeit mit anderen zeigt er sich flexibel, geduldig, aufgeschlossen und anpassungsfähig. Er wird von anderen als jemand betrachtet, mit dem es sich gut auskommen läßt. Da er sich durch einen möglichen Mißerfolg nicht eingeschüchtert fühlt, neigt er dazu, etwas zu riskieren, und ermutigt andere, das gleiche zu tun. Er ist geneigt, seinen Standpunkt zu ändern, wenn sich neue Fakten oder neue Situationen ergeben – er empfindet einen solchen Wechsel kaum jemals als Gefährdung seines Selbstwertgefühls. Er ist gewillt, Anweisungen von Vorgesetzten entgegenzunehmen, und kämpft nicht gegen die, die über ihm stehen, an, obwohl er nicht immer ihre Instruktionen befolgt. Der SP-Führer sieht die Dinge sachlich und nüchtern und reibt sich nicht durch Grübeleien darüber auf, was hätte sein können. Er urteilt nicht über seine Mitarbeiter und akzeptiert ihr Verhalten mit der gleichen Selbstverständlichkeit, mit der er Situationen als gegeben ansieht. Er macht sich kaum die Mühe, mögliche Motivationen oder versteckte Absichten zu verstehen. Dem SP-Manager fällt es leicht, Anerkennung mit Worten auszudrücken, was er oftmals vor dem Erbringen einer Leistung mit der Absicht praktiziert, andere zu motivieren.

Mitwirkung im Managementteam: Ein SP-Führer kann innerhalb eines Managementteams zu Taten anspornen, wie dies keinem anderen Typus gelingt. Dieser Typus sorgt dafür, daß etwas in Bewegung gesetzt wird. Seine Stärken liegen wahrscheinlich im Bereich der verbalen Planung und Entscheidung. Er findet möglicherweise wenig Gefallen daran, schriftliche Abfassungen zu produzieren, was auch nicht zu seinen Stärken zählt. Er besitzt die Gabe, Schwachpunkte in einer Organisation aufzudecken, während sie noch unbedeutend sind, und kann somit verhindern, daß sich ein geringes Problem aufgrund von Unachtsamkeit in ein großes verwandelt. Betriebliche Abläufe gehen wahrscheinlich reibungslos vonstatten, wenn sich ein SP an Bord befindet, der kleinste Anzeichen von Störungen frühzeitig bemerkt. Unter seiner Leitung ist die Produktivität im allgemeinen hoch, und er ist darauf bedacht, gute Arbeitsbedingungen für die Angestellten zu schaffen.

Der SP-Führer ist auf die Unterstützung eines gut-organisierten Mitarbeiterstabes angewiesen, der ihn an wichtige Termine erinnert, der die "unangenehmen" Aufgaben für ihn plant und ihn an diese erinnert, und der darauf achtet, daß langfristige Angelegenheiten zum Abschluß gebracht werden. Der ihn unterstützende Stab hilft ihm, Prioritäten zu setzen, und die endlose Zahl der Projekte in schriftlicher Form für die Akten festzuhalten.

DER ARBEITSSTIL DES SJ-MANAGERS

Der SJ-Manager könnte als Traditionalist oder Stabilisator bezeichnet werden, der das Bestehende zu sichern sucht. Er sieht die Organisation als sozialen Organismus an, den es zu nähren und zu erhalten gilt, und darauf konzentrieren sich seine Bemühungen. Die Stärken des SJ-Managers liegen in der Einführung von Regeln, Richtlinien, Vorschriften, Zeitplänen, routinemäßigen

Vorgängen und der Errichtung einer Hierarchie. Kommunikationsverbindungen innerhalb der Organisation herzustellen, gehört zu seinen Stärken. Er ist geduldig, gründlich, beständig, zuverlässig und methodisch. Er hält Richtlinien, Verträge und standardisierte Betriebsabläufe für nützlich. Man kann sich bei dieser Art von Manager darauf verlassen, daß durch ein entsprechendes Arrangieren des Umfeldes für Stabilität innerhalb der Organisation gesorgt ist. Der SJ-Manager genießt den Vorgang des Stabilisierens und fühlt sich dabei äußerst nützlich. Diejenigen, die unter seiner Führung tätig sind, wissen, daß sie sich auf ihn verlassen können, daß für Materialien, Personal und einen ordnungsgemäßen Geschäftsablauf gesorgt ist. Die Dinge sind geregelt, und die Organisation ist gefestigt.

Der Traditionalist ist, wie der Begriff besagt, darauf bedacht, die Traditionen der Organisation zu bewahren, wohlwissend, daß durch diese ein Gefühl der Zugehörigkeit, des Wohlergehens und der Dauerhaftigkeit vermittelt wird, und zwar für Angestellte und Klientel gleichermaßen. Für den Fall, daß die Organisation einen Mangel an Tradition aufweist, sorgt der SJ-Führer höchstwahrscheinlich dafür, daß diese ins Leben gerufen werden. Er setzt sich für die Einführung grundlegender Gepflogenheiten, Rituale und Zeremonien ein, da er sich der konsolidierenden Funktion bewußt ist, die derartige traditionelle Handlungen auf den sozialen Organismus ausüben. Eine gewisse Sentimentalität offenbart sich in der gesamten von einem SJ geleiteten administrativen Struktur. Die goldene Armbanduhr für den scheidenden Siebziger, der offizielle Willkommensritus für neueingestellte Kollegen, die traditionelle Weihnachtsfeier, das alljährliche Picknick für die Angestellten und ihre Familien sind einige treffende Beispiele.

Der SJ-Führer besitzt ein stark ausgeprägtes soziales Verantwortungsgefühl. Er möchte wissen, worin seine Pflichten bestehen, um dann möglichst rasch zu handeln. Er ist stets von dem Willen geleitet, seine Pflicht zu erfüllen, und schätzt diese Einstellung auch bei seinen Untergebenen, Kollegen und Vorgesetzten. Fleißiges strebsames Arbeiten bewundert der SJ.

Stabilisierung ist eine notwendige Phase im Leben jeder Organisation. Es besteht aber die Tendenz, nach gewisser Zeit über ein angemessenes Maß hinaus zu stabilisieren. Der Managementstil des SJ ist besonders anfällig für das "Parkinsonsche Gesetz" (1957), wonach mit steigender Organisationsgröße Verwaltungsaufwand und administrativer Oberbau progressiv ansteigen. Der SJ-Manager, der an der Stabilität der Organisation besonders interessiert ist, kann sich in der Situation befinden, neue Verfahrensweisen einzuführen, die allein dem Zweck dienen, alte Verfahrensweisen aufrechtzuerhalten. Er erzeugt somit Mittel und Wege, die wiederum Mittel und Wege erzeugen. Er ist in der Lage, zu veranlassen, daß in personeller oder materieller Hinsicht expandiert wird, um zur Verfügung stehende Resourcen zu verbrauchen, ohne klare Vorstellungen über das zu erwartende Ergebnis dieser Expansion zu haben. Organisationen werden in ihren Strukturen nur allzu schnell inflexibel und stecken in bürokratischen Zwangsjacken, wenn übermäßig viel Stabilität, zu viele Traditionen und ein zu großes Maß an Konsolidierung vorhanden sind. In bezug auf Veränderungen tritt ein absoluter Stillstand ein. Gewisse Dinge werden nur deshalb verrichtet, weil dies immer so geschah. Der SJ-Manager kann leicht ein Opfer dieser Hegenomie der Mittel über den Zweck werden, ohne zu wissen, was geschehen ist.

Der Stabilisator-Manager neigt dazu, sich gegen Veränderungen zu widersetzen. Er muß daher sein eigenes Verhalten überwachen, um zu verhindern, daß er in seiner Begeisterung für Richtlinien, Regelungen und standardisierte Abläufe über das Ziel hinausschießt. Zu viel Stabilität bedeutet, daß er zum Hindernis für das notwendige und gesunde Wachstum der Organisation wird und sowohl eigene als auch die Kräfte anderer verschwendet. Seine Angestellten verrichten ihre Aufgaben ohne viel Engagement. Alles wird so abgewickelt, wie es im Jahr zuvor abgewickelt wurde. Ein bestimmter Posten wird z.B. deshalb ins Budget aufgenommen, weil es stets so geschah. Obwohl die Betriebskosten einer strengen Kontrolle unterworfen sind, werden die Ergebnisse weniger kritisch beobachtet. Diese bürokratische Erscheinung beschränkt sich natürlich nicht nur auf das SJManagement, aber der traditionalistische SJ ist in dieser Hinsicht besonders gefährdet. Er sollte deshalb von Zeit zu Zeit die Ergebnisse der Abläufe und Vorgänge in der Organisation kritisch betrachten, um Arbeitsvorgänge zu eliminieren, die seit langem wertlos sind, aber beibehalten werden, nur weil dies so vorgeschrieben und festgelegt ist. Der SJ-Manager kann zur Unterstützung und Erhaltung einer Organisation hervorragende Beiträge leisten, wenn er ein wachsames Auge auf die Gefahr der Überbürokratisierung richtet.

Anerkennung zu zeigen ist, wie bereits erwähnt, das wesentlichste Werkzeug des Managements. Wie also verhält sich der SJ-Manager in seiner Rolle als Übermittler von Anerkennung? Welche "Streicheleinheiten" kann man von ihm erwarten? Auf welche Art und Weise läßt er seine Angestellten (und Vorgesetzten) wissen, daß er ihre Leistungen sieht und würdigt?

Hierbei läßt sich eine interessante, sich aus dem Temperament ergebende Erscheinung beobachten. Der SJ hat ein starkes Bedürfnis, sich nützlich zu machen, gebraucht zu werden, seine Pflicht zu erfüllen. Er besitzt ein ausgeprägtes Verantwortungsbewußtsein und Pflichtgefühl und glaubt, jeden Tag beweisen zu müssen, daß er sein Gehalt rechtmäßig verdient. Er hat das Gefühl, der Gesellschaft etwas schuldig zu sein und arbeiten zu müssen, um diese Schuld abzutragen. Er tendiert dazu, dieses Bedürfnis auf andere zu projizieren, mit dem Ergebnis, daß nur diejenigen Beifall ernten, die dessen besonders würdig sind. Da man stets beweisen muß, sein Gehalt auch wert zu sein, d.h. Anerkennung verdient zu haben, sollten nur diejenigen Anerkennung erhalten, die ihrer am meisten würdig sind. Nur die Sieger erhalten Preise. Die Angestellten könnten sonst möglicherweise – so die unbewußte Überzeugung – in ihrer Produktivität nachlassen. Demjenigen Anerkennung zukommen zu lassen, der ihrer nicht am meisten würdig ist, könnte die Arbeitsmoral untergraben, somit kann nur der Sieger preisgekrönt werden. Diejenigen, die den zweiten und dritten Platz belegen, können möglicherweise geringere Preise erhalten, aber alle anderen Teilnehmer gehen leer aus!

Am erfolgreichsten ist der SJ-Manager dann, wenn er es sich zur Gewohnheit macht, auch die geringsten Leistungen anderer zur Kenntnis zu nehmen und diese systematisch nur deshalb zu belohnen, weil sie erreicht wurden. Dieser Manager täte gut daran, seine Einstellung zu überprüfen, daß nur die hervorragenden Leistungen Anerkennung verdienen. Er sollte von den Beiträgen der Leistungsschwächeren Notiz nehmen und auch für diese seine Anerkennung zum Ausdruck bringen.

Management-Stärken: Der SJ-Manager weiß alles, was zur Stabilität eines Systems beiträgt, mit Leichtigkeit auszuführen. Er zeigt Entschlossenheit und genießt den Entscheidungsprozeß. Er schätzt die bestehenden Werte einer Organisation und setzt sich für deren Bewahrung ein. Er ist darauf bedacht, sich an die Richtlinien der Organisation zu halten. Er ist beharrlich und geduldig, arbeitet stetig und weiß im allgemeinen die Dauer einer Tätigkeit realistisch einzuschätzen. Er begeht selten wirkliche Fehler, führt Tätigkeiten, bei denen es auf größte Genauigkeit ankommt, in hervorragender Weise aus und ist zuverlässig. Bevor er handelt, wägt er die Konsequenzen seiner Handlungen ab und versucht, sich die praktischen Auswirkungen seiner Entscheidungen vorzustellen. Er besitzt einen gesunden Menschenverstand und schätzt diese Eigenschaft auch bei anderen. Er legt Wert auf Ordnung und neigt dazu, stets pünktlich zu sein und planmäßig zu handeln.

Der SJ-Manager ist am erfolgreichsten, wenn er seine Arbeit planen und sie dann nach diesem Plan abwickeln kann. Er ist bestrebt, Angelegenheiten zu klären, zu entscheiden und abzuwickeln, und empfindet oft eine gewisse Rastlosigkeit, bis Entscheidungen, die sich auf das Personal, Material oder bevorstehende Begebenheiten beziehen, getroffen sind. Er läßt seine Mitarbeiter stets wissen, welchen Standpunkt er in einer Sache vertritt.

Der traditionalistische Führer denkt praktisch und legt Wert darauf, daß die Organisation auf der Grundlage von "gutfundierten Tatsachen" geführt wird. Er ist in der Lage, viele Einzelheiten innerhalb eines Systems in sich aufzunehmen, zu behalten, zu manipulieren und zu bewältigen. Er ist ein überaus zuverlässiger Führer, der außerordentlich fleißig und angestrengt arbeitet. "A good day's work for a good day's pay" ergibt Sinn für einen SJ-Manager. Sowohl die Vorgesetzten dieses Managers als auch seine Untergebenen können sich darauf verlassen, daß er die Vorschriften kennt, sie respektiert und davon ausgeht, daß sie für alle Beteiligten gleichermaßen gelten.

Der SJ-Manager hält effiziente Besprechungen ab und bevorzugt eine gut vorbereitete Tagesordnung. Sein Umgangsstil ist förmlich und unpersönlich, bis er seine Kollegen gut kennengelernt hat. Er mag routinemäßige Abläufe und führt seine Arbeit gewissenhaft aus. Der SJ-Manager nimmt die Belange der Organisation sehr genau. Er steht zu den Zielen der Organisation und verhält sich dem Personal gegenüber loyal. Er ist gewöhnlich über alle Einzelheiten informiert.

Management-Schwächen: Der SJ-Manager kann möglicherweise ungeduldig werden, wenn sich die Abwicklung von Projekten durch Komplikationen verzögert und dazu neigen, Entscheidungen voreilig zu treffen und neue Entwicklungen zu übersehen. Er versteht auf hervorragende Weise, die effektiven Abläufe einer Organisation zu bewahren, kann aber in gleicher Weise an weniger nützlichen Regeln und Vorschriften festhalten und sich nicht die Mühe machen, deren Auswirkungen kritisch zu überprüfen. Notwendigen Veränderungen innerhalb der Organisation gegenüber kann er sich unaufgeschlossen zeigen, was besonders in wechselhaften Zeiten von Nachteil sein kann.

Der SJ-Führer ist wahrscheinlich der Ansicht, daß manche Menschen gut und manche schlecht sind – und daß man die letzteren strafen sollte. Dieser Standpunkt kann zu Spannungen in zwischenmenschlichen Beziehungen führen, da er anderen gegenüber bisweilen negativ eingestellt ist, sie gelegentlich tadelt oder ihnen Vorwürfe macht. Dies geschieht besonders dann, wenn er unter Druck steht oder überanstrengt ist. Wenn er nicht bewußt gegen diese Schwäche ankämpft, kann er, ohne dies selbst zu bemerken, von der Feststellung "diese Handlung ist schlecht" zu der Überzeugung gelangen, "diese Handlung ist schlecht, somit ist die Person, die sie ausgeführt hat, schlecht".

Eine der Schwächen des traditionalistischen Managers besteht darin, daß er dazu neigt, sich übermäßig große Sorgen über das mögliche Eintreten von Unheilvollem zu machen. Immerhin ist er derjenige, der das Murphysche Gesetz ins Leben rief. Er neigt zur Übertreibung hinsichtlich dessen, was passieren könnte, und setzt seine Kraft für die Vorbereitung von Krisensituationen ein, die niemals eintreten. Ein weiteres Merkmal der traditionalistischen Anschauung ist die Annahme, daß der Mensch in der Lage ist, etwas aus sich zu machen, wenn er gewillt ist, sich entsprechend dafür einzusetzen. Diese Einstellung kann bewirken, daß der SJ sich selbst unter Druck gesetzt fühlt, in starkem Maße mit anderen zu konkurrieren und seine ganze Kraft dafür einzusetzen, die Organisation zu perfektionieren, was zu Mißerfolgen führen kann.

Umgang mit Kollegen: Der SJ-Manager erwartet von seinen Kollegen, daß sie umgehend zur Sache kommen und bei der Sache bleiben. Er möchte die Tatsachen auf den Tisch gelegt haben und schätzt beständige, vernünftige und zuverlässige Menschen. Er glaubt, selbst ein realistischer Mensch zu sein, was er in der Tat auch ist, wenn es um Datensysteme geht. Handelt es sich jedoch um menschliche Systeme, entsprechen seine Erkenntnisse im Bereich der zwischenmenschlichen Beziehungen nicht immer den Tatsachen.

Der SJ-Führer drückt sich im Umgang mit seinen Kollegen klar und unmißverständlich aus. Wenn er das Gefühl hat, daß sich jemand nicht an Vereinbarungen hält, bringt er dies unverzüglich zur Sprache, was oft in Gegenwart anderer, anstatt im persönlichen Gespräch, geschieht. Möglicherweise ist er dabei unnötig streng und kritisch. Zu Schwächen Stellung zu nehmen – ganz gleich ob es sich um eigene Schwächen oder die Schwächen anderer handelt fällt ihm oft leichter als über Stärken zu sprechen, da er diese sowohl bei sich selbst als auch bei anderen voraussetzt.

Der traditionalistische Manager geht mit "Streicheleinheiten" zurückhaltend um, es sei denn, er hält sie für gerechtfertigt und wohlverdient. Da er Schwierigkeiten hat, Lob von anderen zu akzeptieren, entsteht oft der Eindruck einer ablehnenden Haltung. Mit symbolischem "Streicheln", wie z.B. der Verleihung von Auszeichnungen, Trophäen, Beförderungen, Titeln usw., weiß der SJManager oft besser umzugehen als mit verbal und durch persönlichen Kontakt vermittelter Anerkennung.

Mitwirkung im Managementteam: Der traditionalistische/stabilisierende SJ-Führer findet im NFFührer seine perfekte Ergänzung. Während der eine stark auf Menschen bezogen ist, versteht es der andere, für einen effektiven, reibungslosen Ablauf innerhalb des Systems zu sorgen. Der SJManager versteht auf hervorragende Weise, Pläne in die Tat umzusetzen und betriebliche Abläufe zu organisieren. Er ist in der Lage, einen ausgezeichneten Informationsfluß nach oben und nach unten zu unterhalten, so daß seine Umgebung stets auf dem laufenden gehalten wird. Falls dem Managementteam einer Organisation kein SJ angehört, kann dies zur Folge haben, daß wichtige Details nicht beachtet werden und die Nutzung betrieblicher Einrichtungen mangelhaft ist. Die Überwachung von Personal und Material könnte mangelhaft sein und Entscheidungen von großer Tragweite könnten auf Ebenen getroffen werden, die dafür ungeeignet sind – z.B. von Büroangestellten. Zeit- und Materialverschwendung könnte stattfinden, ohne vom Management bemerkt zu werden. Ein System, das über keinen SJ-Manager verfügt, kann sich in einem Zustand ständiger Veränderung befinden, ohne grundlegende Regeln und Richtlinien.

DER ARBEITSSTIL DES NT-MANAGERS

Der SJ-Führer fühlt sich dann am wohlsten, wenn er die Möglichkeit hat, Regeln, Vorschriften und Abläufe festlegen zu können, da er der Überzeugung ist, auf diese Weise der Organisation gute Dienste zu leisten und seine Vergütung rechtmäßig verdient zu haben. Der SP-Krisenmanager fühlt sich dann am wohlsten, wenn er die Möglichkeit hat, Krisensituationen zu beheben, und fühlt sich schuldbewußt, wenn er die Möglichkeit dazu nicht hat. Der NTFührer dagegen muß die Gelegenheit haben, entwerfen und planen zu können, um innerhalb der Organisation mit sich zufrieden zu sein. Er muß sein Vorstellungsvermögen einsetzen und sich als Designer betätigen können. Er wird deshalb auch als der visionäre Führer bezeichnet. Aufgaben, die den architektonischen Bereich oder das Engineering betreffen, inspirieren ihn und sind für ihn ein Ansporn. Nur unter solchen Umständen empfindet er, gute Dienste zu leisten und seine Vergütung wert zu sein. Er ist stolz auf sein technisches Knowhow (einschließlich der Managementtechniken) und möchte die Möglichkeit haben, seine intellektuellen Fähigkeiten zur Lösung von Komplexitäten nutzen zu können, möchte Entwürfe zu Papier bringen und durch Aufgaben im Designbereich zu größerer Leistungsfähigkeit herausgefordert werden. Wenn der NT-Manager beauftragt wird, etwas zu entwerfen, geht er mit Freude an die Arbeit. Wenn er beauftragt wird, einen Prototyp herzustellen, widmet er sich dieser Aufgabe mit noch größerer Begeisterung, weil er damit die Tätigkeit ausübt, die ihm am wichtigsten erscheint. An Instandhaltung und Konsolidierung ist er wenig interessiert und verabscheut es, verworrene Situationen zu entwirren. Es leuchtet ihm nicht ein, daß Krisen überhaupt erst auftreten müssen, und für ihn muß einfach alles Sinn ergeben. Dieser Führer kann sehr unnachgiebig sein und gegen jeden Widerstand auf seinen Prinzipien beharren, mag es kosten, was es wolle. Der Gedanke, daß er oder auch ein anderer den gleichen Fehler zweimal begeht, ist ihm unerträglich. Der ursprüngliche Fehler ist entschuldbar; eine Wiederholung des Fehlers ist undenkbar. Der NT-Führer sucht die komplexen Aufgaben und meidet Überflüssiges. Er stellt hohe Ansprüche an sich selbst und an andere.

Der NT-Führer verfügt zwar über einen gewissen Weitblick, der ihm ermöglicht, die Entwicklung einer Organisation für weitere zehn Jahre vorauszusagen und die entsprechenden Pläne für langfristige Zielsetzungen zu entwerfen, kann jedoch Schwierigkeiten haben, diese Pläne im Detail zu erläutern und Vorgehensweisen vorzuschlagen, wie diese Pläne in die Tat umzusetzen sind. Andere folgen diesem Führer deshalb, weil seine Zukunftsvisionen ansteckend wirken. Allerdings sind andere manchmal nicht in der Lage, ihm gedanklich zu folgen, weil er darauf besteht, sich nicht zu wiederholen. Der NT legt Wert darauf, eine Sache nur einmal sagen zu müssen, und setzt voraus, daß er verstanden wird. Eine Andeutung muß oft schon genügen, und er hält es nicht für nötig, viele Worte zu machen. Es widerstrebt ihm, das Offensichtliche auszusprechen, da er befürchtet, seine Zuhörer könnten ihn für naiv halten oder sich beleidigt fühlen. Somit kann der Visionär, der Baumeister von Systemen, möglicherweise ein Kommunikationsproblem haben. Zwar ist er in der Lage, seine Denkmodelle auch weiterzuvermitteln, neigt aber dazu, seine Ausführungen in einer knappen, mit Fachausdrücken angereicherten Ausdrucksweise zu präsentieren, seine Ideen in zu großem Detail darzulegen und komplizierte Darstellungen in zu kurzer Zeit zu vermitteln. Daher tritt häufig der Fall ein, daß seine Zuhörer den Wald nicht sehen können, weil sie sich zu sehr auf die einzelnen Bäume konzentrieren.

Es gehört nicht zur natürlichen Art des NT-Managers, Anerkennung auszudrücken. Die Kunst, Anerkennung zu vermitteln, bereitet ihm zum Teil deshalb Schwierigkeiten, weil es ihm widerstrebt, das Offensichtliche zu sagen. Wenn jemand seine Arbeit gut und zur allgemeinen Zufriedenheit ausgeführt hat, ist dies für den NT-Manager eine offensichtliche Angelegenheit – offensichtlich für den Betreffenden und alle anderen folglich braucht er, der

NT, nichts dazu zu sagen. Wenn er dies täte, könnte derjenige, der den Beitrag geleistet hat und Empfänger seiner Anerkennung ist, denken, "weshalb sagt er mir das? Ist es denn nicht ganz offensichtlich, daß ich meine Sache gut gemacht habe?" Also zögert der NT-Manager, seine Anerkennung zum Ausdruck zu bringen, da er befürchtet, als manipulierend zu gelten. Zumindest gebraucht er diese Schlußfolgerung als Rechtfertigung. In Wahrheit empfindet er es als peinlich, wenn andere ihm für gute Leistungen ein Lob erteilen, und er ist wahrscheinlich ebenso peinlich berührt, wenn er seinerseits Anerkennung übermittelt. Mit der Rechtfertigung, anerkennende Worte könnten als manipulierend oder unaufrichtig betrachtet werden, zieht er es vor, zu den Leistungen seiner Untergebenen oder Vorgesetzten nichts zu sagen.

Trotzdem hat der NT eine klare Vorstellung von dem Konzept zwischenmenschlicher Beziehungen, das in der GruppentherapieBewegung so deutlich zum Ausdruck kam: Wenn andere nicht ein- deutig und klar gesagt bekommen, daß sie oder ihre Beiträge Anerkennung finden, nehmen sie das Gegenteil an. Unabhängig davon, um welchen Typus es sich handelt, betrachten die Menschen es niemals als selbstverständlich, daß man ihnen dankbar ist. Wenn ein Angestellter etwas geleistet hat – und mag es noch so unbedeutend sein – so sollte er von seinem Vor- gesetzten (nicht dessen Stellvertreter!) gesagt bekommen, daß seine Leistung Anerkennung und Bestätigung findet, daß sie von Bedeutung ist. Die Tatsache, daß der Angestellte für diese Leistung eine pekuniäre Vergütung erhält, ist dabei nebensächlich. Wenn er sich voll und ganz für die Organisation einsetzen soll, muß man ihm über die pekuniäre Vergütung hinaus eine weitere Vergütung zukommen lassen, eine Vergütung, die die Grundbedürfnisse dieses bestimmten Typus befriedigt. Das Konzept, das hier herausgestellt werden soll, ist, daß die Manager – und nur sie allein – in der Lage sind, im Namen der Organisation Anerkennung auszusprechen. Dieses Prinzip des Managements, mit anderen Worten ausgedrückt, beruht darauf, daß einzig und allein die Führung einer Organisation für geleistete Dienste den offiziellen Dank der Organisation zum Ausdruck bringen kann. Wenn einem Angestellten also vermittelt werden soll, daß seine Bemühungen und Beiträge die Anerkennung der Organisation finden, muß der Überbringer der Anerkennung der Vertreter dieser Organisation sein. Nur der Leiter einer Abteilung innerhalb der Organisation ist in der Lage, den Prozeß der offiziellen Anerkennung in die Wege zu leiten. Diese Art der Interaktion könnte einem NT-Manager Schwierigkeiten bereiten, daher sollte er versuchen, aus dem diesbezüglichen Verhalten eines NF-Managers zu lernen.

Management-Stärken: Der NT-Führer ist der Architekt unternehmerischer Veränderungen. Ihn interessieren die Grundsätze, auf denen die Organisation beruht oder nach denen sie errichtet werden soll. Wenn man vom SJ als dem Pessimisten spricht, muß man vom NT als dem Skeptiker sprechen. Er stellt alles in Frage und stützt sich in seinen Antworten auf Gesetze und Prinzipien. Er ist in der Lage, Dimensionen und Achsen eines Systems zu sehen, so als hätte er Röntgenaugen, und ist somit in der Lage, zu planen und zu gestalten. Er besitzt die Fähigkeit zu erkennen, wie die Erfordernisse des Systems, mit dem er sich unmittelbar beschäftigt, mit denen anderer Systeme innerhalb der Gesamtstruktur ineinandergreifen. Er erkennt, wie das System in sich funktioniert und welche kurz- oder langfristige Bedeutung Handlungen und Verhaltensweisen anderer haben.

Der NT-Manager konzentriert sich auf Entwicklungsmöglichkeiten. Das, was augenblicklich existiert, kann und sollte verändert werden, da es lediglich einen Überrest der Vergangenheit darstellt. Wenn er in eine Organisation hineinkommt, erkennt er wahrscheinlich umgehend die Machtstruktur innerhalb der Organisation, und zwar von einem unpersönlichen Standpunkt aus. Bei diesem Typ Manager handelt es sich oftmals um einen intellektuell besonders fähigen Menschen, der in technischer und administrativer Hinsicht ein Wegbereiter sein kann.

Management-Schwächen: Wenn der NT-Manager in einen kreativen Vorgang verwickelt ist, zeigt er überaus großen Elan. Sobald dieser Prozeß abgeschlossen, d.h. der Entwurf für sein Bauwerk fertiggestellt ist, überläßt er dessen Errichtung nur allzu gern anderen. Folglich besteht die Möglichkeit, daß seine Entwürfe und Pläne nicht zu seiner Zufriedenheit ausgeführt werden. Er macht daraus nur selten anderen, sondern eher sich selbst einen Vorwurf; trotzdem neigt er dazu, auch in neuen Situationen in ähnlicher Weise zu verfahren und vorzeitig sein Interesse zu verlieren. Dies gilt ganz besonders für NTPs. NTJs handeln zwar ähnlich, jedoch meist erst in einem späteren Stadium.

Da sich der NT-Führer auf Prinzipien konzentriert, versäumt er mitunter, die Gefühle anderer wahrzunehmen und weder Freude noch Schmerz bei anderen zu bemerken. Er wird daher manchmal als gefühllos, distanziert und schwer zugänglich empfunden. Seinen Kollegen könnte es unangemehn sein, sich mit ihm über einfache und alltägliche Dinge zu unterhalten. Somit kann es dem NT-Manager passieren, daß er von außergeschäftlichen Aktivitäten seiner Kollegen ausgeschlossen ist. Folglich ist der NT-Manager außerstande, bei geselligen Anlässen oberflächliche Konversation zu machen.

Die Interessen des NT-Managers liegen wahrscheinlich auf intellektuellem Gebiet, und er könnte mitunter, ohne sich dessen bewußt zu sein, den Eindruck erwecken, Untergebene (oder Vorgesetzte), die in intellektueller Hinsicht unbegabt sind, wenig zu schätzen. Er kann in interpersönlichen Beziehungen auf Schwierigkeiten stoßen, indem er das, was er von sich selbst verlangt nämlich absolut kompetent und in jeder Hinsicht erfolgreich zu sein –, auf andere projiziert. Der NT-Führer stellt hohe Anforderungen an sich selbst und andere. Er verlangt oft mehr, als der Mensch zu leisten imstande ist, und sollte sich hin und wieder vor Augen führen, daß Menschen mit großen Stärken auch große Schwächen haben. Da der NT-Führer dazu neigt, sein eigenes Leistungsniveau und das der anderen zu eskalieren, befindet er sich typischerweise in einem Zustand der Rastlosigkeit und des Unerfülltseins. Diese Rastlosigkeit äußerst sich bisweilen darin, daß er unwillig reagiert, wenn andere Fehler machen oder wenn es sich als notwendig erweist, über eine bereits besprochene Angelegenheit erneut zu diskutieren.

Umgang mit Kollegen: Der NT-Manager ist typischerweise in der Lage, die Gedankengänge und Ideen anderer leicht nachzuvollziehen, was ihm auch Vergnügen bereitet. Er zeigt sich gegenüber neuen Ideen anderer aufgeschlossen und ist in bezug auf eigene Ideen enthusiastisch. Er löst gern Probleme und empfindet die Aussicht darauf, ein Problem für einen seiner Kollegen lösen zu können, eher anregend als bedrückend. Er besitzt Zivilcourage und steht, wenn es sein muß, allein gegen alle, wenn er überzeugt ist, recht zu haben.

Der Visionär/Architekt/Baumeister trifft gern Entscheidungen, besonders der NTJ. Seine Kollegen wissen dennoch nie genau, welchen Standpunkt er vertritt, es sei denn, sie fragen ihn speziell danach. Der NT setzt voraus, daß seine Position offensichtlich ist, und betrachtet es daher als überflüssig, darüber zu sprechen. Man kann jedoch sicher sein, daß er offen seine Meinung sagt, wenn man ihn dazu auffordert. Es stört ihn, wenn andere für ihn sprechen und sich auf seinen Standpunkt berufen, was er sich aber kaum jemals anmerken läßt. Häufig haben die, die seine Position zu vertreten glauben, Unrecht.

Der NT-Manager kann mitunter ein zu stark ausgeprägtes nonkonformistisches Verhalten zeigen und sich zu sehr aus der Masse hervorheben, um allgemein akzeptiert zu werden oder eine loyale, hingebungsvolle Anhängerschaft zu haben. Er neigt dazu, stets an der Vorfront unternehmerischer Veränderungen zu stehen und achtet nur selten darauf, ob andere ihm auch folgen. Er ist sich seiner eigenen Stärken bewußt und hat daher kaum je das Gefühl, mit anderen konkurrieren zu müssen. Er versucht selten, auf Kosten anderer vorwärtszukommen und zeigt kaum das Bedürfnis, die Beiträge seiner Kollegen zu bagatellisieren.

Der NT-Manager versteht es, die richtigen Entscheidungen zu treffen, und man kann sich darauf verlassen, daß er sich an diese auch dann hält, wenn er unter Druck steht. Der Visionär ist innerhalb einer Organisation derjenige, der es versteht, Ideen klar zu umreißen. Da er ohne Schwierigkeiten zu erfassen vermag, welche Ergebnisse durch die Beiträge seiner Mitarbeiter erzielt werden, bevorzugt er ein Managementsystem, das sich auf Ergebnisse statt auf Vorgänge und Abläufe konzentriert.

Der NT, der seine Talente nicht genutzt sieht, wird einer Organisation sehr bald den Rücken kehren (entweder physisch oder psychisch gesehen).

Mitwirkung im Managementteam: Falls im Managementteam einer Organisation kein Visionär/ Architekt/Baumeister vorhanden ist, wird nur ein Minimum an geplanten Veränderungen stattfinden, und früher oder später werden sich Anzeichen von Stagnation und Verfall bemerkbar machen. Der Status quo bleibt möglicherweise bis zur Obsoleszenz erhalten. Ein NT-Manager ist in der Lage, theoretische Konzepte und brauchbare Alternativen zu entwickeln. Die vom NT entwickelten

Konzepte berücksichtigen meist, daß Maßnahmen oder Veränderungen nicht nur dem unmittelbar entwickelten Subsystem, sondern dem gesamten System zum Vorteil gereichen. Ihr Enthusiasmus gegenüber neuen Ideen und deren Entwicklungsmöglichkeiten überträgt sich oft auch auf andere. Sie können von den Ideen anderer ebenso begeistert sein wie von eigenen Ideen und diese unterstützen. Sie sind gewöhnlich in der Lage, den Umständen entsprechend sowohl zu führen als auch zu folgen. Ein NT als Mitglied eines Teams hält sich möglicherweise zu lange mit der Planung auf, was einen Verzug in der Durchführung bedeuten kann. Ein SP-Mitglied des Teams kann hier den nötigen Anstoß geben.

DER ARBEITSSTIL DES NF-MANAGERS

Der letzte unter den Führertypen wird als der Katalysator bezeichnet, da er das Talent besitzt, äußerst persönlich und charismatisch im Umgang mit anderen zu sein. Er besitzt die Fähigkeit, die Stärken anderer zum Vorschein zu bringen, und ist in erster Linie auf Menschen ausgerichtet. Er konzentriert sich weniger auf die Organisation, d.h. das Instrumentarische, wie z.B. NT und SJ, sondern eher auf die Beziehungen innerhalb der Organisation – ein Charakteristikum, das er mit dem SP-Manager gemein hat. Das heißt, seine Aufmerksamkeit gilt im wesentlichen den Personen innerhalb der Organisation. Seine Art im Umgang mit anderen ist eine ausgesprochen persönliche, und er neigt dazu, sich für das Vorwärtskommen anderer einzusetzen, wobei er stets ein wachsames Auge auf Möglichkeiten für ihre berufliche Entwicklung und die Entwicklung ihrer Persönlichkeit gerichtet hält. In dieser Hinsicht ist seine Funktion mit der eines chemischen Katalysators zu vergleichen, der, wenn er einer chemischen Mischung beigegeben wird, eine Reaktion bewirkt, die sonst latente Potentiale freisetzt. Unter dieser Art von Führer zu arbeiten bedeutet, wirkungsvoll eingesetzt zu werden.

Da der NF-Manager an den Entwicklungsmöglichkeiten anderer interessiert ist, konzentriert er sich vorrangig auf das Potential des Personals, und erst in zweiter Linie auf die Organisation als System. Der NF ist von Natur aus ein demokratisch orientierter Führer und ein engagierter Gesprächsteilnehmer. Seine Stärke ist der reibungslose, auf Menschen bezogene Ablauf innerhalb der Organisation, wobei Akten und Produkte eher als Nebenprodukt statt als Hauptziel betrachtet werden. Der Katalysator-Führer bevorzugt das Arbeiten in einer demokratischen Atmosphäre, ist einfühlend und verständnisvoll gegenüber seinen Mitarbeitern, ist gewillt, ihren Sorgen und Nöten zuzuhören und nimmt Anteil an ihren persönlichen Problemen. Er engagiert sich bisweilen derart stark für die Belange anderer, daß er sich völlig verausgabt.

Der redegewandte NF-Manager ist ein enthusiastischer Fürsprecher für seine Organisation. Er versteht es auf hervorragende Weise, Anerkennung zu vermitteln, und ist stets darauf bedacht, die Stärken anderer hervorzukehren und darauf einzugehen. Dabei läßt er andere auch wissen, daß er diese ihre Stärken zur Kenntnis nimmt. Der NF-Manager ist ein aufmerksamer Zuhörer, der auf verbalem und nicht-verbalem Wege ein großes Maß an Feedback vermittelt, so daß sich der Empfänger bewußt ist, daß ihm aufmerksam zugehört wird – und daß man ihn wertschätzt. Der NF mit seiner besonderen Sprachbegabung weiß stets und in jeder Situation das Richtige zu sagen, womit er seine Anerkennung zum Ausdruck bringt.

Der NF-Führer, für den die persönliche Entwicklung von Menschen eine große Rolle spielt, legt Wert auf Anerkennung Anerkennung für sich persönlich und für seine Abteilung. Dabei kann er bisweilen seine eigenen Wünsche und Bedürfnisse denen der anderen unterordnen, und zwar so weit, daß für ihn selbst kaum etwas übrig bleibt. Die Werte und Prioritäten anderer gewinnen somit die Oberhand und löschen die seinen fast gänzlich aus. Wie der SJ-Manager kann auch der NF-Manager durch Überanstrengung einen Punkt erreichen, an dem er seine Arbeit wenig befriedigend findet. Es liegt natürlich auf der Hand, daß der NF, um dies zu verhindern, von Zeit zu Zeit die eigenen Ziele, Prioritäten und Absichten überprüft, um festzustellen, ob er sich auf dem richtigen Weg befindet.

Die ENFJs sind unter den NF-Managern diejenigen, die sich von Natur aus als Führungspersönlichkeiten eignen. Dagegen müssen die ENFPs, INFPs und INFJs an sich arbeiten, um eine Führungsaufgabe wahrnehmen zu können. Ihr Hauptbedürfnis ist Selbstverwirklichung, das Erlangen von Integrität und Identität.

Sie sind ausgesprochen idealistisch, oft charismatisch und einfühlend, und sie besitzen ein Flair, normalen Geschehnissen etwas Besonderes oder Bedeutungsvolles beizumessen.

Management-Stärken: Der Führungsstil des Katalysator-Managers ist von persönlichem Charisma und Engagement für die, die er zu führen hat, gekennzeichnet. Er ist im allgemeinen beredt und bringt seine Fürsorge und seinen Enthusiasmus mit Worten zum Ausdruck. Er besitzt manchmal die Gabe, sowohl die Entwicklungsmöglichkeiten der Institution als auch die seiner Mitarbeiter zu sehen und sich intuitiv auf ihre Stärken zu konzentrieren. Er zeichnet sich durch die Zusammenarbeit mit anderen aus und versteht es, andere im Sinne seiner Ziele wirken zu lassen. Als Leiter einer demokratisch geführten Organisation ermöglicht er es, daß die Beiträge aller Mitarbeiter dieser Organisation an die Oberfläche gelangen. Ihm liegen im allgemeinen Besprechungen ohne feste Tagesordnung. Er ist meistens in der Lage, das Betriebsklima richtig einzuschätzen. In komplizierten Situationen zeigt er sich geduldig und in der Lage, den günstigsten Zeitpunkt zum Handeln abzuwarten. Der Katalysator kann ein außergewöhnlicher Leiter einer Organisation sein, ein sichtbarer Führer, der seine Organisation und die Menschen innerhalb der Organisation würdig vertritt. Sein persönlicher Energievorrat kann ungewöhnlich groß sein, obwohl er sich oft nur sprunghaft und gekoppelt mit seinem Enthusiasmus für neue Projekte bemerkbar macht. Die Projekte von gestern erhalten auf diese Weise manchmal nicht die nötige Aufmerksamkeit.

Der NF-Führer, der auf dem Höhepunkt seiner Schaffenskraft ist, besitzt mehr als andere das Talent, einen Nachteil in einen Vorteil zu verwandeln, besonders wenn es sich um menschenbezogene Probleme handelt. Er vergißt schnell die negativen und unerfreulichen Begebenheiten von gestern und neigt dazu, sich vorwiegend an das Erfreuliche zu erinnern. Er ist oft, was die Vergangenheit oder Zukunft betrifft, ein Romantiker. Der Öffentlichkeit zeigt er stets seine optimistische Seite. Pessimistische Anwandlungen hält er vor anderen verborgen, da er ihnen das Unbehagen, das seine Niedergeschlagenheit bei ihnen hervorrufen könnte, ersparen möchte.

Der Katalysator-Manager versteht es im allgemeinen am besten, Anerkennung zu vermitteln und dies in großem Maße zu praktizieren. In der Zusammenarbeit mit anderen bekundet er seinen Enthusiasmus, hört zu und bringt seine Anerkennung mit Worten zum Ausdruck. Er verausgabt sich dabei in einem solchen Maße, daß er auf Ersatz angewiesen ist, d.h. daß er seinerseits von anderen Enthusiasmus, Aufmerksamkeit und Anerkennung erfährt. Wenn ihm auf diese Weise Unterstützung zuteil wird, ist er in der Lage, weiterhin seine äußerst produktiven Beiträge zu leisten. Wenn ihm diese Unterstützung jedoch versagt bleibt, wenn er auf ständige Ablehnung oder Mißbilligung stößt, fühlt er sich entmutigt und trachtet danach, die gewünschte Anerkennnung außerhalb der Organisation zu finden. Er legt Wert auf anerkennende Worte seiner Kollegen, Vorgesetzten und Untergebenen und weiß auch stets die gute Absicht zu schätzen, selbst wenn die Anerkennung nur indirekt vermittelt wird. Der Katalysator-Manager fühlt sich im allgemeinen eher durch positive als durch negative Kommentare motiviert und neigt dazu, in anderen Menschen und Begebenheiten stets das Positive zu sehen.

Management-Schwächen: Der NF-Führer kann sich aufgrund seines ausgeprägten Interesses für interpersonale Transaktionen in der Situation befinden, einen erheblichen Teil seiner Zeit für die Prioritäten anderer aufzuwenden. Er stellt seine Zeit gewöhnlich in derart großzügiger Weise zur Verfügung, daß er Verpflichtungen außerhalb der Organisation sowie notwendige Erholungspausen oft vernachlässigt. Er sollte darauf achten, daß sein Tagesplan Phasen zur Regenerierung enthält, um zu vermeiden, daß Erschöpfungszustände eintreten, die ihn unproduktiv machen.

Der NF-Manager kann dazu neigen, administrative Entscheidungen auf der Basis persönlicher Neigungen und Abneigungen zu treffen, anstatt sich davon leiten zu lassen, was für die Organisation das Beste wäre. Er kann sich auch häufig zwischen den Bedürfnissen seiner Untergebenen und den Wünschen seiner Vorgesetzten hin- und hergerissen fühlen, nachdem er für die Lage der ersteren ein ausgesprochenes Feingefühl besitzt. So kann er sich in der Lage befinden, als Fürsprecher zweier entgegengesetzter Gruppen angesehen zu werden, da er beiden Gruppen gegenüber ein verständnisvoller Zuhörer ist. Beide Parteien schlußfolgern nur zu oft, daß der NF, der dazu neigt, Feedback mit großem Nachdruck zu vermitteln, auch ihre Position vertritt. In Wahrheit ist der NF lediglich in einem solchem Maße einfühlend, daß er Gefahr läuft, es allen gleichzeitig rechtmachen zu wollen. Wenn seine Abteilung von seinen Vorgesetzten kritisiert wird, oder wenn die Dinge innererhalb der Abteilung nicht zu seiner Zufriedenheit ablaufen, verliert er leicht das Selbstvertrauen. Er neigt dazu, das mögliche Versagen anderer als eigenes Versagen zu werten.

Der NF-Manager ist in der Lage, innerhalb seiner Abteilung eine Atmosphäre zu schaffen, die den Angestellten ein großes Maß an Freiheit, Autonomie und Selbstinitiative zugesteht. Dies bewirkt gewöhnlich eine gesunde Entwicklung der Abteilung, kann jedoch mitunter auch dazu führen, daß obligatorische Arbeitsvorgänge nicht ausgeführt werden. Die Hauptlast davon hat der NF-Führer zu tragen, was nicht immer die besten Voraussetzungen für die Entwicklung seiner Karriere schafft. Eine weitere Gefahr für den NF-Führer besteht darin, daß er dazu neigt, Unannehmlichkeiten aus dem Wege zu gehen. Er zögert, sich schwierigen Situationen zu stellen, in der Hoffnung, daß diese sich letztendlich von selbst lösen. Somit geht er den Weg des geringsten Widerstandes, nur um später feststellen zu müssen, daß sich daraus größere Probleme ergeben haben – sowohl institutionelle als auch interpersonale Probleme. Er kann sich unter Umständen in der Situation befinden, "Opfern" des Systems zu Hilfe zu kommen und somit in einen Konflikt hinsichtlich seiner Loyalität gegenüber der Institution und seiner Loyalität gegenüber den einzelnen Personen innerhalb des Systems zu geraten. Trotz seiner Bemühungen, persönliche Abhängigkeiten zu vermeiden, kann er diese schaffen. Andere suchen seine Unterstützung und Anleitung in zum Teil ungebührlicher Weise. Sie berauben ihn, indem sie sich um seine Aufmerksamkeit bemühen, seiner ganzen Kraft. Der Katalysator ist gewöhnlich nicht imstande zu erklären, wie derartige Situationen entstehen und wie er sie in Zukunft vermeiden kann.

Umgang mit Kollegen: Der NF-Führer kommt mit seinen Kollegen im allgemeinen gut aus und ist bei ihnen beliebt. Er sucht den persönlichen Kontakt mit anderen, was ganz besonders auf den extravertierten NF zutrifft. Er ist ein geselliger Mensch, dem das Zusammensein mit seinen Mitarbeitern Vergnügen bereitet, ob bei geschäftlichen oder geselligen Anlässen. Er interessiert sich für Probleme, Gefühle und freudige Erfahrungen seiner Kollegen und ist im allgemeinen gut darüber informiert. Er neigt dazu, enge persönliche Verbindungen mit seinen Kollegen zu unterhalten und seine berufliche Tätigkeit sowohl als Befriedigung seiner sozialen Bedürfnisse als auch als Möglichkeit zu sehen, produktive Arbeit zu leisten.

Mitwirkung im Managementteam: Als Mitglied eines Managementteams ist der NF-Führer in der Lage, einen Standpunkt zu vertreten, der den Menschen in den Vordergrund stellt. Er ist in der Lage, auf die sozialen Folgeerscheinungen angewandter Strategien aufmerksam zu machen. Wenn dem Managementteam einer Organisation kein NFFührer angehört, empfinden die Mitglieder dieser Organisation das Arbeitsumfeld möglicherweise als unpersönlich, steril, unmenschlich, freudlos und langweilig und beklagen sich über einen Mangel an Kameradschaftsgeist. Es existiert wahrscheinlich kaum ein esprit de corps und nur wenig Enthusiasmus. Obwohl ausgezeichnete Datensysteme vorhanden sind, werden die Menschen innerhalb des Systems oft nicht auf die wirkungsvollste Art und Weise eingesetzt. Der Katalysator versteht es, manche Woge zu glätten und die Gemüter zu beruhigen.

Der Public-Relations-Bereich liegt dem NF-Führer ganz besonders. Er vertritt seine Organisation auf hervorragende Weise und versteht es, seinen Enthusiasmus zum Ausdruck zu bringen. Er ist in der Lage, mit allen Menschentypen gut zusammenzuarbeiten und Klienten vom Wert seiner Organisation zu überzeugen. Seine Mitarbeiter sehen die Organisation und ihre Stellung darin meist in einem positiven Licht. Wenn der NF die Möglichkeit hat, uneingeschränkt und kreativ handeln zu können, wird er Dinge in Bewegung setzen; wenn er sich, umgekehrt, an zu viele standardisierte Betriebsabläufe zu halten hat, kann Frustration die Folge sein. Diejenigen, die ihn umgeben, neigen oftmals dazu, ihm persönlich die Treue zu halten, was mitunter auf Kosten der Erfordernisse, Prioritäten und Belange der Organisation geschieht.

Die anderen Mitglieder des Managementteams arbeiten in der Regel gern mit einem NF zusammen, den sie als einen Kollegen betrachten, der ihren Ansichten Aufmerksamkeit schenkt und sie unterstützt. Der NF besitzt, wie der SP, die Eigenschaft, aus dem Geschäftlichen ein Vergnügen zu machen.

Mit jeder Art des Managements ist ein besonderer Beitrag zu leisten. Der Führungsstil der SJs verleiht Stabilität und Zuversicht. SPs sind ausgezeichnete Problemlöser und sorgen für Anregung. NTs besitzen Weitblick und erstellen Konzepte für Veränderungen. NFs sorgen für die Geschmeidigkeit des interpersonalen Gewebes der Organisation und besitzen die Fähigkeit, die sozialen Auswirkungen der vom NT erstellten Modelle korrekt einzuschätzen.

Den eigenen Führungsstil zu kennen, ist eine wichtige Voraussetzung für den produktiven Einsatz der eigenen Managementstärken. Allerdings stellt der Stil des Führers nur eine Seite der Interaktion dar; der Stil der Geführten ist die andere Seite, die für die Wirksamkeit eines Führers von großer Bedeutung ist. Aufschluß darüber geben die Beschreibungen der vier Temperamente in Kapitel II und die Porträts der sechzehn Typen im Anhang dieses Buches. Einige zusätzliche Anmerkungen scheinen hier jedoch angebracht zu sein. Wir wenden uns den Untersuchungen von Seeland (1976) zu, der den Widerstand gegen Veränderungen analysiert hat, der jedem der vier Führungsstile angehört, und der die Anwendung gewisser Taktiken vorschlägt, anhand derer die Unterstützung für Veränderungen zu gewinnen ist.

WIDERSTAND GEGEN VERÄNDERUNGEN

Widerstand gegen Veränderungen – NFs: Diskussionsbeiträge in Gruppen, die unter der Aufsicht des Managements stehen, gehen zum großen Teil von der Gruppe der NFs aus (besonders ENFP und ENFJ), die charakteristischerweise überzeugend, redegewandt und freimütig sind und an ihre Kollegen durch ihren emotionsgeladenen Standpunkt appellieren. NFs betrachten sich selbst und ihre Kollegen als fähige Fachkräfte, denen das Wohl der Menschheit allgemein und das der Auftraggeber oder Kunden der Institution, für die sie arbeiten, im besonderen am Herzen liegt. Die Rolle des Managements wird aber nicht immer im gleichen Licht gesehen. Selbstbestimmung wird für das Arbeitsumfeld des NF als äußerst wichtiger Punkt betrachtet. Auf Autonomie als Merkmal seiner einzigartigen Persönlichkeit legt der NF großen Wert.

Er reagiert empfindlich auf die geringsten Anzeichen einer ihm auferlegten Organisationsstruktur oder Autorität und auf jedes Bestreben vonseiten des Managements, seine Individualität zu umgehen. Es ist unwahrscheinlich, daß umfangreiche, die gesamte Institution betreffende Veränderungen erfolgen können, ohne daß diese von den NFs getragen werden.

Da NFs großen Wert auf ihre Individualität legen und stets das Gefühl haben müssen, daß ihr persönlicher Einsatz von Bedeutung ist, und da sie sich stark für demokratisch geführte Vorgänge engagieren, sollte man sie in Entscheidungsprozesse mit einbeziehen, wenn man ihre Unterstützung gewinnen möchte. Wenn eine geplante Veränderung im Sinne von menschlichen Werten formuliert wird, wenn sie den individuellen Bedürfnissen von Angestellten und Klienten in verstärktem Maße gerecht wird, dann sehen NFs eine solche Veränderung sicherlich als wünschenswert an. Sie benötigen die Gelegenheit, ausgiebig über mögliche Veränderungen diskutieren zu können, und zwar lange, bevor sie zum Tragen kommen. NFs verabscheuen plötzliche Veränderungen, daher sollten Veränderungen nur vorsichtig und allmählich durchgeführt werden. Die bewährte Managementregel "keine Überraschungen" gilt besonders für NFs.

Widerstand gegen Veränderungen – SJs: So wie die NFs, machen auch die SJs in Gefolgschaftsgruppen ihren Einfluß geltend. Sie sind im allgemeinen offen und jederzeit bereit, ihre Meinung zu sagen, allerdings auf eine etwas andere Art als die NFs. SJs neigen dazu, sich auf Verfahrensweisen und Abläufe, statt auf menschliche Werte zu konzentrieren. Sie sind weniger empfindlich als NFs in bezug auf von oben herab bestimmte Richtlinien. SJs begrüßen die Sicherheit, die mit klar vorgeschriebenen Richtlinien verbunden ist, und empfinden oft ein leises Unbehagen hinsichtlich der Position, die von NFs vertreten wird. Da die NFs mehr als die SJs dazu neigen, Angelegenheiten zu dramatisieren, werden die letzteren häufiger von den NFs beeinflußt als umgekehrt.

Um die Unterstützung der SJs für Veränderungen zu erwirken, sollte man sich gewisser Taktiken bedienen, die ihr Bedürfnis, Verantwortung zu tragen, sich nützlich zu erweisen, Traditionen aufrechtzuerhalten und nach dem Status quo zu verfahren, berücksichtigen. Das Bereitstellen von Fakten über eine geplante

Veränderung kann weitgehend dazu beitragen, ihre Kooperation zu erwirken. Wenn man die geplante Veränderung außerdem als eine rationellere Verfahrensweise oder wirksamere Methode darstellt und die Veränderung somit für den SJ Sinn ergibt, wird er wahrscheinlich positiv darauf reagieren. Im Gegensatz zu den NFs, die auf Diskussionen Wert legen, benötigen die SJs eine Beschreibung der geplanten Veränderungen in schriftlicher Form. Sie reagieren in der Tat auf Diskussionen eher ungehalten, besonders wenn diese Wiederholungen beinhalten oder unnötig in die Länge gezogen werden. Wenn der SJ zum Schreiben eines die geplanten Veränderungen betreffenden Handbuches herangezogen werden kann, wird ihn dies besonders erfreuen, und man kann damit rechnen, daß er ein gründlich durchdachtes, brauchbares Schriftstück erstellt.

Widerstand gegen Veränderungen – NTs: In einer Gruppe von Geführten gehören die NTs einer geachteten Minorität an. Sie sehen sich oft nicht genötigt, eine führende Rolle sichtbar zu spielen, machen ihren Einfluß aber häufig hinter den Kulissen geltend. Sie erwirken den Respekt ihrer Kollegen durch das Beherrschen der technischen und pragmatischen Aspekte des Unternehmens. Sie denken logisch und widersetzen sich selten Veränderungen pragmatischer Art. Die Ideen anderer werden von NTs, im Gegensatz zu NFs, bereitwillig akzeptiert. Sie halten ausgedehnte Diskussionsrunden nicht für erforderlich, ehe sie irgendwelchen Veränderungen zustimmen. NTs fühlen sich, im Gegensatz zu SJs, auch nicht von einer ernannten Autorität beeindruckt. Macht aufgrund eines Titels bedeutet ihnen wenig; Macht, die auf Kompetenz beruht, dagegen viel, und dies gilt auch für den Manager. NTs distanzieren sich oft von der Position, die von ihren NF-Kollegen eingenommen wird, und kämpfen selten für eine Sache. Sie kämpfen gegen Sachverhalte, die der Vernunft widersprechen.

Um die Unterstützung der NTs für Veränderungen zu gewinnen, müssen Taktiken angewandt werden, die das Verlangen des NT nach Kompetenz und sein Bedürfnis, von anderen als kompetent betrachtet zu werden, berücksichtigen. Ihre Unterstützung läßt sich am besten dadurch erlangen, daß man an ihre intellektuellen Fähigkeiten appelliert, indem man sie beispielsweise beauftragt, die Konzepte zu entwickeln, die Veränderungen zum Ziel haben.

Veränderungen, an deren Konstruktion der NT beteiligt ist, finden seine volle Unterstützung.

Widerstand gegen Veränderungen – SPs: SPs tendieren dazu, die Regeln eines jeden Systems zu ignorieren und stattdessen nach ihren eigenen Trommelschlägen zu marschieren – unabhängig und frei. Sie lassen sich nur selten in die Belange einer Institution verwickeln und stellen somit in bezug auf Veränderungen weder eine positive noch eine negative Kraft dar. SPs setzen sich nur in Krisensituationen ein, daher kann ihr Einfluß auf Veränderungen nur ein ungeplanter sein. Es gibt keinerlei Taktiken, die die Unterstützung der SPs für geplante Veränderungen bewirken könnten.

LEHRTÄTIGKEIT UND TEMPERAMENT

In vielen Schulbezirken Kaliforniens[5] läßt sich unter dem Lehr- und Verwaltungspersonal eine annähernd gleiche Typenverteilung beobachten (einige kleine Schulbezirke weisen Abweichungen von dieser Typenverteilung auf, wenn die Schulleitung aus NTs besteht):

	Lehrkörper und Verwaltungs-personal	Schüler und Gesamt bevölkerung	Differenz
SJ	56%	38%	+ 18%
NF	36%	12%	+ 24%
NT	6%	12%	– 6%
SP	2%	38%	– 36%

Diese Typenverteilung scheint sich auf das Verhalten der einzelnen Mitglieder des Lehrkörpers und der Schulverwaltung auszuwirken. Erstens halten weder die SJ-Lehrer noch die SJMitglieder der Schulverwaltung es für notwendig, ihre

5 Daten über die Schulen anderer Staaten in den USA sind über das Center for Application of Psychological Types, University of Florida, Gainsville, zu erfahren.

Auffassungen von Lehr-bzw. Verwaltungsmethoden zu rechtfertigen, falls ihnen ein derartiger Gedanke überhaupt kommen sollte. Da die SJs unter den Erziehern die überwiegende Mehrheit bilden, gehen sie unbewußt davon aus, daß ihre Ansichten die Norm darstellen, und zeigen sich immer wieder überrascht, wenn ihre Kollegen im Hinblick auf das "Grundsätzliche" und "Fundamentale" anderer Meinung sind als sie. In den meisten Fällen finden die Auffasungen der SJs allgemeine Zustimmung, und zwar nicht nur bei ihren Kollegen und Vorgesetzten, sondern auch bei den Eltern (SJ-Eltern nehmen wesentlich häufiger an Elternabenden teil als andere).

Die NFs, deren prozentualer Anteil im Schulwesen weitaus größer ist als in der Gesamtbevölkerung, äußern ihre Meinung meist offen und freimütig (wenn sie auch voreingenommen sein können, da sie sich der gewichtigen Mehrheitsposition der SJs durchaus bewußt sind). NF-Lehrer sind von der "Selbstverwirklichung" überzeugt und niemals bereit, in dieser Hinsicht einen Rückzieher zu machen oder ihre Meinung zu diesem Thema nicht zu sagen. Es könnte natürlich gelegentlich der Fall eintreten, daß dem Lehrkörper nur ein NF angehört, der ausschließlich von SJs umgeben ist. In einer solchen Situation hält sich der NF allerdings mit seinen Äußerungen zurück, da er für seinen Blickwinkel keinerlei Unterstützung erwarten kann.

Die ein oder zwei NTs in einer Schule (falls sie überhaupt vertreten sind), befinden sich am Rande dieses ideologischen Tauziehens – belustigt, verwundert, skeptisch und distanziert – und fragen sich, weshalb diese Leute so verwirrt sind und sich nicht auf die "eigentliche Aufgabe der Schule" besinnen, was in ihren Augen selbstverständlich die "intellektuelle Entwicklung" ist.

Der eine SP (in den meisten Schulen ist nicht einmal ein SP vertreten), steht weder am Rande dieses Geschehens noch hat er die leiseste Ahnung, daß ein solches Tauziehen überhaupt stattfindet. Er geht seiner Wege und tut genau das, was er für richtig hält, ungeachtet der Bestimmungen oder des jeweiligen Unterrichtsfachs.

In den Schulbezirken läßt sich eine periodische "Rückbesinnung auf das Elementare" beobachten, was natürlich bedeutet, daß die

SJs das Steuer in der Hand halten und darauf bedacht sind, die von den NFs erzielten und auf "Selbstverwirklichung" bedachten Veränderungen im Lehrplan wieder rückgängig zu machen. Dieser Vorgang wiederholt sich als unaufhörliche Sinuskurve über die Jahrzehnte:

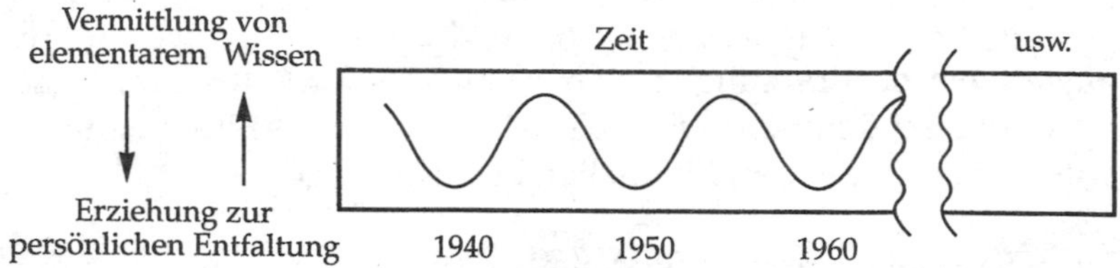

Die SJ-Erzieher, also, die sich der Aufgabe der Schule völlig sicher sind, sehen sich in der Klasse 32 Kindern gegenüber, die zu ihrem Pygmalion-Projekt werden (einem Phänomen, dem wir in den Bereichen Partnerwahl und Elternschaft bereits begegnet sind). Diese Lehrer sehen ihre Aufgabe darin, diese formlosen Wesen in einer Weise zu formen, daß sie ihrem Ebenbild entsprechen. Wir wollen uns hier noch einmal kurz die Problematik dieses Vorhabens vor Augen führen, die in Kapitel IV ausführlich dargestellt ist:

ESFJ	ESFJ	ESFP	ESFP	ENTP	INTP
ESFJ	ESFJ	ESFP	ESFP	ENTJ	
ESFJ	ESTJ	ESFP	ESTP	ENTJ	
ESTJ	ISFJ	ESTP	ISFP	ENFP	
ESTJ	ISTJ	ESTP	ISFP	ENFP	
ESTJ	ISTJ	ESTP	ISTP	ENFJ	INFJ

Beiläufig sei erwähnt, daß Morenos Buch "Who Shall Survive?" (1934) einen gewissen Einfluß auf unsere SJ-Pädagogen haben müßte, was aber nicht der Fall ist. Die Soziometrie, das Meßverfahren zur Erforschung bestimmter Aspekte zwischenmenschlicher Beziehungen in der Gruppe (Morenos Erfindung), wird alle 20 Jahre einmal hervorgeholt, vom Staub befreit und eine zeitlang benutzt, nur um dann erneut über Bord geworfen zu werden, wenn die Schule die unvermeidliche Rückkehr zum "Fundamentalen"[6] antritt.

Nun zurück zu der Problematik, die sich für die Lehrer ergibt: Wie sollte es ihnen gelingen, all die Kinder zu Sparern oder Verschwendern, Skeptikern oder Glaubenden oder was auch immer die Attribute des jeweiligen Lehrers sein mögen, zu erziehen? Wer sich an die Temperamenthypothese hält, weiß, daß dieses Unterfangen fehlschlagen muß. Die Aufgabe, die sich diese Lehrer gestellt haben, kann auf diese Weise nicht gelöst werden. Den Charakter eines Menschen zu verändern ist ebenso unmöglich, wie es einem Leoparden gelingen könnte, die Zeichnung seines Fells zu verändern. Es ist jedoch wünschenswert, daß derartige Veränderungen nicht möglich sind. Die eigentliche pädagogische Herausforderung besteht nicht darin, wie man das Temperament verändern kann, sondern darin, wie man sich das eigene Temperament zunutze machen kann, um eine möglichst förderliche Beziehung zu den Schülern unterschiedlicher Temperamente aufzubauen und zu unterhalten.

Dies ist gewiß keine leichte Aufgabe, da sie das Verstehen der verschiedenen Lehr- und Lernstile voraussetzt. Die unterschiedlichen Lernstile sind bereits in Kapitel IV beschrieben worden. Im Folgenden werden nun einige Anmerkungen zu den Lehrstilen gemacht.

Lehren im SP-Stil: Die SP-Lehrer sind daran interessiert, in ihren Schülern einen Sinn für Freiheit und Spontaneität zu entwickeln. Indem sie dieses Ziel verfolgen, kann man bei ihnen oft mit dem Unvorhergesehenen und Überraschenden rechnen. Sie verfügen über einen einzigartigen, äußerst nützlichen Stil. Daher ist es außerordentlich bedauernswert, daß sich aus der Gruppe der SPs nur eine geringe Anzahl (etwa 2%) für den Lehrberuf entscheidet, und daß sich die Mehrzahl der SPs zu Tätigkeiten hingezogen fühlt, die ihnen größere Möglichkeiten bieten, frei und uneinges-

---

6 Es gibt verschiedene Meinungen darüber, was als "fundamental" zu betrachten ist. Im wesentlichen sind darunter Lesen, Schreiben und Rechnen zu verstehen. Hier und da greift das Fundamentale (wenn auch fast unmerklich) in den NT-Bereich der Philologie, Epistemologie und Logik über (das Letztere schließt mathematisches Denken ein).

chränkt handeln und Dinge in Bewegung setzen zu können. Ihre Art, sich ganz auf das Augenblickliche zu konzentrieren, die guten Seiten des Lebens auszukosten, Vergnügen an allem, was sich bietet, zu haben, mit Spontaneität auf neue Situationen zu reagieren und Zeit für Spiele bereitzustellen, macht die SP-Lehrer für ihre Schüler besonders reizvoll. SPs geben gern Vorstellungen und präsentieren den Lehrstoff nicht selten in der Art einer lehrreichen attraktiven Darbietung oder eines Wettbewerbs.

SPs verzichten bedauerlicherweise in größerer Anzahl als andere Typen auf eine formale höhere Schulausbildung. Wie bereits in dem Kapitel über Kinder herausgestellt wurde, handelt es sich bei den Schülern, bei denen sich die größte Diskrepanz zwischen den Testergebnissen hinsichtlich akademischer Befähigung und Durchschnittszensur zeigt, vorwiegend um SPs. Der allgemein übliche Schulunterricht spricht die SPs nun einmal nicht an; sie suchen daher, sobald sie gesetzlich dazu in der Lage sind, ihre Zeit auf andere Weise auszufüllen. Eine relativ geringe Anzahl von SPs bleibt dem Hochschulstudium lange genug treu, um z.B. die Ausbildung zum Lehrer abschließen zu können. Somit geht dem Bildungs- und Schulwesen und allen anderen Berufszweigen, die ein abgeschlossenes Hochschulstudium voraussetzen, der einzigartige Stil der SPs verloren.

Die SPs, die sich dennoch für den Lehrberuf entscheiden, können ausgezeichnete Mentoren sein. Sie neigen aber auch dazu, unberechenbar zu sein, so daß ihre Schüler oft nicht wissen, was sie zu erwarten haben. SP-Lehrer reichen zwar, wenn es unbedingt sein muß, ihre Pläne ein, halten sich aber im allgemeinen nur ungenau daran. Da sie großen Wert auf ihre persönliche Unabhängigkeit legen, möchten sie in der Lage sein, jederzeit uneingeschränkt handeln zu können.

Bei der Art der Interaktion, die zwischen SPs und ihren Schülern üblich ist, handelt es sich eigenartigerweise um die gleiche Art, die zwischen SJ-Lehrern und ihren Schülern praktiziert wird, d.h. der Schwerpunkt liegt dabei auf einer Kommunikation von Schüler zu Lehrer, anstatt auf einer Kommunikation von Schüler zu Schüler. Da SPs großen Gefallen an Vorführungen finden, sehen sie sich veranlaßt, im Klassenzimmer als Hauptdarsteller aufzutreten –

was natürlich auch Zuschauer erfordert. Die Schüler genießen jeden Augenblick dieses Auftritts. Ob sie dabei den vorgeschriebenen Stoff auch lernen, sei dahingestellt, auf alle Fälle aber freuen sie sich auf die Unterrichtsstunde und empfinden für ihren SPLehrer höchstwahrscheinlich große Zuneigung. Die Beziehung zwischen SP-Lehrer und Schülern läßt sich eher mit einem geschwisterlichen Verhältnis als mit einem Kind-Eltern-Verhältnis vergleichen, bei dem ein älterer Geschwisterteil von jüngeren Schwestern oder Brüdern bewundert wird.

Der Gedanke, dafür verantwortlich zu sein, daß bestimmte Resultate erzielt werden, sagt den SP-Lehrern nicht zu, da ihre Stärke eher darin liegt, den Schülern eine Vielfalt von ereignisreichen, dramatischen Vorgängen zu bieten. In der Klasse eines SP-Lehrers sind stets irgendwelche Dinge im Gange, die meist sehr geräuschvoll und mit einem scheinbaren Durcheinander verbunden sind. Die Schüler beteiligen sich begeistert an allen möglichen Projekten und Aktivitäten, wovon einige zuende geführt werden und andere nicht. Die vom SP-Lehrer bevorzugten Unterrichtsmethoden schließen ein, daß Schüler die Möglichkeit haben, mit verschiedenen Materialien zu arbeiten und mit Werkzeugen zu manipulieren. SPs verwenden Filme, Dias, Videoaufnahmen und ähnliches als Teil ihres Lehrprogramms. Auf die Methode, Schüler am Ende eines Kapitels eine Reihe von Fragen beantworten zu lassen, verzichten SP-Lehrer gewöhnlich. SP-Lehrer reagieren selten verärgert, wenn die Schüler es versäumen, ihre Hausaufgaben abzugeben. SP-Lehrer fühlen sich auch selten unter Druck gesetzt, Aufgaben ihrer Schüler nachsehen und korrigieren zu müssen, ganz gleich, ob es sich um Hausaufgaben oder Klassenarbeiten handelt.

Die Beiträge der SPs können für das Lehrerkollegium von unschätzbarem Wert sein. Trotzdem ist ihnen nicht immer der Respekt und die Bewunderung ihrer Kollegen sicher, da sie dazu neigen, impulsiv zu handeln, was sich mit den wohldurchdachten Plänen des Kollegiums oft nicht verträgt. SPs lassen sich von Ansichten, wie z.B. Lernen heißt, sich selbst zu belohnen oder, es ist nicht gut, jemanden für sein Lernen zu belohnen, beeindrucken. Sie neigen eher als andere Typen dazu, das Lernen als etwas Beiläufiges zu betrachten, das sich aus der Teilnahme an irgendwelchen Wettbewerben oder Wettkämpfen ergibt. SPs haben keine Hemmungen, Kinder gewisse Risiken eingehen und miteinander kämpfen zu lassen und ihren Enthusiasmus zu wecken.

Lehren im SJ-Stil: SJ-Lehrer sind daran interessiert, aus ihren Schülern nützliche Mitglieder der Gesellschaft zu machen.

Unter fünf Lehrern findet man in der Regel drei SJs, was sich daraus erklärt, daß das besondere Interesse der SJs dem Bewahren und Weitervermitteln des kulturellen Erbes durch die von der Gesellschaft anerkannten Institutionen gilt. SJs sind als Lehrer verantwortungsbewußt und zuverlässig. Sie gehen auf die Bedürfnisse anderer ein und sind bemüht, harmonische soziale Beziehungen zu schaffen und zu bewahren.

Die SJ-Lehrer ziehen im allgemeinen feststehende, regelmäßige Unterrichtsmethoden vor. Ihre Arbeit ist höchstwahrscheinlich stets im voraus geplant und gut durchdacht. Der Lehrstoff wird in logischer Reihenfolge und klarer Ausdrucksweise präsentiert. SJ-Lehrer neigen dazu, streng aber fair zu sein, und sie erwarten, daß sich die Schüler an Klassenregeln und andere Vorschriften der Institution halten.

Was den psychischen Abstand, der zwischen Schüler und Lehrer besteht, betrifft, so ist die Position des SJ-Lehrers zwischen denen des NF- und des NT-Lehrers anzusiedeln. SJs besitzen weniger Einfühlungsvermögen als NFs, sind jedoch weniger zurückhaltend als NTs. SJ-Lehrer bevorzugen im allgemeinen die gehorsamen Kinder und sind bereit, diesen Kindern viel Zeit und Energie zu opfern, um ihnen beim Lernen zu helfen. Kindern gegenüber, die ein nonkonformistisches Verhalten zeigen, wie etwa ein SP-Kind, das den Unterricht stört, zeigen sie sich meist weniger geduldig.

Die Unterrichtsmethode des sokratischen Fragens liegt den SJLehrern ganz besonders. Es läßt sich im allgemeinen beobachten, daß SJ-Lehrer die Interaktion zwischen Schüler und Lehrer fördern, während sie die Interaktion zwischen den Schülern auf ein Minimum zu beschränken suchen. SJ-Lehrer betrachten die Führung der Klasse als ihre Aufgabe; es erscheint ihnen unangebracht, diese Aufgabe den Schülern zu überlassen, es sei denn, dies geschieht im Rahmen einer Unterrichtsstunde in Management.

Da SJ-Lehrer die Leistungen ihrer Schüler sorgfältig prüfen und beurteilen, haben die Schüler meist genaue Kenntnis vom Stand ihrer Leistungen. Auf der anderen Seite zögern die SJLehrer, in ihren Beurteilungen herauszustellen, in welcher Weise oder in welchen Aspekten eine bestimmte Aufgabe korrekt gelöst wurde – ein taktischer Fehler, besonders bezüglich der NF-Schüler. NT-Schüler können aufgrund ihrer Eigenständigkeit und ihres Hanges, eigenen intellektuellen Interessen nachzugehen, ihren SJ-Lehrer verärgern. Sie lassen ihn unbeabsichtigter Weise durch ihr Verhalten spüren, daß sie ihn nicht benötigen. Daß ein NTSchüler sogar in starkem Maße auf seine Mentoren angewiesen ist, wenn auch auf seine ganz eigene Art, ist eine Tatsache, die den SJ-Lehrern (oder auch den NF- und SP-Lehrern) nicht immer gegenwärtig ist.

SJ-Lehrer sind durch die Art der SP-Schüler ganz besonders leicht aus der Fassung zu bringen. SP-Schüler sind an spannungsund abwechslungsreichen Handlungen interessiert, und alle Versuche, ihnen "gute Lerngewohnheiten" beizubringen, scheinen nicht zu fruchten. Auf das Mißfallen, das sie dadurch bei ihren Lehrern erregen, reagieren die SP-Schüler mit unerwünschtem Betragen, was erneutes Mißfallen der Lehrer hervorruft. Somit entsteht ein negativer Kreislauf, bei dem stets die SPs die Verlierer sind, indem sie den Konflikt auf die Weise lösen, daß sie die Schule sobald als möglich verlassen, wodurch ihnen eine formale höhere Schulbildung verloren geht.

NF-Schüler neigen oft dazu, ihren Lehrern gegenüber in einer Weise anhänglich zu sein, die von diesen als störend empfunden wird. NFs sind stets darauf bedacht, bei ihren Lehrern Bestätigung zu erhalten, was in der Persönlichkeitsentwicklung der NFs eine wichtige Rolle spielt. Der SJ-Lehrer empfindet die Hilfsbereitschaft eines NF-Schülers selten als wirklich hilfreich und kann mitunter irritiert sein, wenn der NF seine Zeit mit "helfenden" Aktivitäten, anstatt mit Schulaufgaben verbringt.

Die SJ-Schüler, die 38% aller Schüler ausmachen, stehen im allgemeinen in Einklang mit der von den SJ-Lehrern geschaffenen

Atmosphäre, einer Atmosphäre, die Fürsorge ausstrahlt, in der aber auch auf eine pünktliche Ausführung der Schulaufgaben auf konventionelle Art und Weise Wert gelegt wird.

SJ-Lehrer fügen sich gut in die Struktur der Organisation ein. Selbst wenn sie gegenüber der Schulleitung Kritik üben, kann man von ihnen stets erwarten, daß sie die Partei der Institution und der Personen innerhalb der Institution ergreifen, wenn diese gegen Angriffe von außen zu verteidigen sind. SJ-Lehrer unterstützen und fördern Loyalität gegenüber der Schule und verstehen es, mit den Vertretern von Schülerorganisationen zusammenzuarbeiten. Sie fördern im allgemeinen den Schulsport, Freizeitprogramme und Elternorganisationen. SJs tragen weitgehend zur Stabilität einer Schule bei. Sie sind verantwortungsbewußte Vertreter der Gesellschaft und erwarten das gleiche von ihren Schülern und Kollegen.

Lehren im NT-Stil: Das Interesse der NT-Lehrer gilt der Entwicklung der intellektuellen Fähigkeiten. Sie versuchen, Antworten auf die Rätsel der Natur zu finden, und inspirieren ihre Schüler, das gleiche zu tun. Im Mittelpunkt ihres Interesses steht das Erfassen von Zusammenhängen und Bestandteilen komplexer Angelegenheiten, und sie leiten ihre Schüler an, sich ebenfalls dafür zu interessieren. NT-Lehrer pflegen mit ihren Schülern auf eine unpersönliche Art und Weise umzugehen und setzen voraus, daß Schüler lernen wollen. Sie halten sich oft genau an den gegeplanten Ablauf des Unterrichts, ohne zu bemerken, daß die allgemeine Stimmung in der Klasse möglicherweise eine Änderung der Unterrichtsmethode rechtfertigen würde. NT-Lehrer werden sehr treffend als fachbezogen bezeichnet.

NT-Lehrer finden oft Gefallen daran, neue Lehrpläne zu erstellen, obwohl sie nicht immer gewillt sind, sich auch in die Durchführung dieser ihrer Ideen verwickeln zu lassen, besonders wenn schriftliche Kleinarbeit damit verbunden ist. Aufgrund ihrer Abneigung gegen wiederholtes Behandeln des gleichen Lehrstoffes, suchen sie nach neuen Taktiken, die die Präsentationen anregender machen. Bei dieser Art von Lehren erlischt das Interesse an einer Sache, sobald sie glauben, sie inhaltlich verstanden zu haben. Es ist sicher kein Zufall, daß die Mehrzahl der NT-Lehrer auf dem

Gebiet der höheren Schulausbildung tätig sind, da hier die intellektuellen Anforderungen vermutlich am höchsten sind. In den Mittel- und Oberschulen unterrichten die NTs vorwiegend in den naturwissenschaftlichen und mathematischen Fächern und nur vereinzelt in den kaufmännischen und kunsthandwerklichen Fächern sowie denen der humanistischen Richtung.

NT-Lehrer sind daran interessiert, die Gedankengänge ihrer Schüler – besonders der Schüler, die an ihrer eigenen intellektuellen Entwicklung arbeiten – nachzuvollziehen. Falls sich daraus eine gute Debatte entwickelt, empfinden NTs dies als höchst zufriedenstellend. Sie wollen Anteil an den intellektuellen Entdeckungen ihrer Schüler haben und finden Gefallen daran, sie dazu anzuregen. Wenn wißbegierige Schüler das Interesse äußern, ihre eigenen Nachforschungen anzustellen, wird ein NT-Lehrer sie im allgemeinen darin unterstützen, vorausgesetzt, es handelt sich um ein vernünftiges Projekt. NTLehrer wissen, was nicht überrascht, die Diskussion als Unterrichtsmethode zur Lösung von Problemen erfolgreich anzuwenden, wenngleich sie auf Dialoge, die vom Thema abschweifen, oder auf zu langsam voranschreitendes Lernen ungehalten reagieren.

NT-Lehrer müssen eine gewisse Selbstdisziplin üben, um sich Zeit für Wiederholungen zu nehmen. Sie müssen gegen ihre Neigung ankämpfen, Prinzipien oder Fakten nur einmal zu erklären, und zu erwarten, daß die Schüler die Sache somit für alle Zeiten begriffen haben. Da sie fürchten, sie könnten ihre Schüler langweilen, neigen sie dazu, aus der Sicht der meisten Schüler viel zu schnell voranzugehen. NTs sind am erfolgreichsten, wenn sie in technischen Fächern unterrichten. Sie sind gewöhnlich nicht daran interessiert, schwer lernende Kinder zu unterrichten, und bevorzugen Kinder mit schneller Auffassungsgabe.

NT-Lehrer stellen hohe Anforderungen an ihre Schüler und neigen dazu, das Leistungsniveau zu eskalieren. Eine hervorragende Klasse kann zum Maßstab für alle nachfolgenden Jahrgänge werden. Somit haben die Schüler von NT-Lehrern oft nicht genügend Erfolgserlebnisse, die den nötigen Ausgleich für ihre Mißerfolge schaffen. NT-Lehrer legen größeren Wert auf Wissen von Gegenständlichem (als Träger intellektueller Entwicklung) als auf die Entwicklung von sozialen Fähigkeiten und ästhetischem Empfinden und stellen in diesen Aspekten das Gegenteil der NF-Lehrer dar.

Die Schüler eines NT-Lehrers wissen im allgemeinen genau, was von ihnen in bezug auf Disziplin und Leistung erwartet wird. Ein NT-Lehrer läßt sich selten auf emotionaler Ebene zur Änderung eines wohlbegründeten Standpunkts, den er für recht und billig hält, bewegen. Ein NT-Lehrer ändert z.B. selten durch den Druck der Schulleitung oder der Eltern eine Note, die seiner Meinung nach den Leistungen des Schülers entspricht. Einem NT fällt es schwer, seinen Schülern gegenüber zum Ausdruck zu bringen, daß er ihre Leistungen anerkennt, da er der Meinung ist, dies sei offensichtlich, was natürlich nicht der Fall ist. Die Schüler glauben oft, daß der NT-Lehrer mit ihren Leistungen nicht zufrieden ist, selbst wenn dies in Wirklichkeit nicht so ist. Der NT sollte daher, wie auch in anderen Bereichen, in seiner Lehrtätigkeit darauf achten, die Beiträge der Schüler zu würdigen und dies auch mit Worten auszudrücken. Der NT muß ganz bewußt daran arbeiten, in seinen Klassen eine positive Atmosphäre zu schaffen, da er von Natur aus dazu neigt, unachtsam gegenüber den Bedürfnissen anderer nach Anerkennung zu sein, und da er dazu tendiert, nur die Leistungen von einigen als "der Norm entsprechend" anzusehen und die Leistungen der Mehrzahl der Schüler als "genügend" oder "ungenügend" einzuordnen. Auf der anderen Seite sind die NT-Lehrer in größerem Maße als andere Lehrer daran interessiert, ihren Schülern Aufgaben zu stellen, die ihre individuelle Entwicklungsstufe berücksichtigen. Da sie ihren Auftrag in der Entwicklung der Intellektuellen Fähigkeiten eines jeden Schülers sehen, nehmen sie auch gewisse Schwankungen in der Intelligenz eines Kindes sowie Unterschiede zwischen einzelnen Kindern wahr. Sie verfallen weniger als andere Lehrer der irrtümlichen Ansicht, daß ein Schüler, nur weil er bei einem bestimmten Test gut bzw. schlecht abgeschnitten hat, bei weiteren aber anderen Tests ebenso gut bzw. schlecht abschneiden wird. Der NT-Lehrer ist im allgemeinen feinfühliger als andere Lehrer, wenn es um die Selbsteinschätzung der Schüler hinsichtlich ihrer Kompetenz geht. Nachdem die NT-Lehrer stets auf das Pulsieren ihres eigenen Intellekts achten, verstehen sie, daß auch Kinder ihr Repertoire an Fähigkeiten zu beurteilen suchen.

In einem Lehrerteam arbeitet der NT meist gut mit einem anderen NT zusammen, jedoch kann die Einbeziehung eines NFKollegen von unschätzbarem Wert sein, da dieser mit äußerster Feinfühligkeit auf die allgemeine Stimmung in einer Klasse einzugehen versteht. NTs stehen im allgemeinen auf der Seite der Institution und ihrer Mitglieder, sie erwarten aber sowohl von ihren Kollegen als auch von der Schulleitung ein hohes Maß an Kompetenz. NTs sind allgemein dafür bekannt, wenig Geduld für Bürokratie oder unproduktive Besprechungen aufzubringen. Es interessiert sie wenig, an Besprechungen teilzunehmen, deren Themen ebensogut in schriftlicher Form mitgeteilt werden können.

NTs sind an ihrer beruflichen Weiterbildung interessiert und mit einem hohen prozentualen Anteil in der Gruppe der Lehrer vertreten, die akademische Titel erwerben. Sie sind in der Fachliteratur belesen und investieren große Summen in Fachbücher. NTs als Gruppe unterstützen das Anlegen strenger akademischer Maßstäbe und vertreten nur selten die Position, daß Lernen immer erfreulich, leicht und angenehm sein sollte.

Lehren im NF-Stil: Der Lehrstil der NFs zeichnet sich durch ihr persönliches Charisma und Engagement für ihre Schüler aus. NF-Lehrer sind in jeder Hinsicht aufrichtig um das Wohl der Schüler besorgt, d.h. sie sind sowohl an der sozialen als auch der intellektuellen Entwicklung der Kinder interessiert. Der Umgang mit ihren Schülern verläuft vorwiegend auf einer individuellen Basis, und sie bevorzugen die Unterrichtsmethoden, die eine individuelle Betreuung der Kinder ermöglichen. Unter der Anleitung eines NF-Lehrers entdecken Schüler bisweilen bisher verborgene Talente.

NF-Lehrer sind ihrerseits besonders talentiert, eine Klasse im demokratischen Stil zu führen. Sie halten es für wünschenswert, daß sich die Schüler an Entscheidungsprozessen beteiligen, und sind gewillt, Gruppenentscheidungen zu respektieren. Sie sind in größerem Maße als andere Lehrer bereit, die Interaktion zwischen den Schülern zu gestatten und sehen sich selbst nicht unbedingt als die Quelle aller Weisheiten an. NF-Lehrer sind gewöhnlich beherzt genug, ihren Schülern ein gelegentliches Versagen zuzugestehen und stehen zur Verfügung, wenn Ansporn und Ermutigung vonnöten sind.

NF-Lehrer haben ein ausgesprochen gutes Gespür für die Stimmung in der Klasse und sind bereit, von dem geplanten Verlauf einer Unterrichtsstunde abzuweichen, wenn ihnen zum gegebenen Zeitpunkt eine andere Art der Erfahrung für ihre Schüler angebracht erscheint. Die NF-Lehrer sind in der Lage, in ihren Klassen einen "Drei-Manegen-Zirkus" zu planen und zu unterhalten, da sie über ein großes Maß an Toleranz für eine Vielzahl gleichzeitig ablaufender Aktivitäten besitzen (vorausgesetzt natürlich, es handelt sich dabei um nützliche, produktive Aktivitäten). Sie verstehen es, eine Reihe von unterschiedlichen Lehrmethoden erfolgreich anzuwenden, wie das Arbeiten in großen oder kleinen Gruppen und Betätigungen, die die Bedürfnisse der einzelnen Schüler berücksichtigen. Dagegen benutzen sie nur ungern vorbereitete Aufgabenbücher oder Projekte und ziehen es vor, ihr eigenes Lehrmaterial zu entwerfen.

NFs können in der Ausübung der Lehrtätigkeit recht unkonventionell sein und sind auch in der Lage, mit unkonventionellen Verhaltensweisen ihrer Schüler umzugehen. NF-Lehrer verstehen die Handhabung der Art von Lehrmateral, das zur sozialen Entwicklung der Schüler beitragen soll. Lehrstoff, der "Werte" vermittelt, spricht sie oft besonders an.

NFs sind daran interessiert, persönliche Beziehungen zu ihren Schülern zu entwickeln. Da sie typischerweise äußerst sensibel veranlagt sind und viel Einfühlungsvermögen besitzen, sehen sie sich manchmal einer emotionalen Überbelastung ausgesetzt. Persönliche Beziehungen mit über 100 Schülern verschiedener Klassen zu unterhalten, kann in der Tat das emotionale Wohlbefinden eines NF-Lehrers unterminieren. Es ist daher äußerst wichtig, daß für ein ausreichendes Maß an Erholung und Entspannung gesorgt wird.

Die Anschauung der NFs, daß man gegenüber allen seinen Schülern Zuneigung empfinden und bei allen seinen Schülern beliebt sein sollte, kann ihre Effektivität als Lehrer beeinträchtigen. Wenn sie einen Schüler nicht leiden können, versuchen sie stets, diesen für sie unerträglichen Zustand zu ändern. Sie bemühen sich, der Sache auf den Grund zu gehen und herauszufinden, weshalb sie den Betreffenden nicht mögen, und versuchen dann, ihre Einstellung, die von anderen oft als gerechtfertigt betrachtet wird, zu ändern. NFs sehen in dem Leiter ihrer Schule manchmal eine Autoritätsperson und projizieren auf ihn frühere Reaktionen auf Erfahrungen in der Primärgruppe, z.B. Erfahrungen in der Beziehung zwischen NF und Vater oder Mutter. NFs haben manchmal Schwierigkeiten, ihre Vorgesetzten in der Weise zu akzeptieren, in der sie ihre Schüler und Kollegen akzeptieren. Dies ist im Hinblick auf das Streben der NFs nach Integrität und Einzigartigkeit ihrer Persönlichkeit durchaus verständlich, kann sich aber dennoch äußerst destruktiv auf die Zusammenarbeit mit anderen auswirken.

NF-Lehrer schieben möglicherweise die Erledigung von Büround Schreibarbeiten vor sich her, bis die Situation kritische Ausmaße annimmt. Auch in bezug auf unangenehme Beziehungen oder Situationen neigen NFs dazu, sich diesen nur zögernd zu stellen in der Hoffnung, daß sich die Angelegenheiten von selbst klären, wenn man sie ignoriert. Im allgemeinen sind NFs jedoch kontaktfreudige Menschen, die im Lehrerkollegium als starke und allgemein beliebte Führerpersönlichkeiten gelten. Obwohl sie dazu tendieren, sich positiv über andere zu äußern, können sie auch überaus kritische Bemerkungen machen, wenn man ihr Mißfallen erregt. Während sich die Kritik der SJs vorwiegend gegen institutionelle Verfahrensweisen richtet, bezieht sich die Kritik der NFs meist auf ganz bestimmte Personen und deren Verhalten. Sie üben gelegentlich Kritik an Menschen, die nicht anwesend sind, was mitunter soweit geht, daß sie über Einzelheiten, die ihre Schüler und deren Eltern betreffen, in unpassender Weise im Lehrerzimmer diskutieren. Im allgemeinen ist der Einfluß der NFs auf ihre Umgebung jedoch eher von fürsorglicher als von toxischer Natur. Ihre Tätigkeit als Lehrer nehmen sie gewöhnlich mit Enthusiasmus wahr. Sie sind bereit, so viel Zeit zur Verfügung zu stellen, wie notwendig ist, um das zu tun, was getan werden muß. Anstatt Zuhörer von Vorträgen in großen Gruppen zu sein, ziehen sie die aktive Teilnahme an kleinen Arbeitsgruppen vor. NFs neigen dazu, Fachliteratur flüchtig zu überfliegen, wenngleich sie stets an Innovativem und Neuem interessiert sind. NF-Lehrer investieren in Lehrmaterial, das die Wirkung ihres Unterrichts erhöht, während NTs die gleiche zur Verfügung stehende Summe in Fachbücher anlegen.

Lehrstil – Zusammenfassung

Im folgenden werden die charakteristischen Merkmale der vier Lehrstile zusammengefaßt dargestellt – Grundwerte der Schulausbildung, Prozentsatz der Lehrer in den vier Kategorien und Dauer der Lehrtätigkeit, bevorzugte Fachgebiete und Unterrichtsmethoden.

Typ	Grundwerte der Schulausbildung	Prozentsatz der Lehrer und Dauer Lehrtätigkeit	Bevorzugte Fachgebiete	Bevorzugte Lehrmethodender
SP	Förderung von Spontaneität und Unabhängigkeit	4% Ausübung der Lehrtätigkeit von kurzer Dauer	Kunst Kunsthandwerk Sport Drama Musik	Projekte Wettbewerbe Spiele Vorführungen Darbietungen Freizeitaktivitäten
SJ	Förderung von Verantwortungs-bewußtsein und Nützlichkeit	56% Ausübung der Lehrtätigkeit von langer Dauer	Landwirtschaft Kaufmännische Sport Gesellschaftskunde Abfragen Vorführungen Geographie #2	Deklamieren Bereiche Üben Aufsätze Tests/Politologie Geschichte
NT	Förderung von Wissen und Könnenvon	8% Ausübung der Lehrtätigkeit mittlerer Dauer	Philosophie Naturwissenschaften Technologie Kommunikation Mathematik Linguistik	Vorlesungen Tests Aufsätze Projekte Berichte
NF	Förderung von Identität und Integrität	32% Ausübung der Lehrtätigkeit von langer Dauer	Geisteswissenschaften Gesellschaftskunde Musik Fremdsprachen Theologie	Gruppenarbeit Interaktion Diskussionen Darbietungen Nachahmungen Spiele

FINALE

Welche Schlußfolgerungen lassen sich also aus dem Vorhergesagten ziehen? Zunächst die Feststellung, daß sich die Menschen voneinander unterscheiden, und daß jeder auf seine Art in Ordnung ist. Es ist tatsächlich der Fall, daß sich die meisten Menschen wie Fremde gegenüberstehen. Wir alle haben unsere eigenen Wunschvorstellungen. Da meine Wünsche ebenso erstrebenswert sind wie deine, sollen wir beide an unseren Wünschen festhalten. Darüber hinaus besitzt ein jeder von uns bestimmte Talente. Ich achte deine Talente und hoffe, daß dies auf Gegenseitigkeit beruht.

Es stimmt nicht, daß wir beide in unserem Reifeprozeß dieselben Phasen durchlaufen. Du machst möglicherweise ein oder zwei Identitätskrisen durch, ich aber nicht, was nicht bedeutet, daß ich unreif oder auf irgendeine Stufe, eine Phase oder einen Abschnitt meines Lebens fixiert bin. Identität ist einfach nicht meine Sache, war es nie, und wird es nie sein.

Nun, du unbekanntes Wesen, du wirst mich nie ganz verstehen können. Wenn du aber davon absiehst, mich in deinem Sinne verändern zu wollen, könnte dies eine gute Basis dafür sein, daß du mich schätzen lernst. Damit könnte ich mich schon begnügen.

ANHANG:

DIE SECHZEHN TYPEN

Porträt des ENFJ

ENFJs eignen sich hervorragend als Leiter von aufgaben- und wachstumbezogenen Gruppen. Sie erachten es als ganz selbstverständlich, daß man ihnen folgt, ohne jemals in Frage zu stellen, ob andere ihren Vorschlägen überhaupt folgen möchten. Da dieser Typus jedoch ein außergewöhnliches Charisma besitzt, schließen sich andere seinen Vorschlägen oft bereitwillig an. ENFJs legen Wert auf die Kooperation anderer und sind selbst stets zur Zusammenarbeit mit anderen bereit.

ENFJs kommen in etwa fünf Prozent der Bevölkerung vor. Menschen sind für sie von größter Wichtigkeit und höchster Priorität. Infolgedessen können sie sich für die Empfindungen anderer in einem solchen Maße verantwortlich fühlen, daß dies eine Belastung der Beziehung darstellt. ENFJs strahlen Fürsorglichkeit und Bereitschaft zum Engagement aus. Daher suchen andere bei ihnen Zuneigung und Unterstützung, und im allgemeinen sind ENFJs auch in der Lage, diese zu geben. Mitunter können sie sich aber durch derartige Erwartungen überfordert fühlen, wobei ihnen jedoch die Fähigkeit zur Dissoziation fehlt. ENFJs sind nicht in der Lage, Forderungen abzuwenden, selbst dann nicht, wenn diese unzumutbar werden. Falls sich ENFJs aufgrund von Zeit- oder Energiemangel notgedrungen von derartigen Belastungen befreien müssen, leiden sie unter Schuldgefühlen, die in keinem Verhältnis zu ihren Verpflichtungen gegenüber dieser Beziehung stehen.

ENFJs neigen dazu, zwischenmenschliche Beziehungen zu idealisieren, sie auf eine höhere Ebene zu bringen. In den seltensten Fällen jedoch entspricht die menschliche Natur diesem Ideal. Aufgrund ihrer Neigung zur Idealisierung zwischenmenschlicher Beziehungen können ENFJs unbeabsichtigterweise ihre Freunde überfordern, da diese es als unmöglich erachten, ihren Idealvorstellungen gerecht zu werden. Tatsächlich jedoch zeigen sich ENFJs anderen gegenüber außergewöhnlich tolerant, selten kritisch und stets vertrauenswürdig.

ENFJs halten Kommunikation für selbstverständlich und gehen davon aus, verstanden und in ihrer Kommunikation akzeptiert zu werden. Da sie selbst aufnahmebereit sind, erwarten sie dieses auch von anderen. Fühlen ENFJs sich in ihrem Standpunkt oder in ihren Ausführungen nicht verstanden oder nicht akzeptiert, so reagieren sie überrascht, verwirrt und manchmal verletzt. Allerdings tritt dies nur selten ein, da ENFJs über eine beachtliche Sprachbeflissenheit verfügen. Ihre Wortgewandtheit tritt eher im persönlichen Gespräch als im schriftlichen Gedankenaustausch zutage. Sie wissen ihren Einfluß geltend zu machen und vertreten auch in der Gruppe stets ihre Meinung, ganz gleich ob es sich um eine kleine oder größere Gruppe handelt.

ENFJs besitzen ein ungewöhnlich großes Einfühlungsvermögen. Dabei nehmen sie die Eigenschaften, Emotionen und Ansichten anderer derart in sich auf, daß sie Gefahr laufen, sich unbewußt zu stark mit den Nöten und Sorgen der anderen zu identifizieren, das heißt deren Bürden als ihre eigenen zu betrachten. Somit setzen ENFJs ihre eigene Identität aufs Spiel. ENFJs besitzen aufgrund dieser hochentwickelten Fähigkeit, durch Introjektion mitfühlend zu sein, eine natürliche Gabe zur Nachahmung. Sie neigen dazu, sich eingehend mit den Problemen derer zu befassen, die ihnen nahestehen, können sich aber ebenso in die Probleme derer, die ihnen weniger nahestehen, verwickeln lassen und sich dabei zu stark emotionell engagieren.

ENFJs sollten stets ihren Eingebungen folgen, da ihre intuitiven Fähigkeiten in der Regel stark ausgeprägt sind. Entscheidungen, die lediglich auf logischer Grundlage beruhen, können mitunter inkorrekt ausfallen. ENFJs sind daher gut beraten, sich hin und wieder an Personen mit starker T-Ausrichtung zu orientieren. In ihren Wertvorstellungen stehen ENFJs allerdings auf solider Grundlage. Sie wissen im allgemeinen, was sie wollen, und sind in der Lage, andere mit außergewöhnlicher Genauigkeit zu durchschauen. Fehleinschätzungen in bezug auf Motivationen oder Absichten anderer, ob verborgen oder nicht, kommen bei ENFJs nur selten vor.

ENFJs sind gesellschaftlich angepaßt und geben vorzügliche Kameraden und Gefährten ab, die sich auch ihren Kindern mit großer Hingabe widmen. Sie neigen aber nicht dazu, ihren Partner oder ihre Kinder beherrschen zu wollen. Im Grunde genommen sind ENFJs sehr ausgeglichene Menschen, die von einem Ehe- oder Lebens-partner, der Forderungen an sie stellt, ausgenutzt werden können. ENFJs als Gefährten versuchen stets, alles rechtzumachen, und fühlen sich persönlich verantwortlich für den reibungslosen Ablauf des Familienlebens. Deshalb sind sie unermüdlich in ihrem Bestreben, ein harmonisches Zuhause zu schaffen, wobei sie in großzügiger Weise einen Teil ihres Einkommens, ihrer Zeit und ihrer Energie zur Verfügung stellen. Diese Hingabe der ENFJs hängt oft mit ihrem Traum von der perfekten Beziehung zusammen – ein Merkmal aller NFs, das jedoch bei ENFJs besonders stark ausgeprägt ist. Deshalb haben ENFJs ein Verlangen nach dem Idealen, was wiederum zur Folge hat, daß sie ein vages Gefühl der Unzufriedenheit spüren, falls irgendetwas einer Beziehung im Wege steht. Dies gilt sowohl für Liebesbeziehungen als auch für Freundschaften.

Dieses Verlangen nach Perfektion kommt auch in der beruflichen Karriere der ENFJs zum Ausdruck, die – ganz gleich in welcher Tätigkeit – eine gewisse Rastlosigkeit empfinden. Ebenso wie bei den ENFPs findet man bei den ENFJs eine breite Palette möglicher erfolgversprechender Tätigkeiten. Die Redegewandtheit der ENFJs läßt sie im Umgang mit anderen ein hohes Niveau erreichen. Dies ist besonders in Situationen der Fall, die persönlichen Kontakt erfordern. Auf dem Gebiet der Medien, in geistlichen Ämtern auf Bühne und Leinwand sind erfolgreiche ENFJs in großer Zahl zu finden. ENFJs eignen sich hervorragend als Therapeuten, sie sind charismatische Lehrer, ausgezeichnet als leitende Angestellte und Verkaufspersonal. Tätigkeitsgebiete, auf denen die zwischenmenschlichen Talente der ENFJs nicht genutzt werden – zum Beispiel Buchführungs- und Rechnungswesen –, sollten vermieden werden. Im übrigen ist jede Beschäftigung, die auf ständigen menschlichen Kontakten beruht, auf die Persönlichkeit der ENFJs zugeschnitten.

ENFJs bevorzugen ein geregeltes und organisiertes Umfeld. Sie planen berufliche und gesellschaftliche Verpflichtungen gern im voraus und halten Versprechen unbedingt zuverlässig ein. Komplizierte Situationen, die das Abwägen verschiedener Informationen erfordern, liegen den ENFJs ganz besonders. Gleichzeitig verstehen sie es, Menschen mit Charme und Mitgefühl zu behandeln. ENFJs sind im allgemeinen überall populär. Da ENFJs sich gleichermaßen in führenden und nichtführenden Rollen wohlfühlen, sind sie stets gern gesehen. Ein erfahrener ENFJ-Gruppenführer vermag, ohne vorauszuplanen, auf schier unerschöpfliche Art und Weise Aktivitäten zur Beschäftigung der Gruppe zu finden. Dabei trägt er dafür Sorge, daß die einzelnen Mitglieder der Gruppe angemessene Rollen spielen. Einige ENFJs meistern diese Aufgabe fast genial, so daß andere Typen ihnen nur schwer nacheifern können. Aufgrund ihrer Fähigkeit, zu organisieren ohne zu planen, besteht eine gewisse Ähnlichkeit zu den ESFJs, obwohl diese mehr als Veranstaltungs- denn als Gruppenleiter fungieren. ESFJs sind eher Unterhaltungsgestalter, die allen Teilnehmern einer Party Vergnügen verschaffen möchten; sie wollen sicherstellen, daß bei gesellschaftlichen Anlässen die passenden Worte gesprochen werden, besonders bei solchen Gelegenheiten wie Hochzeiten, Begräbnissen und ähnlichem. ENFJs, ebenso wie ESFJs, legen vor allem Wert auf harmonische soziale Beziehungen, aber ENFJs lassen sich durch gleichgültiges Verhalten anderer nicht so leicht entmutigen wie ESFJs und sind von der Wertschätzung anderer in geringerem Maße abhängig.

Porträt des INFJ

Bei INFJs liegt der Schwerpunkt auf dem Möglichen. Sie lassen sich in ihrem Denken von Wertvorstellungen leiten, und es fällt ihnen leicht, Entscheidungen zu treffen. Da INFJs einen äußerst starken Drang verspüren, zum Wohlbefinden anderer beizutragen, ist es bedauerlich, daß dieser Typus nur in einem Prozent der Bevölkerung vorkommt. INFJs erfreuen sich daran, ihren Mitmenschen zu helfen. Dieser Typus weist eine große Persönlichkeitstiefe auf, ist innerlich kompliziert und in der Lage, schwierige Menschen und Angelegenheiten zu verstehen und mit ihnen umzugehen.

INFJs sind diejenigen, die mit größter Wahrscheinlichkeit Visionen sozialer Geschehnisse haben – vergangene, gegenwärtige oder zukünftige. Vermag jemand übersinnliche Phänomene besser als die meisten Menschen zu verstehen, dann ist er wahrscheinlich ein INFJ. Normalerweise besitzen INFJs großes Einfühlungsvermögen und sind in der Lage, die Emotionen oder Absichten anderer zu bemerken, noch ehe die Betreffenden sich selbst derer bewußt werden. Dies kann sich zum Beispiel auch auch darin äußern, daß sie Sorgen, Ängste oder Krankheiten anderer in einem Maße mitfühlen, wie es andere Typen kaum vermögen. INFJs spüren intuitiv das Gute oder Böse in anderen, wenn sie auch selten erklären können, wie sie zu einer bestimmten Erkenntnis gelangt sind. Ihre Vorahnungen werden jedoch häufig durch später eintretende Ereignisse bestätigt.

INFJs sind in der Regel gute Schüler, die etwas erreichen und die eine dezente Kreativität zeigen. Sie nehmen ihre Arbeit ernst und haben Freude an akademischer Tätigkeit. Sie neigen zu übertriebenem Perfektionismus und engagieren sich oft mehr für eine Aufgabe, als es durch deren Art gerechtfertigt ist. Sie treten im allgemeinen nicht als Führer hervor, sondern machen verborgen hinter den Kulissen ihren Einfluß geltend.

INFJs kennenzulernen ist schwierig. Sie haben ein ungewöhnlich vielschichtiges Innenleben, geben sich jedoch zurückhaltend und neigen dazu, ihre Reaktionen für sich zu behalten, außer bei denen, denen sie vertrauen. Aufgrund ihrer starken Anlage zur Introjektion sind INFJs leicht verletzbar, was möglicherweise einer der Gründe ist, weshalb sie eher zurückhaltend sind. Man kann an einem INFJ, den man jahrelang gekannt hat, plötzlich neue Seiten entdecken. Das heißt aber nicht, daß INFJs unbeständig sind; im Gegenteil, sie sind ausgesprochen beständig und schätzen

Integrität. Aber sie sind in ihrer Persönlichkeit äußerst kompliziert, was ihnen selbst bisweilen Kopfzerbrechen bereitet.

INFJs wollen es anderen gern recht machen und sind bemüht, in allen Situationen ihr Bestes zu geben. Sie ziehen es stets vor, mit anderen übereinzustimmen, und finden Konfliktsituationen unangenehm und destruktiv. Die Fähigkeit zu außersinnlichen Wahrnehmungen, bekannt als ESP, findet man häufiger bei INFJs als bei irgendeinem der anderen Typen, allerdings sind auch andere Typen dazu durchaus in der Lage. INFJs besitzen lebhafte Phantasie sowohl in der Erinnerung als auch in der Intuition, was manchmal fast geniale Formen annehmen kann. Deshalb werden sie mitunter als Mystiker angesehen. Ihre uneingeschränkte Vorstellungs- und Schöpfergabe ermöglicht es ihnen, komplizierte, zuweilen schöngeistige Kunstwerke zu schaffen, zum Beispiel Musikkompositionen, mathematische Modelle, Gedichte, Theaterstücke und Romane. In gewissem Sinne ist der INFJ der poetischste aller Typen. So wie es dem ENTJ schwerfällt, nicht zu führen, fällt es dem INFJ schwer, nicht intuitiv zu sein. Diese Fähigkeit erstreckt sich auf andere Menschen und Dinge und oft auch auf Ereignisse in der Form von Visionen, Vorahnungen und audiovisuellen Zukunftserscheinungen. INFJs sind in der Lage, sich auf fast unheimliche Art und Weise über größere Entfernungen mit anderen zu verständigen.

Als Schwerpunkt ihres Studiums wählen INFJs häufig Fächer der philosophischen Fakultät und entscheiden sich für Berufe, die mit Menschen zusammenhängen. Allerdings kommen nur die Berufe in Betracht, bei denen es sich um den Umgang mit Einzelpersonen handelt. Zum Beispiel könnte ein praktischer Arzt, ein Psychiater oder Psychologe ein INFJ sein. So wie für alle NFs sind für sie die geistlichen Berufe von Interesse, obwohl INFJs hierfür eine extravertierte Rolle spielen müssen, was ihnen viel Energie abverlangt. INFJs fühlen sich zu schriftstellerischen Berufen hingezogen und bedienen sich häufig einer ungewöhnlich anschaulichen Ausdrucksweise. Sie sind wahre Meister der Metaphorik, und ihre verbalen als auch ihre skripturalen Ausführungen sind in der Regel elegant und vielseitig. Ihre Sprachgewandtheit ist im allgemeinen auf Menschen ausgerichtet – auf die Beschreibung anderer und auf den persönlichen Schriftverkehr. INFJs, die schriftstellerisch tätig sind, bemerken oft, daß sie bei ihrer Arbeit an eine bestimmte Person denken. Für ein anonymes, abstraktes Publikum zu schreiben finden sie wenig anregend.

INFJs eignen sich hervorragend als Therapeuten für individuelle Beratung. Sie besitzen die Fähigkeit, die Archetypen ihrer Patienten in einer Weise aufzuspüren, wie es die meisten anderen Typen nicht vermögen. INFJs sind auch unter allen Typen diejenigen mit der größten Anfälligkeit für das Hervorbrechen ihrer eigenen archetypischen Substanz. Als Therapeuten können INFJs entweder Beratung, klinische Psychologie oder Psychiatrie wählen oder sich für eine akademische Tätigkeit auf diesen Gebieten entscheiden. INFJs finden es auch interessant, über diese Berufe zu schreiben. Sie sind im allgemeinen erfolgreich, unabhängig davon, für welches Gebiet sie sich entscheiden. Ihre menschliche Wärme, ihr Enthusiasmus, ihr Verständnis, ihre Konzentrationsfähigkeit und ihre organisatorische Geschicklichkeit spielen hierbei eine Rolle.

Bei der Arbeit und im gesellschaftlichen Bereich sind INFJs im Umgang mit anderen feinfühlig, und sie finden sich in einer Organisation im allgemeinen gut zurecht. Sie besitzen die Fähigkeit zur Ausübung von Tätigkeiten, die Abgeschiedenheit und Konzentration erfordern, sind aber trotzdem in der Lage, gut mit Menschen zusammenzuarbeiten, solange dies nicht oberflächlicher Natur ist. INFJs arbeiten gern an der Lösung von Problemen und sind imstande, soziale Einrichtungen kreativ und humanistisch zu verstehen und anzuwenden. Ob als Arbeitnehmer oder Arbeitgeber, INFJs sind stets auf die Gefühle anderer bedacht. Sie sind mit einem Gefühlsbarometer ausgestattet, das auf Einzelpersonen oder Gruppen innerhalb einer Organisation ausgerichtet ist. INFJs sind gute Zuhörer, die gewillt und imstande sind, andere zu konsultieren und mit anderen zu kooperieren. Eine einmal getroffene Entscheidung versuchen sie unter allen Umständen auch umzusetzen.

INFJs eignen sich im allgemeinen gut für eine Tätigkeit in Public Relations, da sie gute zwischenmenschliche Beziehungen unterhalten. Sie legen Wert auf Harmonie in der Belegschaft und schätzen eine Organisation mit reibungslosen Abläufen. Um dieses Ziel zu verwirklichen, scheuen sie keine Mühe. Ein Übermaß an Kritik empfinden sie als vernichtend, sie sind somit leicht verletzbar. Für Lob sind sie empfänglich, und sie machen ihrerseits davon als

Mittel zur Anerkennung und Motivation anderer Gebrauch. Sehen sie sich Feindseligkeiten oder ständiger Kritik am Arbeitsplatz ausgesetzt, verlieren sie leicht ihr Selbstvertrauen, werden unglücklich und untätig und drohen letzten Endes physisch krank zu werden.

Als Lebensgefährten sind INFJs ihren Partnern in der Regel liebevoll zugetan, müssen jedoch nicht unbedingt für körperliche Annäherungen empfänglich sein. Sie neigen dazu, hin und wieder körperlich ausdrucksstark und gefühlvoll zu sein, möchten jedoch den Zeitpunkt dafür selbst bestimmen, und dieser hängt ganz von ihrer Stimmung ab. Für einen extravertierten Partner kann das sehr verwirrend sein. Oftmals zeigen INFJs ihre Zuneigung auf eine subtile Art, die dann eine unerwartete humorvolle Wendung nehmen kann. INFJs legen großen Wert auf ein harmonisches Familienleben und empfinden ständigen Konflikt – ob offen oder verborgen – als äußerst destruktiv für ihre Psyche. Ihr Freundeskreis ist wahrscheinlich klein, weist aber tiefgehende und lang andauernde Beziehungen auf.

Als Eltern engagieren sich INFJs im allgemeinen sehr stark. Besonders die bei einem weiblichen INFJ bestehende ungewöhnlich enge Bindung an ihre Kinder unterscheidet sich von der aller anderen Typen – man könnte sie fast psychisch-symbiotisch nennen. Diese Bande können eine übermäßige Abhängigkeit bewirken, die für Mutter und Kind gleichermaßen ungesund ist. Gleichzeitig sind INFJs meist gute Freunde ihrer Kinder, jedoch mit strenger Disziplin. Sie sind gewöhnlich auf ein behagliches Zuhause bedacht, besonders auf Komfort, sowie auf körperliches und emotionales Wohlbefinden ihrer Gefährten und Kinder.

Porträt des ENFP

Für ENFPs sind alle Geschehnisse von Bedeutung. Sie besitzen ein geradezu unheimliches Gespür für die Motivationen anderer. Aufgrund dieses Talents sehen sie das Leben als ein aufregendes Drama an, das viele Möglichkeiten für Gutes und Böses enthält. Dieser Typus kommt nur in etwa 5 Prozent der Bevölkerung vor, übt aber trotzdem großen Einfluß auf andere aus, da er außerordentlich wirkungsvoll sein kann. ENFPs streben nach Authentizität – selbst bei Spontanhandlungen –, was anderen, die diese Eigenschaft anziehend finden, meist auf nichtverbale Weise vermittelt wird. Ihre eigenen Bemühungen, authentisch und spontan zu sein, finden ENFPs allerdings stets mangelhaft. Sie neigen dazu, sich selbst das Leben zur Hölle zu machen und sich fortwährend Mangel an Selbstsicherheit vorzuwerfen.

ENFPs betrachten intensive emotionale Erfahrungen als sehr wichtig, fühlen aber ein gewisses Unbehagen, sobald sie ihnen widerfahren, durch das Empfinden, nur mit einem Teil ihrer selbst gegenwärtig zu sein. Sie sind auf Übereinstimmung bedacht, sehen sich selbst aber stets in Gefahr, den Kontakt mit ihren wirklichen Gefühlen – die ENFPs in großer Breite und Tiefe besitzen – zu verlieren.

ENFPs beobachten ständig ihr äußeres Umfeld, und nichts, was außerhalb des Normalen liegt, wird je ihrer Aufmerksamkeit entgehen. Sie sind scharfsinnige und durchdringende Beobachter – sie sind in der Lage, sich intensiv auf andere Menschen zu konzentrieren und gleichzeitig alles wahrzunehmen, was um sie herum geschieht. Ihre Aufmerksamkeit ist niemals passiv oder beiläufig, niemals abschweifend, sondern stets ungeteilt und direkt. Sie neigen bisweilen dazu, Geschehnisse unter Zugrundelegung der "verhüllten Beweggründe" anderer zu interpretieren. Diese Art der Interpretation tendiert meist hin zum Negativen und ist häufig auch falsch. Im Verlauf dieses Vorgangs erkennen ENFPs oft, daß sie unnötigerweise ein toxisches Element in die Beziehung gebracht haben. Obwohl ENFPs ein ausgezeichnetes Wahrnehmungsvermögen besitzen, können ihnen ernsthafte Beurteilungsfehler unterlaufen, was ihnen großes Unbehagen bereitet. Derartige Fehleinschätzungen beruhen auf ihrer Neigung, sich auf Angaben zu stützen, die ihre Voreingenommenheit gegenüber einer Sache bestätigen. Ihre Wahrnehmungen mögen durchaus richtig sein, nur ihre Schlußfolgerungen sind falsch.

Da ENFPs zu Überempfindlichkeit und übermäßiger Wachsamkeit neigen, leiden sie oft unter Muskelverspannungen. Sie leben in einem Zustand ständiger Bereitschaft für Notfälle und unvorhersehbare Ereignisse und setzen dies auch bei anderen voraus. Sie neigen dazu, schnell gelangweilt zu sein – bei Menschen und

Situationen –, da es ihnen widerstrebt, Erlebnisse oder Erfahrungen zu wiederholen. Sie haben Freude an kreativer Tätigkeit, sind aber mehr an der Konzeptionalisierung als an der Durchführung einer Idee oder eines Projektes interessiert. Ihr Verhalten ist typischerweise von einem Enthusiasmus gekennzeichnet, der auf andere ansteckend wirkt; andere Menschen fühlen sich von ENFPs oft hingerissen und gefesselt. Dennoch zeichnet diesen Typus ein starker Drang zur Unabhängigkeit aus, und er lehnt jede Art der Unterordnung ab. Dies gilt nicht nur für ihn persönlich, sondern auch für das Verhältnis anderer zu ihm. ENFPs schreiben Autoritätspersonen größere Macht zu, als diese tatsächlich besitzen. Sie gestehen diesen die Fähigkeit zu, durch sie "hindurchsehen" zu können – eine Fähigkeit, die meist ebenfalls nicht vorhanden ist. Während ENFPs den Gedanken von sich weisen, andere könnten von ihnen abhängig sein oder sie könnten Macht über andere haben, sind sie aufgrund ihres Charismas oft von Anhängern umgeben, die irgendwie gelenkt werden möchten. ENFPs sind stets von Menschen umgeben, die von ihnen Weisheit, Inspiration, Mut, Führung und dergleichen erwarten. Dies kann jedoch eine Belastung für sie darstellen.

ENFPs sind optimistisch und zeigen sich überrascht, wenn andere Menschen oder Begebenheiten sich entgegen ihren Erwartungen entwickeln. Ihr Vertrauen auf das Gute in Natur und Schicksal des Menschen ist oftmals eine sich selbst erfüllende Prophezeiung.

Im Hinblick auf die Berufswahl stehen ENFPs viele Möglichkeiten offen; sie können auf einer ganzen Reihe von Gebieten erfolgreich sein. Als arbeitende Menschen haben sie einen gesunden Enthusiasmus, sind lebhaft und einfallsreich und in der Lage, alles das zu tun, wofür sie Interesse zeigen. Es gelingt ihnen, die meisten Probleme zu lösen, besonders solche, die andere Menschen betreffen. Im Umgang mit ihren Kollegen sind sie charmant und ungezwungen – ihre Gegenwart erfreut andere. Menschen in irgendeiner Form zusammenzubringen, liegt ENFPs ganz besonders. Sie eignen sich bestens als Initiatoren von Besprechungen und Konferenzen, wenngleich sie für den detaillierten Ablauf solcher Ereignisse weniger talentiert sind. Es bereitet ihnen Freude, sich neue Möglichkeiten zur Lösung von Aufgaben auszudenken, und ihre Projekte begeistern oft derart, daß man sich für sie einzusetzen wünscht, ja sie werden zum persönlichen Anliegen. Obwohl

ENFPs phantasievoll sind, haben sie mit den Ideen oder Projekten anderer Schwierigkeiten. Erst müssen sie sich diese zu eigen machen, um dann mit Interesse und Energie zur Verfügung zu stehen. Sobald für ENFPs bestimmte Menschen oder Projekte zur Routine geworden sind, erlischt wahrscheinlich ihr Interesse an ihnen. Das, was sein könnte, ist stets faszinierender als das, was ist. ENFPs machen umfassenden Gebrauch von ihren intuitiven Kräften. Sie pflegen normalerweise umfangreiche persönliche Kontakte – direkt oder telefonisch – und wenden für die Unterhaltung sowohl beruflicher als auch privater Beziehungen viel Energie auf.

ENFPs eignen sich ausgezeichnet als Verkäufer, Werbefachleute, Politiker und Film- und Bühnenschriftsteller. Sie fühlen sich zur darstellenden Kunst im allgemeinen und zur Charakterdarstellung im besonderen hingezogen. Aufgaben, die mit zwischenmenschlichen Beziehungen zusammenhängen, sind für ENFPs wesentlich, da das Feedback für sie von großer Wichtigkeit ist. ENFPs können es als schwierig empfinden, unter den Zwängen einer Institution zu arbeiten, vor allem unter strenger Beachtung von Regeln und Verordnungen sowie einheitlichen Betriebsbedingungen. Häufig sind institutionelle Handlungs- und Verfahrensweisen für ENFPs Grund zur Herausforderung und Anlaß zu Änderungen nach ihrem Willen. Kollegen und Vorgesetzte müssen gelegentlich zur Schlichtung oder Rettung einer Situation eintreten. Bisweilen beweisen ENFPs ungeduldiges Verhalten anderen gegenüber und geraten innerhalb einer Organisation in Schwierigkeiten, weil sie sich mit deren Verleumdern assoziieren, die bei ENFPs ein offenes Ohr finden und in ihnen den Retter aus der Not sehen. Im Berufsleben werden ENFPs schnell rastlos, falls sie sich für eine Tätigkeit entschieden haben, die sorgfältige Detailarbeit und langfristige Durchführung erfordert. Abwechslung in den alltäglichen Abläufen und Wechselbeziehungen ensprechen dem Naturell der ENFPs am besten. Sie benötigen einen gewissen Spielraum zur Anwendung der ihnen eigenen Geschicklichkeit und Findigkeit.

Als Lebensgefährten sind ENFPs zumeist charmant, zärtlich, mitfühlend und nonkonformistisch. An nur wenig anregenden routinemäßig zu verrichtenden täglichen Aufgaben sind sie wahrscheinlich kaum interessiert. Sie suchen ihre Inspirationen ständig neu anzuwenden. Als Eltern sind ENFPs pflichtbewußt, obwohl zum Teil unberechenbar in der Handhabung ihrer Kinder, indem sie einmal die Rolle des Freundes und Helfers in der Not und ein anderes Mal die einer strengen Autoritätsperson bekleiden. Ihre impulsiven Ankündigungen setzen sie allerdings häufig nicht in die Tat um und überlassen dies lieber ihrem Partner. Die Lebensgefährten der ENFPs können stets mit Überraschungen rechnen, und Zeiten verschwenderischer Großzügigkeit wechseln mit Zeiten unbedingter Sparsamkeit ab. Selbständiges Handeln des Partners in Geldfragen sehen ENFPs normalerweise nicht gern, und es kann vorkommen, daß ein ENFP-Partner die peinliche Erfahrung macht, gekaufte Gegenstände einem Geschäft zurückgeben zu müssen. Im allgemeinen bestimmen ENFPs das, was zu Hause geschieht, und sie bestehen vor allem auf einer friedlichen Atmosphäre. Obliegt ihnen die Verwaltung des Budgets, dann ist die Wohnung wahrscheinlich mit extravagantem Luxus ausgestattet, während es am Notwendigsten mangelt. ENFPs sind nicht unbedingt am Sparen für die Zukunft interessiert und eher nachlässig, wenn es um Dinge wie Lebensversicherung, Sparkonten und auch die Bargeldversorgung von Partner und Kindern geht.

ENFPs trachten charakteristischerweise nach Neuem und Ungewöhnlichem, besitzen ein starkes Gefühl für das Mögliche und sind mit hervorragenden intuitiven Kräften ausgestattet. Gleichzeitig zeigen sie menschliche Wärme und Vergnügen an ihren Mitmenschen und sind im Umgang mit anderen im allgemeinen ungewöhnlich geschickt. Ihre extravertierte Rolle ist in der Regel stark ausgeprägt, ebenso wie ihr Streben nach dem Ungewöhnlichen und Dramatischen.

Porträt des INFP

INFPs vermitteln nach außen das Bild ausgeglichener angenehmer Menschen. Sie werden oft als zurückhaltend und manchmal sogar als schüchtern betrachtet. Obwohl sie anderen gegenüber eine kühle Reserviertheit zeigen, sind sie im Innern alles andere als kühl. Sie können sehr fürsorglich sein, was man bei anderen Typen nicht immer findet. Für besondere Personen oder

Angelegenheiten setzen sie sich engagiert – ja leidenschaftlich – ein. Wollte man diesen Typus mit einem Wort beschreiben, so wäre idealistisch am zutreffendsten. Diese Eigenschaft der INFPs bewirkt manchmal, daß sie sich isoliert fühlen, besonders deshalb, weil sie nur etwa ein Prozent der Bevölkerung ausmachen.

INFPs haben einen auf inneren Werten basierenden ausgeprägten Sinn für Ehrenhaftigkeit. Sie sind die Prinzen und Prinzessinnen der Mythologie, die Kämpfer für König und Vaterland, die Verteidiger des Glaubens und die Wächter der Ideologie. Sir Galahad und Johanna von Orleans sind männliche und weibliche Prototypen von INFPs. Um einen INFP zu verstehen, muß man seine Sache verstehen, da er zu ungewöhnlichen Opfern bereit ist, wenn er an einen Menschen oder an eine Sache glaubt.

INFPs trachten nach einem Leben voller Einklang und halten die Einheit von Körper und Geist für erstrebenswert. Durch ihr Leben zieht sich oft ein tragisches Motiv, was von anderen nur selten bemerkt wird. Ihr Bekenntnis zu Positivem und ihr Engagement für Gutes läßt sie gegenüber Negativem und Bösem wachsam sein, was sich mitunter in einer gewissen Faszination gegenüber Profanem zeigt. Das Leben eines INFP ist möglicherweise ein Paradox, weil er sich zur Reinheit hingezogen fühlt, aber dennoch einen Blick über die Schulter auf das Schmutzige und Schändliche wirft. Glaubt ein INFP, einer unanständigen Versuchung nachgegeben zu haben, so kann er sich als Buße selbstaufopfernde Handlungen auferlegen. Das Büßen ist allerdings ein innerer Vorgang, den der INFP nicht in die Öffentlichkeit getragen sehen will.

INFPs bevorzugen wertende gegenüber logischen Denkprozessen. Das Schöne, nicht das Häßliche spricht sie an, das Gute, nicht das Böse, das Moralische, nicht das Unmoralische. Eindrücke werden auf fließende, umfassende und weitschweifige Weise gewonnen. Metaphern und Gleichnisse werden wie selbstverständlich benutzt, können aber auch zu häufig angewandt werden. INFPs besitzen eine Gabe sowohl für die Interpretation als auch für die Schaffung symbolischer Darstellung und schreiben daher häufig in lyrischem Stil. Sie neigen dazu, sich gegenüber der Logik gewisse Freiheiten herauszunehmen. Im Gegensatz zum NT betrachten sie Logik als etwas Wahlfreies. INFPs können manchmal auch eine Vertrautheit mit einem bestimmten Themenkreis vorgeben, die ungerechtfertigt ist, da ihr globaler impressionistischer Umgang mit der Realität den tatsächlichen Einzelheiten nicht ausreichend Rechnung trägt. Sie haben meist Schwierigkeiten, im Rahmen eines Systems mit vorgegebenen Bedingungen zu denken. Sie sehen die Dinge entweder als wirklich oder eingebildet an und haben für das Hypothetische nichts übrig.

Am Arbeitsplatz sind INFPs anpassungsfähig. Sie sind neuen Ideen und Informationen gegenüber aufgeschlossen, sind sich anderer Menschen und deren Gefühle bewußt und stehen zu den meisten ihrer Kollegen in gutem Verhältnis, wenn auch mit einer gewissen psychologischen Distanz. INFPs verabscheuen es, telefonischen Unterbrechungen ausgesetzt zu sein, und arbeiten ebenso gut allein wie mit anderen. Sie zeigen Geduld in komplizierten Situationen, nicht aber, wenn es sich um routinemäßige Kleinarbeit handelt. Während ihnen Fehler in der Beurteilung unterlaufen können, geschieht dies nur selten in der Bewertung. Die Wahl ihrer beruflichen Laufbahn kann sich innerhalb solcher Gebiete wie geistliche oder missionarische Tätigkeit, Lehraufgaben an Hochschulen, Psychiatrie, Psychologie, Architektur, aber außerhalb kaufmännischer Tätigkeit bewegen. INFPs sind gewillt und gewöhnlich auch fähig, sich scholastisch zu engagieren, um die nötige Ausbildung für einen akademischen Beruf zu erlangen. Sie sind häufig erfolgreiche Oberschüler. Sie besitzen ein natürliches Interesse an akademischen Aktivitäten und demonstrieren – ebenso wie die anderen NFs – eine beachtliche Begabung für Sprachen. Oftmals fühlen sie sich berufen, in die Welt hinauszugehen, um anderen zu helfen. Sie sind willens, die nötigen persönlichen Opfer, die damit verbunden sind, auf sich zu nehmen, und sie verlangen das Gleiche auch von anderen. INFPs können hervorragende Romanschriftsteller und Charakterdarsteller sein, da es ihnen gelingt, ihre eigene Persönlichkeit in einer Weise in den Hintergrund treten zu lassen, wie es andere Typen nicht vermögen.

Als Ehe- und Lebenspartner sehen sich INFPs in starkem Maße an ihre Verpflichtungen gebunden. Sie führen gern ein harmonisches Leben und setzen sich für die Vermeidung von Konfliktsituationen ein. Sie sind empfindsam gegenüber den Gefühlen anderer, und es bereitet ihnen Vergnügen, denen Freude zu machen, die ihnen am Herzen liegen. Es kann ihnen schwerfallen, ihre romantische, idealisierte Vorstellung des ehelichen Lebens mit den Realitäten des alltäglichen Zusammenlebens zweier Menschen in Einklang zu bringen. INFPs haben oft Hemmungen, überschwänglich auf das Erreichen eines Ziels zu reagieren. Sie fürchten, daß man für augenblickliches Vorwärtskommen mit späteren Opfern zahlen muß, daß es sich bestimmt rächt, wenn ihnen Erfolg, Schönheit, Gesundheit, Reichtum oder Wissen in zu üppigem Maße zuteil werden. Daher zögern INFPs, sich voller Entspannung dem Glücksgefühl einer Liebesbeziehung hinzugeben. Sie empfinden es häufig als schwierig, Zuneigung direkt auszudrücken, und teilen diese auf indirekte Weise mit.

INFPs betrachten ihr Heim als ihr Königreich. Als Eltern sind sie fanatische Beschützer von Haus und Familie und widmen sich ganz dem Wohlergehen der Familienmitglieder. Sie besitzen eine ausgeprägte Fähigkeit zu Aufopferung, Anteilnahme und Anpassung innerhalb ihrer Beziehungen, weshalb es sich leicht mit ihnen leben läßt. Sie sind ihren Familien treu ergeben, obwohl sie von einem Seitensprung durchaus träumen können. Sollten sie einen solchen tatsächlich wagen, so erfahren sie sehr bald, daß nicht alles Gold ist, was glänzt. Die ihnen oft nur halbbewußte Anschauung, daß man Freude stets mit Leid bezahlen muß, kann in ihren Familien ein Gefühl des Unbehagens erzeugen, da sie eine Atmosphäre der ständigen Wachsamkeit gegenüber Eindringlingen schafft. In den routinemäßigen Vorgängen des täglichen Lebens neigen INFPs zur Nachgiebigkeit, und sie ziehen es sogar vor, wenn Entscheidungen für sie von anderen getroffen werden – aber nur bis zu dem Punkt, an dem ihr Wertsystem noch nicht verletzt wird. Sonst engagieren sie sich lebhaft und sind nicht bereit, auch nur einen Millimeter von ihren Idealen abzuweichen. Das Leben mit einem INFP kann für längere Zeitabschnitte ruhig verlaufen, bis eines seiner Ideale angegriffen oder verletzt wird. In diesem Fall wird er sich widersetzen und mit Beharrlichkeit seinen Standpunkt vertreten.

Porträt des ENTJ

Wollte man ENTJs mit einem Wort beschreiben, so wäre dies Befehlshaber. Ihre grundlegende Antriebskraft ist das Bedürfnis zu führen, und bereits in frühem Alter trachten sie danach, die

Führung von Gruppen zu übernehmen. Dieser Typus kommt in etwa 5 Prozent der Bevölkerung vor. ENTJs haben ein Verlangen zu strukturieren, ganz gleich wo sie sich befinden, und sie versuchen, andere für weit in die Zukunft reichende Zielsetzungen einzuspannen. Ihre empirische, objektive und extravertierte Denkweise kann stark ausgeprägt sein. Ist dies der Fall, so bedienen sie sich mit Leichtigkeit der Klassifizierung, Verallgemeinerung, Zusammenfassung und Beweisführung. In ihrer Neigung, für eine Aufgabe oder eine Organisation Pläne zu erstellen, gleichen sie den ESTJs, wobei ENTJs aber mehr an Richtlinien und Zielen als an Verfahren und Abläufen interessiert sind. Das introvertierte Denken (Analyse und Bewahrung) kann bei ENTJs weniger stark ausgeprägt sein als extravertiertes Denken. Daher ist es möglich, daß sich ein ENTJ-Führer an einen ENTP oder INTP wendet, um von ihm diese Art "Input" zu erhalten. ENTJs gleichen INTJs mit der Ausnahme, daß erstere größeres Vertrauen in empirische Überlegungen als in Intuitionen haben, doch verstärkt und unterstützt der dem ENTJ eigene intuitive Sinn für Klarheit und Verständlichkeit dessen empirische Denkweise.

Obgleich ENTJs feststehenden Vorgängen gegenüber tolerant sind, neigen sie dazu, Handlungsweisen abzulehnen, die dem vermeintlichen Ziel nicht gerecht werden. Mangelnde Leistungsfähigkeit empfinden ENTJs als besonders verwerflich, und bei wiederholt auftretendem Versagen werden sie ungehalten. Für ENTJs muß jede Handlung begründet sein, wobei die Gefühle anderer kaum akzeptiert werden. Stehen ENTJs einer Organisation vor, so verspüren sie stärker als jeder andere Typus das Bedürfnis (meist auch verbunden mit der Fähigkeit), sich den zukünftigen Weg des Unternehmens zu vergegenwärtigen. Auch sind sie in der Lage, ihren Weitblick anderen mitzuteilen. Sie sind die geborenen Organisatoren und einfach nicht fähig, nicht die Führung zu übernehmen. Sie befinden sich stets an leitender Stelle und wissen oft selbst nicht, wieso es dazu kam. Als Führungskraft in einem Unternehmen organisieren sie die einzelnen Abteilungen so, daß ein reibungslos funktionierendes System entsteht. Sie planen im voraus und behalten dabei kurz- und langfristige Ziele im Auge. Sie legen Wert auf Leistungsfähigkeit und Einsatzfreude der Mitarbeiter. Sie ziehen es vor, Entscheidungen unter Zugrundelegung sachlicher Angaben zu treffen, nach gut durchdachten Plänen zu arbeiten und sich geschickter Arbeitsweisen zu bedienen. Sie sehen es gern, wenn andere ihre Meinung teilen. ENTJs treten stets für die Interessen eines Unternehmens ein und erwarten dies auch von anderen.

ENTJs bekleiden im allgemeinen verantwortungsvolle Positionen. Führungsaufgaben liegen ihnen ganz besonders. Sie geben sich ihrer Tätigkit mit unermüdlichem Pflichteifer hin, so daß zugunsten der Arbeit andere Lebensbereiche vernachlässigt werden können. Sie sind meistens imstande, mangelnde Leistungsfähigkeit, Erfolglosigkeit und zielloses Durcheinander auf ein Mindestmaß zu beschränken, indem sie gewillt sind, Angestellte zu entlassen, die ein solches Verhalten auf Dauer praktizieren. ENTJs sind in Unternehmen jedweder Art beschäftigt und steigen häufig in die höchsten Führungsschichten auf, ob in der Geschäftswelt, im Bildungswesen, im Militär oder in der Regierung.

ENTJs führen die Aufsicht in Haus und Familie. Sobald ein ENTJ da ist, herrscht kein Zweifel darüber, wer das Kommando hat. Da die berufliche Tätigkeit für ENTJs von so großer Wichtigkeit ist, sind sie allerdings nur selten zu Hause, besonders im Falle eines männlichen ENTJs. Ob männlich oder weiblich – ENTJs stellen hohe Ansprüche an ihre Lebenspartner, die ihrerseits eine starke Persönlichkeit, ausgeprägte Eigenständigkeit, mannigfaltige Interessen und ein gesundes Maß an Selbstachtung besitzen sollten. Möglicherweise wird der männliche ENTJ eine Karrierefrau wenig reizvoll finden, da er geneigt ist, sein Heim und seine Familie als wesentlichen Bestandteil seiner beruflichen Entwicklung zu sehen, als eine Quelle, aus der er Kraft schöpfen kann, als ein Attribut seiner Laufbahn.

Als Eltern nehmen ENTJs ihre Aufsichtspflichten gründlich wahr und sagen ihren Kindern deutlich, was sie von ihnen erwarten – und das ist auf jeden Fall Gehorsam. Sollte dieser einmal nicht geleistet werden, sind ENTJ-Eltern weniger geneigt, eine Szene zu machen, als in ruhiger aber strenger Art Maßregelungen zu erteilen, wobei sie jedoch unmittelbaren Gehorsam erwarten. Während für ENTJs die Rollen des Ehepartners und die der Eltern von großer Wichtigkeit sind, sind diese wegen des starken beruflichen Engagements der ENTJs dennoch nicht vorrangig. Romantische Träumereien und die Suche nach dem idealen Lebenspartner sind in der Regel nicht charakteristisch für diesen Typus. ENTJs erwarten trotzdem ein attraktives, geordnetes Zuhause, mit pünktlich servierten Mahlzeiten und regelmäßigen häuslichen Wartungsdiensten – all dies im Sinne eines höheren Ziels, nämlich dem der Schaffung einer Familieneinheit, anhand derer die Kinder zu produktiven und gesunden Menschen erzogen werden und eine harmonische Beziehung zwischen Mann und Frau aufgebaut wird. Ein männlicher ENTJ erwartet von seiner Partnerin, daß sie sich aktiv für die Belange ihrer Gemeinde oder Stadt einsetzt und gesellschaftlich erfahren und genauso gebildet ist wie er selbst. Für weibliche ENTJs ist es unter Umständen schwierig, einen Partner zu finden, der sich nicht von ihrer starken Persönlichkeit und ihrem Willen überwältigt fühlt.

Porträt des INTJ

INTJs besitzen ein größeres Maß an Selbstvertrauen als alle anderen Typen und sind sich ihrer eigenen Stärke voll bewußt. INTJs, die etwa ein Prozent der Bevölkerung ausmachen, leben in einer introspektiven Realität, wobei das Mögliche im Mittelpunkt steht. Ihre Art zu denken beruht auf empirischer Logik. Sie halten es für gut, wenn Begebenheiten und Menschen einem positiven Zweck dienen. Entscheidungen zu treffen, ist für INTJs etwas ganz Selbstverständliches, und sobald sie diese getroffen haben, sind sie damit zufrieden. INTJs sind an der Zukunft und weniger an der Vergangenheit interessiert. Die treffendste Bezeichnung für diesen Typus ist Baumeister, nämlich ein Baumeister, der Systeme erstellt und theoretische Modelle anzuwenden versteht.

Für INTJs ist Autorität, die auf Position, Rang, Titel oder Veröffentlichungen basiert, absolut ohne Gewicht. Dieser Typus gerät höchstwahrscheinlich nicht in den Bann von Schlagwörtern, Parolen und dergleichen. Erscheint ihm ein Gedanke oder ein Standpunkt sinnvoll, dann ist er geneigt, ihn anzunehmen. Ist dies jedoch nicht der Fall, dann lehnt er ihn ab, ohne Rücksicht darauf, wer diesen Standpunkt vertritt oder wer ihn vorgebracht hat. Ebenso wie INTPs läßt INTJs Autorität als solche unbeeindruckt.

Dennoch tendieren INTJs zur Konformität, wenn es sich um nützliche Regeln handelt, aber nicht deshalb, weil sie von diesen überzeugt sind oder sie sinnvoll finden, sondern eher aufgrund ihrer besonderen Auffassung von der Realität. Sie sind ausgeprägte Pragmatiker, die die Wirklichkeit als etwas ganz Willkürliches, Erdachtes betrachten. Folglich kann diese wie ein Instrument benutzt oder ignoriert werden. Realität ist formbar und kann verändert, unterworfen oder gefügig gemacht werden. Sie ist ein Schmelztiegel zur Verfeinerung von Ideen, und in diesem Sinne sind INTJs die größten Theoretiker aller Typen. Während ESTPs die Idee als den Sklaven der Realität betrachten, sehen INTJs die Realität als den Sklaven der Idee. Kein Gedanke kann zu weit hergeholt sein, als daß man sich nicht mit ihm befaßt. INTJs neigen von Natur aus zu Geistesblitzen und sind neuen Ideen stets aufgeschlossen, ja sie suchen sogar aktiv danach.

INTJs manipulieren die Theorienwelt in der Art eines gigantischen Schachbretts, stets nach Taktiken und Strategien suchend, die ein gutes Ergebnis versprechen. In ihrem Hang zur Logik gleichen INTJs den INTPs, wobei die Logik des INTJ sich nicht auf das mit Worten zum Ausdruck Bringende beschränkt. Im Gegensatz zu INTPs benötigen INTJs nur einen vagen, intuitiven Eindruck der Logik eines Systems, um sicher fortzufahren. Es ist für sie völlig ausreichend, wenn eine Sache nur logisch erscheint. Außerdem richten INTJs stets ein scharfes Auge auf mögliche Konsequenzen, die sich aus der Anwendung neuer Ideen oder Erkenntnisse ergeben könnten. Sie gehen bei der Implementierung von Systemen ziemlich skrupellos vor, ohne Rücksicht auf persönlichen Einsatz und Zeitaufwand. Theorien, die sich nicht umgehend in die Tat umsetzen lassen, werden von INTJs schnell aufgegeben.

Um INTJs verstehen zu können, muß man weniger ihre Art, mit Ideen umzugehen, als ihren Bezug zur Realität näher betrachten. Da ihr bewußtes Denken extravertiert und empirisch ist, verstehen sie es besser als INTPs zu verallgemeinern, zu klassifizieren, zusammenzufassen und nachzuweisen. Weniger gut vertraut sind INTJs mit reinen Verstandesdingen, zum Beispiel mit der einem System innewohnenden Logik, bei der es um klare Prinzipien geht. In dieser Hinsicht gleichen sie den ENTJs. Um Zusammenhänge erfassen zu können, machen INTJs eher von ihrer Fähigkeit zur Intuition Gebrauch statt mit deduktiver Logik zu operieren.

INTJs drängen zum Abschluß oder zur Vollendung von Projekten, langfristige Konsequenzen dabei stets im Auge behaltend. INTJs haben oft den Eindruck, als würden Gedanken ihre eigene Dynamik entwickeln, wenngleich sie jeden Gedanken auf seine Zweckmäßigkeit prüfen. Schwierige Situationen wirken auf INTJs höchst stimulierend, da sie gern auf eine Herausforderung, die Kreativität erfordert, reagieren. Diese Persönlichkeitsmerkmale führen INTJs in Berufszweige, in denen sich theoretische Modelle in die Wirklichkeit umsetzen lassen. Sie neigen dazu, die Dinge über statistische Größen zu erfassen und über Gesetzmäßigkeiten zu erklären, wo auch immer sich die Gelegenheit dazu bietet. Sie können hervorragende Leistungen in der wissenschaftlichen Forschung oder als Führungskräfte vollbringen. Im letztgenannten Bereich sind sie einerseits Ideenproduzent, andererseits setzen sie diese Ideen auch in die Wirklichkeit um. In Zusammenarbeit mit INTPs, den Schöpfern von Systemen, sorgen INTJs innerhalb einer Organisation dafür, daß deren Werk nicht in Bücherregalen Staub ansetzt.

INTJs können mitunter sehr zielstrebig sein, was in ihrer Karriere entweder Schwäche oder Stärke bedeutet, da sie oft Wünsche und Ansichten anderer ignorieren. INTJs steigen in der Regel in verantwortungsvolle Positionen auf, da sie sehr arbeitsam sind und mit Ausdauer ihre Ziele verfolgen. Dabei scheuen sie weder Mühe noch Zeit bei sich oder bei ihren Kollegen.

Während es für INTJs ungeheuer wichtig ist, Modelle in die Praxis umzusetzen, sind INTPs mit dem eigentlichen Entwurf eines Systems zufrieden. Für beide Typen ist aber Übereinstimmung maßgebend, und sowohl innerer als auch äußerer Einklang sind von Wichtigkeit. Sehen sich INTJs am Arbeitsplatz mit Situationen konfrontiert, in der sich unkoordinierte Tätigkeiten, unrationeller Papierkrieg und eine Verschwendung von Ressourcen häufen, dann ruhen sie nicht, bis eine Verbesserung der Situation eingetreten ist. Effektiver Kostenaufwand ist ein Begriff, der für INTJs unumgänglich ist, da sie häufig in den Ingenieurswissenschaften tätig sind. Sie sind aber auch in den Naturwissenschaften anzutreffen, und zwar in Berufen, die Entwicklungs- und Planungstätigkeiten erfordern, und im allgemeinen in jedem Beruf, der die Entwicklung von Technologien und deren Anwendung in komplexer Weise beinhaltet.

Die Mitarbeiter eines INTJ haben oft das Gefühl, daß dieser sie zu durchschauen vermag, und fürchten, daß eigene Mängel entdeckt werden könnten. Deshalb besteht in ihren Beziehungen zueinander oft eine gewisse psychologische Distanz. Dies wiederum bewirkt, daß die Kollegen des INTJ diesen als scheinbar teilnahmslos und manchmal kühl und leidenschaftslos einschätzen. Da INTJs dazu neigen, andere so wie sich selbst anzutreiben, erwecken sie den Eindruck, fordernd und schwer zufriedenzustellen zu sein. Im allgemeinen sind INTJs in Schule und Beruf Erfolgsmenschen. Im Beruf nehmen sie die Ziele eines Unternehmens ernst und sind stets darum bemüht, sich für diese Ziele auch einzusetzen. Sie sind getreue Mitarbeiter, deren Loyalität dem System und nicht dessen Trägern gilt. Ständiger Personalwechsel bereitet INTJs daher weniger Schwierigkeiten als NFs, deren Loyalität mehr auf Personen als auf Organisationen bezogen ist. INTJs neigen meist dazu, das Positive auszusprechen und das Negative unerwähnt zu lassen. Sie sind mehr am Fortschritt des Unternehmens interessiert als daran, dessen Fehler in der Vergangenheit zu beklagen.

Als Ehe- und Lebenspartner schätzen INTJs Harmonie und Ordnung zu Hause und in ihren persönlichen Beziehungen. Von allen Typen weisen sie das größte Maß an Unabhängigkeit auf. Sie vertrauen bei der Wahl ihrer Freunde und Lebenspartner auf ihre Intuition, selbst dann, wenn Beweise dagegen sprechen und andere versuchen sie unter Druck zu setzen. Emotionen sind bei INTJs nur schwer erkennbar. Weder der männliche noch der weibliche INTJ ist geneigt, emotionale Reaktionen zu zeigen. Beide wirken gelegentlich kühl, reserviert und teilnahmslos, während sie in Wirklichkeit fast überempfindlich sind, falls sie im Verhalten anderer Ablehnung ihnen gegenüber zu erkennen glauben. Dies kommt besonders dann zum Ausdruck, wenn es sich um Beziehungen zu Menschen handelt, die ihnen etwas bedeuten. Bei gesellschaftlichen Gelegenheiten können INTJs unempfänglich für gewisse Rituale sein, die dazu dienen sollen, eine ungezwungene Atmosphäre zu schaffen. Zum Beispiel betrachten INTJs oberflächliche Gespräche als Zeitverschwendung. Andere spüren daher bisweilen eine gewisse Hast bei INTJs, was von diesen aber nicht beabsichtigt ist. In ihren persönlichen Beziehungen sind sie in der Regel erfolgreicher in Arbeits- als in Freizeitsituationen. Sie legen geringen Wert auf körperlichen Kontakt, es sei denn mit wenigen Auserwählten.

Als Eltern zeigen INTJs Pflichtbewußtsein und aufrichtige Hingabe. Ihre Kinder sind für sie der Mittelpunkt des Lebens. Sie gewähren ihnen Beistand und Unterstützung und lassen sie die Richtung der eigenen Entwicklung selbst bestimmen. Bei INTJs herrscht gewöhnlich strenge und konsequente Disziplin. Anweisungen, die sie ihren Kindern oder auch anderen einmal erteilt haben, möchten sie möglichst nicht wiederholen. Von allen Typen mit dem größten Maß an Unabhängigkeit ausgestattet, zeigen INTJs ein starkes Bedürfnis nach Autonomie. Gleichgültigkeit oder Kritik anderer stört INTJs nicht besonders, solange sie das Gefühl haben, im Recht zu sein. Sie besitzen auch ein ausgeprägtes Bedürfnis nach einer ungestörten Privatsphäre.

Eine der wesentlichsten Eigenschaften der INTJs ist Intuition, aber sie tritt nur selten in Erscheinung. Vielmehr bedienen sie sich der Funktion des Denkens, um mit der Welt und ihren Menschen umzugehen. Im emotionalen Bereich sind INTJs verwundbar und imstande, schwerwiegende Fehler zu begehen.

Porträt des ENTP

ENTPs beweisen gern ihre Geschicklichkeit im Umgang mit Menschen und Dingen. Unter hundert Menschen findet man etwa fünf dieses Typus. ENTPs extravertieren Intuition und legen somit viel Einfallsreichtum an den Tag, wenn es um soziale Beziehungen sowie physische und technische Zusammenhänge geht. Sie sind äußerst rege und wachsam dem gegnüber, was eintreten könnte, und zeigen stets Feinfühligkeit für das Mögliche.

ENTPs eignen sich gut als Analytiker, besonders der Funktionsweise von komplexen Gebilden. Sie sind gewöhnlich enthusiastische Menschen, die ein reges Interesse an allem bekunden. Somit sind sie eine Quelle der Inspiration für ihre Mitmenschen, die sich von ihrem Enthusiasmus mitreißen lassen. Dieser Typus läßt sich durch viele Dinge begeistern und ist daher leicht zufriedenzustellen. Er zeigt häufig das gleiche übersprudelnde

Verhalten wie sein NF-Gegenstück, der ENFP. Der ENTP ist von allen Typen derjenige, der den größten Widerwillen zeigt, Dinge nur deshalb in einer bestimmten Weise auszuführen, weil es immer so geschah. Es ist charakteristisch für ihn, stets nach einer besseren Verfahrensweise zu suchen, und er hält ständig Ausschau nach neuen Projekten, Aktivitäten und Methoden.

ENTPs sind vom Wert ihrer Zielsetzungen überzeugt und zeigen häufig auf charmante Art, daß sie Normen, Traditionen und Autorität ignorieren. Aus dieser Haltung heraus verfügen sie in ihrem Betätigungsfeld und im Leben allgemein oftmals über eine frische, neuartige Einstellung zu den Dingen. ENTPs sind in der Lage, pragmatisch gesellschaftliche und technische Zusammenhänge zu beurteilen. Sie verstehen es, die Beziehung zwischen Mittel und Zweck zu steuern.

Während der introvertierte NTP Design als eigentlichen Zweck betrachtet, sieht der extravertierte NTP Design als das Mittel an. Den Zweck stellt die funktionierende Erfindung dar, der zu vervielfältigende Prototyp. Ideen sind nur dann von Wert, wenn sie in Taten und Gegenstände umgesetzt werden können. Die Feststellung "es ist unmöglich" gilt für ENTPs als Herausforderung und veranlaßt sie zu der Reaktion "ich mache es möglich". ENTPs werden allerdings nicht wie INTJs Berge versetzen. Vielmehr liegt das Vertrauen der ENTPs in ihrer Fähigkeit zu improvisieren, und sie legen ein ungewöhnliches Talent an den Tag, in jeder Situation das Angemessene zu tun. ENTPs ähneln, oberflächlich betrachtet, in ihrer Verwegenheit den ESTPs. Jedoch liegt bei den ENTPs der Schwerpunkt auf Kompetenz und dem davon ausgehenden Machtgefühl, während er bei ESTPs auf deren Sinn für Handlungsfreiheit liegt.

ENTPs können gewandte Unterhalter sein und komplizierten Formulierungen anderer leicht folgen. Sie neigen dazu, in Debatten absichtlich raffinierte Taktiken zum Nachteil ihrer Gegner anzuwenden, selbst wenn es sich bei den "Gegnern" um enge Mitarbeiter oder gute Freunde handelt. ENTPs verstehen die Kunst, anderen stets um eine Nasenlänge voraus zu sein, am besten. Sie schätzen Anpassungsfähigkeit und befürworten die Einführung von Neuerungen. Sie reagieren schnell und flexibel auf veränderte Situationen und Standpunkte, anderen dabei immer einen Schritt voraus. Der ENTP, gesprächig und motivierend, ist oftmals die Seele einer Unternehmung. Er eignet sich als Unternehmer und nutzt geschickt, wen oder was er gerade zur Verfügung hat, stets auf seine Erfindungsgabe zur Lösung von plötzlich auftretenden Schwierigkeiten bauend, statt einen detaillierten, vorgefaßten Plan zu entwickeln. Eine grobe Skizze ist alles, was ein ENTP benötigt, um zuversichtlich und handlungsbereit zu sein, immer auf seine Fähigkeit des Improvisierens setzend. Wegen seiner Neigung, sich auf Einfallsreichtum und Improvisation zu verlassen, vernachlässigt er oft wichtige Vorbereitungen. Nach wiederholten Fehlschlägen in Fällen, bei denen Improvisation nicht den erhofften Erfolg brachte, sucht der ENTP nach Mitteln und Wegen, derartigen Situationen künftig aus dem Wege zu gehen, als Ersatz für gründliche Vorbereitungen.

ENTPs können in verschiedenen Berufen erfolgreich sein, vorausgesetzt, die Tätigkeit beinhaltet nicht ein Übermaß an eintöniger Routine. Ist dies der Fall, so werden sie bald rastlos. Befassen sie sich mit einem Projekt, das nur geringe Anforderungen an sie stellt, verlieren sie leicht das Interesse daran und vernachlässigen ihren Einsatz – häufig zum Unbehagen ihrer Kollegen.

Nur selten trifft auf einen ENTP die Bezeichnung konformistisch zu. ENTPs sind begeistert, wenn es ihnen gelingt, das System zu überlisten; sie bedienen sich der Regeln und Gesetze des Systems, um das Spiel zu gewinnen. Sie verstehen die Politik der Institutionen und wissen mit diesen Gegebenheiten gut umzugehen. Sie versuchen stets, die Menschen im System zu verstehen statt über sie zu urteilen. ENTPs sind für die Einführung neuer Projekte und deren Handhabung hervorragend geeignet, vorausgesetzt, es handelt sich dabei nicht um stumpfsinnige Routine. Sie eignen sich in der Regel vorzüglich als Lehrer, ständig darauf bedacht, neue Möglichkeiten zur aktiven Teilnahme am Unterricht zu finden, um bei ihren Schülern Begeisterung am Lernen zu wecken. Als Angestellte können sich ENTPs gegen das System auflehnen, nur aus Freude daran, aus der Masse hervorzutreten. ENTPs empfinden es als erniedrigend, hintergangen oder manipuliert zu werden, da sie dadurch nicht mehr das Gefühl haben, anderen um eine Nasenlänge voraus zu sein. ENTPs sind die geborenen Gestalter sozialer Beziehungen und Systeme. Ihre gute Laune und ihr

Optimismus wirken ansteckend auf andere, die häufig die Gesellschaft von ENTPs suchen.

Als Ehe- und Lebenspartner neigen ENTPs dazu, ein anregendes Umfeld zu schaffen. Sie sind gesellig, lachen gern und oft und sind meist guter Laune. Geordnete Abläufe in der Routine des täglichen Lebens finden sie wahrscheinlich wenig anziehend und sind eher geneigt, alle um sich herum zu mobilisieren, um etwas zu bewerkstelligen. Tom Sawyer ist ein Beispiel für dieses Talent, als er den Zaun seiner Tante zu streichen hatte. Das Leben mit einem ENTP ist höchstwahrscheinlich ein herausforderndes Abenteuer, da er in der Lage ist, seine Familie in physische und wirtschaftliche Gefahr zu bringen. Der ENTP improvisiert und gesteht sich selbst nicht ein, eine Situation nicht genügend zu kennen, um derartige Gefahren zu vermeiden. Der Partner eines ENTP, der ihm nicht ebenbürtig ist, wird im allgemeinen durch dessen Alles-oder-Nichts-Gehabe zermürbt, so daß Konflikte auftreten können. Obwohl ENTPs sich in der Regel treusorgend um die wirtschaftlichen Notwendigkeiten bemühen, betreiben sie manchmal mit ihrer Karriere eine Politik des äußersten Risikos – sie setzen ihre berufliche Laufbahn aufs Spiel und verhalten sich so, als wären sie sich der Konsequenzen nicht bewußt. Somit kann es sein, daß sie denen, die Macht über ihren beruflichen Erfolg haben, unnötige Schwierigkeiten bereiten. Reagieren Vorgesetzte auf diese Art der Herausforderung negativ, so fühlen sich ENTPs besonders wohl, da ihnen diese Reaktion die Möglichkeit zum Improvisieren in einer Krisensituation bietet. Sie haben damit meistens auch Erfolg.

ENTPs gehen im allgemeinen einer Vielzahl von Hobbys nach und sind – oft ganz unerwartet – Experten auf den verschiedensten Gebieten. Sie sind jedoch wenig geneigt, ihren Partner oder ihre Kinder an ihren Hobbys im Sinne des Weitervermittelns teilhaben zu lassen. ENTPs können in der Tat inkonsequent sein in ihrer Bereitschaft, ihren Kindern Aufmerksamkeit zu schenken. Gewöhnlich ist es ein Alles oder Nichts. ENTPs haben einen anregenden Freundeskreis und sind an den Gedanken und Aktivitäten ihrer Freunde interessiert. Sie geben sich in der Regel lässig und sind selten kritisch oder nörgelnd. Schlimmstenfalls sind sie zu unstetem, unzuverlässigem Verhalten fähig und dazu, sich leicht entmutigen zu lassen.

Porträt des INTP

INTPs weisen von allen Typen das höchste Maß an Präzision im Denken und Sprechen auf. Spitzfindigkeiten oder Widersprüchlichkeiten werden von ihnen meist bemerkt. Am treffendsten könnte man den einzigartigen Stil des INTP mit dem Wort Architekt bezeichnen – Schöpfer sowohl von Gedankenmodellen als auch von tatsächlichen Bauwerken. Dieser Typus kommt nur in etwa einem Prozent der Bevölkerung vor und ist somit seltener als die meisten anderen Typen anzutreffen.

INTPs sind in der Lage, Widerspruch in Aussagen oder Erklärungen zu entdecken, ganz gleich, wie groß der räumliche oder zeitliche Abstand zu deren Ursprung sein mag. Dieses intellektuelle Abtasten geschieht nicht ohne Prinzip, denn INTPs forschen nach dem Relevanten, dem der Sache Dienlichen. Infolgedessen sind INTPs konzentrationsfähiger als andere Typen.

Autorität, die von einem Amt, einer Position oder allgemeiner Anerkennung herrührt, beeindruckt INTPs wenig. Lediglich klare, logische Erklärungen sind für sie von Bedeutung. Autorität als solche ist für sie ohne Belang. Sie verabscheuen Widersprüchliches und Überflüssiges. Da sie die Welt zu begreifen suchen, erforschen sie fortwährend die Gesetze der Natur. Der Versuch der Entschlüsselung des Universums ist eine treibende Kraft dieses Typus.

INTPs schätzen Intelligenz bei sich und bei anderen, können aber zu intellektuellem Dilettantismus neigen, indem sie sich eine Sammlung von Gedanken, Prinzipien oder Verhaltensdeutungen zulegen. Was sie einmal wissen, vergessen sie gewöhnlich nicht mehr. INTPs müssen alles bis zur Besessenheit analysieren. Sobald ein Gedanke sie gefangen hält, erscheint es ihnen, als ob der Denkvorgang eine Eigenständigkeit entwickelte, und sie halten daran fest, bis die Angelegenheit in ihrer ganzen Kompliziertheit begriffen ist. Sie können bisweilen intellektuelle Snobs und unduldsam gegenüber weniger intellektuell Veranlagten sein. Diese Eigenschaft, so glauben INTPs, bewirkt bei anderen feindselige Gefühle und defensives Verhalten, da sie den INTP möglicherweise als arrogant empfinden.

In den Augen eines INTP existiert die Welt hauptsächlich deshalb, um verstanden zu werden. Die Wirklichkeit ist unbedeutend und stellt eine bloße Arena für die Schaffung von Ideen dar. Das Wesentliche liegt darin, daß das Universum erklärt und daß das, was man darüber sagt, korrekt dargestellt wird – ohne Redundanz und im Zusammenhang. Dies ist das Ziel des INTP. Es spielt für ihn keine Rolle, ob andere seine Auffassungen akzeptieren.

INTPs sind die Logiker, die Mathematiker, die Philosophen, die Wissenschaftler. Jede Betätigung, die die Strukturierung von Ideen erfordert, interessiert diesen Typus. Man sollte von INTPs allerdings nicht die Durchführung oder Anwendung ihrer Modelle in der Wirklichkeit verlangen. INTPs sind die Architekten von Systemen, das Bauen und die praktische Anwendung überlassen sie anderen. Daher wird die Leistung von INTPs oftmals nicht als deren Verdienst gewertet. Die für die praktische Arbeit Verantwortlichen erlangen Ruhm und Wohlstand, während der Name des Schöpfers der Idee weithin unbekannt bleibt. Die Arbeit der INTPs findet häufig erst nach deren Tod Anerkennung – oder aber ihr Werk wird niemals das Bücherregal verlassen und somit für die Nachwelt verloren sein.

INTPs sind selten Schriftsteller oder Verkäufer. Sie eignen sich aber hervorragend als Lehrer, besonders für Schüler der oberen Klassen, obwohl sie sich nicht immer der größten Popularität erfreuen, da sie strenge Arbeitsanweiser sein können. Sie eignen sich weniger gut zur Büroarbeit und haben kaum Ausdauer bei routinemäßiger Detailarbeit. Sie verrichten ihre Tätigkeit am liebsten in Ruhe und ohne Unterbrechung und häufig auch allein. Will sich ein Unternehmen die Talente eines INTP zunutzemachen, dann sollte ihm ein leistungsfähiger Mitarbeiterstab zur Verfügung gestellt werden. Dieser muß in der Lage sein, die Gedanken und Ideen des INTP aufzufangen, ehe dieser das Interesse daran verliert und sich anderen Themen widmet.

INTPs nehmen ihre eheliche Beziehung ernst und sind im allgemeinen treu ergeben, wenn auch manchmal gedankenverloren. Fortwährende gesellschaftliche Aktivitäten oder Unordnung im Hause heißen sie nicht gut. Wahrscheinlich ist der Partner des INTP derjenige, der das gesellschaftliche Leben bestimmt und steuert. Überläßt man INTPs sich selbst, so ziehen sie sich zurück und kommen nur dann zum Vorschein, wenn ihre körperlichen Bedürfnisse dies unumgänglich machen. INTPs sind dennoch willig, nachgiebig und unkompliziert im Umgang, wenn auch vergeßlich in bezug auf Verabredungen, Gedenktage und Rituale. Es fällt ihnen schwer, Emotionen verbal auszudrücken, so daß ihr Partner bisweilen den Eindruck gewinnt, er werde als selbstverständlich hingenommen. INTPs sind pflichtbewußte Eltern; sie mögen Kinder und nehmen deren Erziehung ernst. Die Atmosphäre im Haus von INTP-Eltern ist im allgemeinen ruhig und gelassen, mit verhaltener Disziplin und gut geordneter Haushaltsführung.

Im Umgang mit der Umwelt lassen INTPs sich vorwiegend von ihren Intuitionen leiten, und ihre größte Stärke – das Denkvermögen – tritt relativ selten zutage, es sei denn in besonders engen Beziehungen. Daher werden INTPs oft mißverstanden und als Menschen betrachtet, die man nur schwer kennenlernen kann. Anderen gelingt es nur selten, das wahre Maß ihrer Befähigung zu erkennen. INTPs neigen zur Schüchternheit, außer wenn sie mit guten Freunden zusammen sind, und es ist oft schwierig, ihre Reserviertheit zu durchdringen. Sie sind äußerst anpassungsfähig, allerdings nur dann, wenn keines ihrer Prinzipien verletzt wird. In diesem Fall sind INTPs ganz und gar nicht anpassungsfähig. Sie können Schwierigkeiten haben, sich bei anderen verständlich zu machen, da sie zu komplizierten Denkvorgängen neigen, peinlich genau und nie redundant sein möchten. Da ihr Empfindungsvermögen oft unterentwickelt ist, kann es sein, daß sie für die Bedürfnisse und Wünsche anderer wenig Gefühl zeigen und oft sogar in völliger Unkenntnis darüber sind.

Porträt des ESTJ

ESTJs stehen in ständigem Kontakt zur Außenwelt. Sie kennen sich in ihrer unmittelbaren Umgebung aus, und man kann auf sie bauen. Der passendste Begriff zur Beschreibung der ESTJs ist verant- wortungsvoll. ESTJs stellen etwa 13 Prozent der Bevölkerung dar.

ESTJs sind hervorragend im Organisieren ordnungsgemäßer Abläufe und in der detaillierten Ausarbeitung von Regeln und Bestimmungen. Sie legen Wert auf die ordnungsgemäße Ausführung von Dingen und neigen zur Unduldsamkeit denen gegenüber, die in ihren Handlungsweisen dem vorgeschriebenen Detail zur Ausführung einer Aufgabe nicht genügend Aufmerksamkeit schenken.

ESTJs fällt es leicht, andere zu bewerten, und sie neigen dazu, bei der Beurteilung von Leistungen standardisierte Arbeitsvorgänge zugrundezulegen. Sie können kurz angebunden sein, wenn andere sich nicht an die Vorschriften halten. ESTJs sind realistisch und nüchtern. Sie sind wißbegieriger in bezug auf Erfindungen und neuartige Verfahren als in bezug auf neue Prinzipien und Theorien.

ESTJs zeigen im allgemeinen Loyalität ihren Institutionen, ihrer Arbeit und ihrer Gemeinde gegenüber und sind ausgezeichnete, treuergebene Gefährten und Eltern. Sie kennen ihre Pflichten und entziehen sich ihnen nicht, selbst dann nicht, wenn ihnen deren Erfüllung beträchtliche Opfer abverlangt. Im Beruf, in der Gemeinde und in der Kirche steigen sie häufig in verantwortungsvolle Positionen auf. Oft gehören sie mehreren örtlichen Klubs an, an deren Arbeit sie sich aktiv beteiligen. ESTJs sind pünktlich und erwarten dies auch von anderen.

ESTJs sind nicht immer für die Ansichten und Empfindungen aufgeschlossen und neigen bisweilen dazu, voreilige Schlüsse zu ziehen. Sie sind nicht immer gewillt, gegensätzliche Ansichten geduldig anzuhören. Dies zeigt sich besonders dann, wenn sie Autoritätspositionen bekleiden. Es kann für sie eine besondere Anstrengung bedeuten, gegenüber anderen, die von ihnen abhängig sind – Kinder, Ehepartner, Untergebene –, aufgeschlossen zu bleiben.

ESTJs stehen in Einklang mit den altehrwürdigen sozialen Institutionen und Verhaltensweisen, so daß ihnen jedes Verständnis für jene fehlt, die sich von diesen Institutionen lossagen oder sie radikal verändern wollen. Sie befolgen gern routinemäßige Abläufe zu Hause und am Arbeitsplatz. Jeder Gegenstand hat seinen Platz und gehört stets auch dorthin. ESTJs sind in der Regel sehr sorgfältig bei Arbeit und Spiel.

Die Einstellung der ESTJs zu sozialen Beziehungen basiert auf Traditionen und Ritualen. Um zur Förderung eines harmonischen und zufriedenstellenden persönlichen Verhältnisses beizutragen, bedienen sie sich einer durchdachten Routine im Ablauf alltäglicher Handlungen. Familientraditionen sind für ESTJs von Bedeutung, und sie nehmen bereitwillig an deren Wahrung teil. Sie freuen sich über jede Gelegenheit, Freunde und Bekannte, frühere Kollegen und Verwandte bei geselligen Veranstaltungen, wie zum Beispiel bei Firmenfeiern, Seniorentreffen, Hochzeiten und ähnlichen feierlichen Zusammenkünften, wiederzusehen. Es ist relativ leicht, ISTJs kennenzulernen, da sie im allgemeinen andere nicht durch widersprüchliche Aussagen verwirren. Sie sind zuverlässig und beständig und genau das, was sie zu sein scheinen.

Porträt des ISTJ

Charakteristisch für ISTJs ist ihre Entschlossenheit in praktischen Dingen. Sie sind die Hüter altehrwürdiger Traditionen. Müßte man diesen Typus mit einem einzigen Wort beschreiben, so wäre Zuverlässigkeit das treffendste. ISTJs stellen etwa sechs Prozent der Bevölkerung dar. Sie fühlen sich an ihr Wort gebunden und empfinden großes Unbehagen bei dem Gedanken an eine in ihrer Glaubwürdigkeit erschütterte Nation, Institution oder Familie.

Ob zu Hause oder am Arbeitsplatz, dieser Typus ist eher ruhig und ernst. ISTJs sind von außergewöhnlicher Beharrlichkeit und Zuverlässigkeit. Bei dem Gedanken an ein nicht eingehaltenes Abkommen empfinden Menschen dieses Typus Entsetzen. Mit ihrem einmal gegebenen Wort ist ihre Ehre verknüpft. Man kann bei ISTJs davon ausgehen, daß sie mit den Mitteln, die der Institution, für die sie tätig sind, zur Verfügung stehen, sparsam umgehen. Sie vertreten bei ihrer Arbeit stets einen praktischen Gesichtspunkt, und sie erfüllen ihre Pflichten ohne viel Aufsehen, weshalb ihre Hingabe an eine Tätigkeit möglicherweise unbemerkt bleibt oder nicht gebührend gewürdigt wird.

Das Interesse der ISTJs an Gründlichkeit, Detail, Gerechtigkeit, praktischen Vorgehensweisen und reibungslosen Abläufen im personellen wie auch im materiellen Bereich führt diesen Typus in Berufszweige, in denen diese Vorzüge von Nutzen sind. Zum Beispiel eignen sich ISTJs ausgezeichnet als Rechnungs-, Wirtschafts- oder Steuerprüfer sowie als Buchhalter.

Kapitalanlagen, besonders in Wertpapiere, sind für diesen Typus aller Wahrscheinlichkeit nach von Interesse. Ob es sich um ihr eigenes Kapital oder das anderer handelt, ISTJs sind kaum geneigt, Risiken einzugehen.

ISTJs können mit komplexem Zahlenmaterial umgehen und dies auch begreifen. Sie strahlen Zuverlässigkeit und Standfestigkeit aus, weshalb sie sich ausgezeichnet als leitende Angestellte eignen, zum Beispiel als Leiter einer Krankenhausstation, einer Bücherei oder eines Geschäftsprojektes. Sie sind in der Lage, die Aufgabe eines Bestatters, eines Rechtsgehilfen oder eines Rechtspflegers zu erfüllen. Oberstufenlehrer der Bereiche Betriebs- und Hauswirtschaft, Sport und Naturwissenschaften sind meist ISTJs, ebenso wie auch hochrangige Offiziere. Oft scheint es, als hätte dieser Typus Eis in den Adern, denn er läßt nicht erkennen, wie leicht er durch Kritik verletzbar sein kann.

ISTJs zeigen bei ihrer Arbeit und bei innerbetrieblichen Vorgängen viel Geduld, obwohl dies nicht unbedingt auch auf die individuellen Zielsetzungen einzelner Personen innerhalb des Unternehmens zutrifft. ISTJs sorgen dafür, daß Hilfsmittel rechtzeitig am rechten Platz zur Verfügung stehen. ISTJs begrüßen es, wenn dies ebenso im Hinblick auf Menschen der Fall ist.

Als Ehegatte ist der ISTJ die Zuverlässigkeit in Person. So wie dieser Typus Geschäftsverträge einzuhalten pflegt, hält er auch den Ehevertrag ein. Treu und zuverlässig als Ehepartner, nimmt der ISTJ seine Verantwortung für Kinder und Partner ernst und sieht die Bindung als eine lebenslange Verpflichtung an. Pflichterfüllung ist ein Wort, das der ISTJ versteht. Der männliche ISTJ sieht sich als Ernährer der Familie, obwohl er auch die Berufstätigkeit seiner Frau akzeptieren kann – allerdings nur dann, wenn sie sich dadurch nicht der Verantwortung für die Kinder entzieht. Der ISTJ-Mann hat eine patriarchalische Auffassung von Männlichkeit. Sowohl der ISTJ-Mann als auch die ISTJ-Frau sind ausgeglichene, zuverlässige Partner. Der weibliche ISTJ wird meist von der Vernunft gesteuert und verzichtet auf leichtsinniges Verhalten, wobei die Sinnlichkeit manchmal zu kurz kommt.

ISTJs behandeln ihre Kinder mit Konsequenz und machen ihnen die Familienregeln klar. Ein rebellisches, nonkonformistisches Kind kann es bei einem ISTJ-Elternteil schwer haben – und umgekehrt. Als Kind neigt der ISTJ zu Gehorsam und bereitet seinen Eltern und Lehrern gewöhnlich viel Freude.

Obwohl ISTJs außergewöhnlich praktisch und vernünftig veranlagt sind, können sie Menschen heiraten, die völlig verantwortungslos handeln, wobei sich die Ehe mehr zu einer Eltern-Kind-Beziehung als zu einer Beziehung zwischen Erwachsenen entwickelt. Der ISTJ ist sich nicht schlüssig, ob er bei seinem unberechenbaren Gefährten die Rolle des Beschützers oder Reformers spielen soll, und schwankt zwischen beiden Möglichkeiten. Die Ehe wird somit zu einem lebenslangen Spiel – auf der einen Seite stehen Verantwortungslosigkeit, das Versprechen auf Besserung, kurze Perioden der Besserung, und erneut Verantwortungslosigkeit; auf der anderen Seite durchläuft der ISTJ folgenden Kreislauf: Mißbilligung, Zuhilfekommen, Schelten, Verzeihen, Akzeptieren des Versprechens auf Besserung usw. Dieses Verhaltensmuster sieht man häufig, wenn ein ISTJ einen Alkoholiker heiratet und somit ein Leben der Fürsorge auf sich nimmt, das allerdings periodische Unterbrechungen durch Wut oder Zurückweisung erfährt. Obwohl ISTJs bei Menschen, die ihnen wichtig sind, regelmäßig auftretende Unbeständigkeit und egoistisches Verhalten akzeptieren können, sehen sie dieser Art des Verhaltens bei sich selbst als nicht akzeptabel an.

ISTJs empfinden Abneigung und Mißtrauen gegenüber extravaganter Sprache, Kleidung oder Mobiliar. Alles Auffällige wird verabscheut und ein gepflegtes, ordentliches und funktionelles Heim und Arbeitsumfeld bevorzugt. Die Haltbarkeit des Mobiliars ist von vorrangiger Bedeutung, die Ästhetik spielt nur eine untergeordnete Rolle. Die Kleidung des ISTJ ist eher praktisch und haltbar als modisch und luxuriös. Im Essen sowie in der Kleidung ist dieser Typus eher nüchtern veranlagt und fühlt sich nicht von exotischen Speisen, Getränken oder Gegenden angezogen.

Der ISTJ-Mann mag wahrscheinlich Stammtisch- oder Männerabende und macht von einer anderen Art der Sprache Gebrauch, wenn nur Männer anwesend sind. Männliche Rituale, wie Jagd- oder Angelausflüge, sind für den ISTJ oftmals Entspannung und Unterhaltung. Der männliche ISTJ ist stärker als der weibliche daran interessiert, sich in gemeinnützigen Organisationen zu betätigen, die traditionelle Werte an die Jugend vermitteln, wie zum Beispiel den Pfadfindern. Sie verstehen und würdigen den Beitrag dieser Gruppen zur Erhaltung des nationalen Erbes. Wie andere SJs haben ISTJs besondere Freude an festlichen Ereignissen, die Rituale beinhalten, wie Hochzeiten, Geburtstage oder Festlichkeiten anläßlich von Feiertagen. Im Berufsleben sehen ISTJs Betriebsfeiern als eine Art notwendiges Übel an, nehmen höchstwahrscheinlich aber daran teil und haben sogar auch Spaß daran.

Porträt des ESFJ

ESFJs sind von allen Typen die geselligsten. Die Wechselbeziehung zwischen ihnen und anderen gibt ihnen Antrieb und Anregung. Sie neigen dazu, das oder den zu idealisieren, dem sie Bewunderung entgegenbringen. Harmonie ist das Kennwort für diesen Typus, der von etwa dreizehn Prozent der Bevölkerung repräsentiert wird.

ESFJs sind eifrige Hüter bestehender Institutionen, wie zum Beispiel Familie, Schule, Kirche und dergleichen. Ganz gleich wo sie sich befinden, tragen sie stets zur Förderung harmonischer Beziehungen bei. Sie sind ausgezeichnete Gastgeber und kennen die Anwesenden meist schon nach kurzer Vorstellung bei ihrem Namen. Bei geselligen Zusammenkünften kümmern sie sich um die Bedürfnisse der anderen und sind darauf bedacht, alle in das Geschehen einzubeziehen. Gesellschaftliche Verbindungen sind den ESFJs wichtig, und sie geraten bei Unterhaltungen oft in nostalgische Erinnerungen. Sie sind für das Fortführen von Traditionen, sie unterstützen diese und setzen sich für deren Erhaltung ein.

ESFJs fühlen sich verletzt, wenn man ihnen mit Gleichgültigkeit begegnet. Sie möchten sowohl um ihrer selbst als auch um ihrer unzähligen Dienste willen, die sie für andere verrichten, geschätzt werden. Sie achten auf das äußere Erscheinungsbild und nehmen die Meinung anderer in bezug auf gesellschaftliche Formen ernst. Das Wertsystem der ESFJs basiert wahrscheinlich auf dem, was man tun und nicht tun sollte, und hierzu bekennen sie sich freimütig. ESFJs sind gewissenhaft und ordentlich und neigen zur Rastlosigkeit, wenn sie von anderen Menschen isoliert sind.

Die Berufswahl bei ESFJs tendiert hin zu den Dienstleistungen. Sie sind offene, freizügige Perönlichkeiten, die sich hervorragend als Verkäufer eignen und als die klaren Gewinner aus Verkaufswettbewerben hervorgehen. Sie sind in der Regel die Spitzenverkäufer innerhalb einer Organisation. Untersuchungen des Verhaltens von ESFJs bei Verkaufsverhandlungen zeigen, wie dieser Typus den Verkauf personifiziert: der Kunde kauft nicht das Produkt, er kauft die Persönlichkeit des ESFJ. Dieses Verhalten bewirkt auch, daß ESFJs sich gut als Lehrer, Prediger, Abteilungsleiter, Trainer oder für andere auf den Menschen bezogene Tätigkeiten eignen. Sie geben ihren Vorgesetzten selten Anlaß zum Ärger, da sie sich stets an Bestimmungen und Regeln halten, pflicht- und dienstbewußt sind und sich ihren Vorgesetzen gegenüber loyal verhalten. ESFJs haben in der Regel Kenntnis von Ereignissen und Problemen, die das Leben ihrer Kollegen betreffen, und diskutieren gern mit ihnen darüber. Sobald die Unterhaltung jedoch zu abstrakten, philosophischen oder wissenschaftlichen Themen wechselt, können sie die Geduld verlieren. Gründliche Diskussionen komplizierter Vorgänge – zum Beispiel der Versuch, durch Analyse von Prinzipien Erklärungen für Ereignisse zu finden –, wecken, im Gegensatz zu NTs, nicht ihr Interesse.

Als Gefährten haben ESFJs Wertvorstellungen, die klare Richtlinien von man sollte und man sollte nicht beinhalten, und sie erwarten von allen Familienmitgliedern, daß sie sich daran halten. In ihrer häuslichen Verantwortung sind sie gewissenhaft und ordnungsliebend und erwarten dies auch von anderen. Sie schätzen Geselligkeit und sind gern Gastgeber. Sie wünschen, daß Entscheidungen schnell und wirksam getroffen werden und daß das Familienleben nach einem gewissen Plan routinemäßig und korrekt verläuft. Sie lehnen sich gegen routinemäßige Betätigungen selten auf, sind den traditionellen Werten von Heim und Herd zugetan, respektieren ihr Eheversprechen und sind die sympathischsten aller Typen. Sie neigen zur Abhängigkeit von ihren Gefährten und heiraten vielleicht nur, um für sich selbst eine entsprechende Stellung in der Gesellschaft sicherzustellen. Sie genießen die Zeremonien, die mit dem Servieren feiner Speisen und Getränke einhergehen, blühen auf bei festlichen Anlässen, haben Achtung vor materiellem Besitz und häufen diesen oft in großer Fülle an. Sie nehmen ihre Rolle in der Gemeinschaft ernst, sind den geachteten, offiziellen Entscheidungsträgern gegenüber feinfühlig und identifizieren sich mit ihnen. Sie sind statusbewußt und verlassen sich häufig auf Obrigkeiten, die für sie eine Quelle der eigenen Meinungsbildung sind.

ESFJs machen aus ihren Gefühlen kein Geheimnis und zeigen ihre emotionalen Reaktionen recht freimütig. Sie haben das Bedürfnis, gebraucht, geliebt und geschätzt zu werden, und können viel Energie aufwenden, um sich zu versichern, daß dies der Fall ist. Sie neigen mitunter zu Melancholie und Depression und können sogar selbstmörderische Absichten haben, wenn sie sich selbst die Schuld für irgendwelche Mißstände in der Gesellschaft oder ihren persönlichen Beziehungen geben – was sie auch zu tun pflegen.

ESFJs bringen ihren Eltern gewöhnlich Respekt und Verehrung entgegen und sind aufgeschlossene, gehorsame Schüler. Sie haben ein besonderes Geschick dafür, in jeder Situation die passenden Gefühle zu zeigen. Sie sind weichherzig und sentimental und feiern meist mit Vergnügen Geburtstage, Jahrestage und andere Gedenktage und verstehen es, daraus fröhliche, bedeutende Ereignisse zu machen. Gleichzeitig können ESFJs allerdings bei anderen unnötige Spannungen hervorrufen, indem sie verhängnisvolle, düstere Vorahnungen äußern und einen Hang zum Pessimismus aufweisen, der ansteckend wirken kann. Diese Ängste vor dem Eintreten des Schlimmstmöglichen müssen sie bekämpfen und verhängnisvolle Vorahnungen unterdrücken.

Die Kinder eines ESFJ werden als eine Erweiterung der Familie betrachtet, und alles, was sie tun, spiegelt die gesamte Familie, und somit den ESFJ, wider. Wenn Probleme auftauchen, ist er möglicherweise kritisch, ja sogar bissig seinem Partner oder seinen Kindern gegenüber. Dieser Typus könnte einen Alkoholiker oder einen anderen zuwendungsbedürftigen Menschen heiraten. Ist eine ESFJ-Frau mit einem Mann verheiratet, der kein guter Versorger ist, kann sie zur Nörglerin werden und in grüblerischer Weise Vergleiche zwischen eigenem Besitz und Status und dem anderer anstellen. ESFJs – ob männlich oder weiblich – sind ganz auf Menschen und Dinge statt auf Ideen und Grundsätze ausgerichtet. Sie gehen gern an einen Entscheidungsprozeß heran, besonders wenn dabei der Nutzen von Dingen und Menschen im Vordergrund steht.

Porträt des ISFJ

Unter hundert Menschen befinden sich sechs, die ISFJs sind. Ihr Hauptwunsch ist, sich nützlich zu machen und für die Bedürfnisse anderer zu sorgen. ISFJs besitzen ein ausgeprägtes Geschichtsbewußtsein, einen Sinn für die Kontinuität vergangener Ereignisse und Verhältnisse. Traditionen und die Erhaltung von Ressourcen werden hoch bewertet. Als der am wenigsten hedonistisch Veranlagte aller Typen vertritt der ISFJ die Auffassung, daß die Arbeit einen Wert an sich darstellt und daß man sich das Vergnügen verdienen muß. ISFJs sind bereit, schwer zu arbeiten. Wenn sie eine Aufgabe übernehmen, so wird diese auch ausgeführt, soweit es menschenmöglich ist. Das Festhalten an bestehenden Arbeitsweisen sowie die korrekte Durchführung einer Aufgabe werden geschätzt und geachtet; Leistungsfähigkeit und Wirksamkeit eines bestehenden Verfahrens werden dabei selten in Frage gestellt. Arbeitsanweisungen, die in einem Handbuch festgelegt sind, werden als bindend betrachtet. Verletzen oder ignorieren andere derartig standardisierte Vorschriften, so reagieren ISFJs irritiert und ärgerlich, obwohl sie diese Reaktionen nicht immer zeigen. Normalerweise ist diese Art des Ärgers nach innen gerichtet und macht sich in der Form von Erschöpfungszuständen und Muskelverspannungen bemerkbar.

ISFJs sind überaus zuverlässig, und sie sind meist unglücklich, unter Bedingungen sich ständig ändernder Regeln oder Vorschriften arbeiten zu müssen. Ihr großes Bedürfnis, sich anderen nützlich zu erweisen, führt sie in Tätigkeitsgebiete wie Krankenpflege, Unterricht und Medizin (vorwiegend Allgemeinmedizin). Weiterhin eignen sie sich für Sekretariats-, Bibliothekarssowie Verwaltungsaufgaben auf mittlerer Managementebene. Sie finden meist eine gute Beziehung zu solchen Menschen, die sie brauchen, zum Beispiel zu Kranken, zu Schülern und zum "Chef". Sich fürsorglich um andere zu kümmern, verschafft ihnen Genugtuung, und sie leisten den Dienst am Menschen in einer liebenswürdigen und hilfreichen Art und Weise. Benötigen die

Empfänger die Hilfe der ISFJs nicht länger, so ändert sich wahrscheinlich der Charakter ihrer Beziehung, indem sich die ISFJs desinteressiert zeigen. ISFJs bereitet es Freude, den Unterdrückten beizustehen, und sie verstehen es besser als andere Typen, mit der Unterwürfigkeit anderer umzugehen. Falls sie sich in einer Situation befinden, die ihnen ein solches Verhalten abverlangt, zeigen sie den "gebührenden Respekt". ISFJs sind außerordentlich verantwortungsbewußt und besitzen ein hervorragendes Talent zur Abwicklung von Routineangelegenheiten mit sich wiederholenden Vorgängen. So sind sie beispielsweise ausgezeichnete Sekretärinnen, äußerst tüchtige Krankenpfleger und pflichtbewußte Lehrer. Theorien und Spekulationen interessieren ISFJs wenig. Sie überlassen die weniger praktischen Dinge lieber anderen und bleiben selbst praxisbezogen, nüchtern und sachlich.

ISFJs zeigen im allgemeinen ihren Vorgesetzen gegenüber Loyalität und neigen dazu, sich eher mit einer Person als mit einer Institution zu identifizieren. Sie erwarten von anderen (auch von ihrem Chef), daß sie sich an bestimmte Arbeitsweisen halten, und finden es peinlich und beunruhigend, wenn andere Menschen sich nicht so benehmen, wie sie es sollten. ISFJs fühlen sich häufig persönlich dafür verantwortlich, daß andere die Vorschriften und Abläufe innerhalb einer Institution oder eines Unternehmens einhalten. Sie sind sich häufig dessen bewußt, daß mit gewissen Titeln, Dienststellen und anderen ein bestimmter Status verbunden ist, und sie wissen dies zu ihrem Vorteil zu nutzen. Sie sind sich des Wertes materieller Ressourcen bewußt und verabscheuen Verschwendung oder Mißbrauch dieser Mittel. Zu sparen, etwas "auf die Seite zu legen" für unvorhersehbare Zeiten, sich vorzubereiten auf Notfälle – das sind wichtige Handlungen.

Befinden sich ISFJs in Positionen, die ihnen Machtbefugnis über andere geben, kann dies Unbehagen bei ihnen hervorrufen. Sie möchten gern alles selbst tun und bestehen ungern darauf, daß andere ihre Aufgaben erfüllen. Infolgedessen sind ISFJs häufig überarbeitet.

ISFJs opfern sich für ihre Partner und Familien auf und zeichnen sich gewöhnlich durch hervorragende Haushaltsführung aus. Ihr Heim ist wahrscheinlich sehr gepflegt, Inneres und Äußeres sind peinlich genau instandgehalten und im traditionellen Stil eingerichtet. Als Eltern erwarten ISFJs von ihren Kindern Konformität im Hinblick auf die Regeln der Gesellschaft, und sie fühlen sich persönlich für deren Einhaltung verantwortlich. ISFJs finden "vornehmes Gehabe" abstoßend und bevorzugen als Freunde bescheidene und ruhige Menschen. Nach Ansicht der ISFJs sollte das Benehmen der Menschen ihrer Stellung in der Gesellschaft entsprechen.

Der weibliche ISFJ zeigt häufig ein Flair für attraktive Ausstattung der Wohnung in zeitgemäßem Stil, bereitet ansprechende, nahrhafte Mahlzeiten und sorgt für ein gepflegtes, ordentliches Umfeld. Für den männlichen als auch für den weiblichen ISFJ ist es von Wichtigkeit, Besitzer des heimischen Territoriums zu sein und für dessen Erhaltung zu sorgen.

Obwohl ISFJs höchst zuverlässig sind, können sie sich auf der anderen Seite hingezogen fühlen zu verantwortungslosem Handeln, zu Üppigkeit und Schlemmerei. Viele ISFJs heiraten Alkoholiker und gehen dann dazu über, ein sich endlos wiederholendes Spiel des Zuhilfekommens-Zurückweisens zu betreiben, wobei die Phase des Zuhilfekommens als Versuch erscheinen soll, den anderen zu ändern. Gelegentlich kommt bei der ISFJ-Mutter die Neigung zum Vorschein, die "Widerspenstigkeit" ihres Sohnes von der humorvollen Seite zu sehen, während sie ihre Tochter ganz im Sinne der Tradition erzieht und von ihr erwartet, stets das Rechte zu tun.

ISFJs werden oft mißverstanden und unterbewertet, und ihre Beiträge werden vielfach als selbstverständlich hingenommen. Dies kann bei ihnen Ressentiments hervorrufen, die als verhaltene Emotionen innerlich an ihnen zehren und ihnen unverdienten Kummer bereiten.

Porträt des ESTP

ESTPs sind Männer und Frauen der Tat. Ist in einer Gruppe von Menschen ein ESTP, so werden Dinge in Bewegung gesetzt: die Lichter gehen an, die Musik erklingt, das Spiel beginnt. Tatsächlich ist alles auch ein Spiel für den ESTP – den hervorragenden

Unternehmer, Diplomaten, Vermittler oder Unterhändler par excellence. Etwa 13 Prozent der Bevölkerung zählen zu diesem extravertierten, spürsinnigen, denkenden, wahrnehmenden Typus. Wenn nur ein Wort zur Beschreibung des ESTP benutzt werden könnte, so wäre es Findigkeit.

Das Leben mit einem ESTP ist niemals langweilig. Seine anziehend freundliche Art hat etwas verschnörkelt Theatralisches, was selbst ganz normalen Vorkommnissen einen aufregenden Anstrich vermittelt. ESTPs sind meist mit den besten Restaurants der Umgebung vertraut und deren Oberkellnern bekannt. Sie sind gesellschaftlich erfahren, verbindlich, höflich und weltgewandt – sie sind wahre Meister im Manipulieren ihrer Umwelt.

ESTPs besitzen eine fast unheimliche Beobachtungsgabe im Hinblick auf die Motivationen anderer. Mit einer Art Hypersensibilität fangen sie den kleinsten Wink oder Fingerzeig auf, der anderen Typen sicher entgeht. Sie verstehen es auch meisterhaft, anhand dieser Beobachtungen andere zu überzeugen. Alles Handeln der ESTPs ist auf ihr Publikum ausgerichtet. Geistreich, klug und zum Scherzen aufgelegt, scheinen sie über ein großes Einfühlungsvermögen zu verfügen, was aber durchaus nicht der Fall ist. Vielmehr sind sie sich scharfsinnig der kleinsten Zeichen anderer bewußt, so daß sie stets um einige Längen voraus sind, wenn es darum geht, den Standpunkt eines anderen einzuschätzen. ESTPs wissen aus solchen Informationen für ihre Zwecke Vorteil zu ziehen. Offenbar besitzen sie Nerven wie Stricke, denn sie verwickeln sich in Dinge, die anderen als selbstmörderisches äußerstes Risiko erscheinen. Andere Typen finden dieses Verhalten meist anstrengend und erschöpfend, ESTPs dagegen fühlen sich durch ihr Leben am Rande einer Katastrophe angeregt. Sie sind unbarmherzige Pragmatiker und bieten häufig den Zweck als Rechtfertigung für jedes als notwendig erachtete Mittel an – bedauerlich vielleicht, aber notwendig.

ESTPs eignen sich hervorragend als Initiatoren von Bestrebungen, Menschen zum Verhandeln zusammenzubringen. Sie sind von unschätzbarem Wert als Krisenmanager, die es verstehen, in Schwierigkeiten geratene Unternehmen oder Institutionen schnell aus den roten Zahlen zu führen – und das mit Stil. Sie verstehen es, eine Idee oder ein Projekt auf eine Art zu verkaufen, wie es keinem anderen Typus gelingt. An den nachfolgenden ermüdenden administrativen Details zeigen sie jedoch kein Interesse. Aufgrund dieser Eigenschaft werden die außergewöhnlichen Talente der ESTPs oft nicht entsprechend gewürdigt, da der Schwerpunkt vielfach eher auf dem noch zu bewältigenden Detail liegt. Somit bieten die Schwächen der ESTPs eine Angriffsfläche für Kritik, während ihre Stärken unbeachtet bleiben. Wenige Organisationen setzen ESTPs so ein, wie dies der Fall sein sollte. Wenn ESTPs aber versuchen, sich selbständig zu machen, sind sie nicht immer erfolgreich, da sie nicht gewillt sind, die notwendige Kleinarbeit eines sonst vielversprechenden Projektes im Auge zu behalten. Sie müssen daher sicherstellen, daß nach Möglichkeit ein anderer für die Abwicklung eines Projektes zur Verfügung steht.

Werden die verkaufsorientierten, unternehmerischen Fähigkeiten der ESTPs konstruktiv genutzt, kann sich ein Unternehmen ob ihrer Mitarbeit glücklich schätzen. Falls ihrem Verlangen nach Auf- und Anregendem nicht auf konstruktive Weise begegnet wird, können diese Energien allerdings in destruktive und unsoziale Aktivitäten, zum Beispiel Betrug, Geld- und Scheckfälschungen, Diebstahl usw., geleitet werden. Ein Film der frühen 70er Jahre, der diesen Aspekt des ESTP-Verhaltens eingefangen hat, ist "Der Clou".

ESTPs leben in der unmittelbaren Gegenwart und sorgen als Lebenspartner für Lebendigkeit – und Unberechenbarkeit – in einer Beziehung. Als Gefährten sind ESTPs in der Öffentlichkeit in den gesellschaftlichen Umgangsformen gewöhnlich aufmerksam und gewandt. Sie sind von amüsanter Schlagfertigkeit und haben stets die Lacher auf ihrer Seite, wenn sie beim Erzählen geistreicher Witze und Geschichten aus einem endlos erscheinenden Vorrat schöpfen. ESTPs strahlen Charme aus. Nichts ist ihnen zu gut für ihre Freunde, wobei familiäre Verpflichtungen manchmal erst an zweiter Stelle stehen. Der Partner eines ESTP kann sich im Laufe der Zeit wie ein Objekt vorkommen – der weibliche als bewegliches Eigentum und der männliche als käuflicher Gegenstand. Starke Bindungen kommen im Leben eines ESTP nicht unbedingt vor, obwohl dieser Typus stets populär ist und sehr viele Bekannte hat. Seine Beziehungen zu anderen sind meist unverbindlich und davon abhängig, was er für sich aus dieser Beziehung gewinnen kann. An jedem Gewinn läßt er allerdings großzügig seinen Partner teilhaben. Das unerwartete Geschenk, die plötzliche Reise nach Paris, die extravagante Überraschung zu Weihnachten – all dies bietet der ESTP seinem Gefährten. Spaß, Lebhaftigkeit, Fröhlichkeit und ein Fünkchen Unberechenbarkeit sind für die Beziehung charakteristisch. Bei ESTPs liegt die Toleranzschwelle in bezug auf Angst und Unruhe relativ niedrig. Sie sind geneigt, Situationen, die mit zwischenmenschlichen Spannungen durchsetzt sind, zu vermeiden oder sich von ihnen abzuwenden. ESTPs erscheinen ihren Partnern und auch anderen gewöhnlich etwas rätselhaft. Es gibt nur wenige Menschen, die diese einzigartige Persönlichkeit begreifen. ESTPs verstehen es sehr gut, nach dem Leitsatz zu handeln: Wer am schnellsten vorankommen will, tut es am besten allein. Dennoch sind ESTPs nie lange allein oder einsam. Sie kosten das Leben mit einem kräftigen Appetit für die besseren Dinge dieser Welt aus. Sie suchen Spannung und Aufregung, möglicherweise als Soldaten, Sportler, Abenteurer oder professionelle Spieler. Auf die eine oder andere Art suchen sie stets das Schicksal herauszufordern. Das sich durch das gesamte Leben des ESTP ziehende Motto ist das Trachten nach Nervenkitzel durch das Eingehen von Risiken.

Porträt des ESFP

ESFPs strahlen Wärme und Optimismus aus. Gewandt, geistreich, charmant, klug, redselig und weltoffen – all dies beschreibt ESFPs, die, genau wie ESTPs, etwa 13 Prozent der Bevölkerung ausmachen. Sie sind äußerst amüsant und die großzügigsten aller Typen. Dar- steller ist die Bezeichnung, die auf sie am besten zutrifft.

ESFPs suchen Alleinsein zu vermeiden und verschaffen sich, wenn möglich, die Gesellschaft anderer. Es gelingt ihnen leicht, Anschluß zu finden, da andere ihre Gegenwart als höchst unterhaltsam ansehen. ESFPs mögen Lebhaftigkeit und schaffen eine lebendige Atmosphäre, wo immer sie sind. Ihre Lebensfreude wirkt ansteckend, und sie zeigen im allgemeinen ein fröhliches Gesicht. Als Unterhalter ausgesprochen gewandt, sorgen sie durch geistreiche Neckereien und Scherze für Amüsement. ESFPs vermitteln einen Hauch von Kultiviertheit und kleiden sich wahrscheinlich nach der neuesten Mode. Sie erfreuen sich an allen guten Dingen des Lebens – an Kleidung, Essen und Trinken, körperlichem Wohlbefinden und Vergnügtsein. ESFPs sorgen für eine Stimmung von "Wein, Weib und Gesang"; in ihrer Umgebung herrscht meistens eine partyähnliche Atmosphäre.

ESFPs sind lebhafte Ehe- oder Lebenspartner, wenn auch etwas unberechenbar, was bei ruhiger veranlagten Partnertypen Ängste, Unruhe und Spannungen hervorrufen kann, da jederzeit ein unerwartetes Ereignis eintreten könnte. Ihr Haus ist in der Regel mit sich bestens amüsierenden Menschen angefüllt. Probleme läßt man gar nicht erst aufkommen. ESFPs erreichen dies durch ihre Art der Einstellung, "am Friedhof pfeifend vorbeizugehen", böse Geschicke und Trübsinn von sich weisend.

ESFPs können ihre Großzügigkeit übertreiben. Ihr Eigentum stellen sie jederzeit anderen zur Verfügung, erwarten dies jedoch nicht auch von anderen. Sie unterstützen alle und jeden, ohne Gegenleistungen zu erwarten. ESFPs betrachten das Leben als immerwährendes Füllhorn, aus dessen unerschöpflichem Vorrat sich Vergnügen und Genuß, ohne jegliche Anstrengung ihrerseits, ergießen.

Ihr Talent, das Leben zu genießen, kann für ESFPs bedeuten, daß sie in größerem Maß als andere Typen Versuchungen ausgesetzt sind. Sie neigen dazu, impulsiv zu handeln und auf die Forderungen anderer gefügig zu reagieren. Deshalb sind sowohl der männliche als auch der weibliche ESFP anfällig für psychische und physische Versuchungen. Als Vater oder Mutter ist der ESFP unterhaltsam, ein guter Freund und eine Quelle des Frohsinns. Wenn Krankheit oder Unannehmlichkeiten auftreten, können ESFPs allerdings ungeduldig werden und sich entfernen.

ESFPs können Ängste und Beklemmungen nur schwer verkraften. Bei ihnen liegt die Toleranzschwelle hierfür tiefer als bei allen anderen Typen. Ängste werden überspielt oder vermieden, indem die dunkle Seite einer Angelegenheit solange wie möglich ignoriert wird. Sie haben einen gewissen Hang zur Hemmungslosigkeit, geben dies aber kaum zu, vielmehr erwecken sie den Eindruck zu widerstehen, um dann doch das zu tun, was ihnen Vergnügen bereitet.

ESFPs bevorzugen Tätigkeiten, die mit viel Aktivität verbunden sind. Deshalb sollten sie niemals einsame, abgelegene Posten bekleiden. Hervorragend geeignet für Public Relations, lieben sie es, mit Menschen zu arbeiten. Entscheidungen treffen sie auf der Basis eigener Erfahrung oder derer, die für sie wichtig sind. ESFPs stützen sich hauptsächlich auf persönliche Erfahrungen und zeigen im allgemeinen gesunden Menschenverstand.

Durch ihre ungezwungene Geselligkeit und Anpassungsfähigkeit werden ESFPs für andere zu einer Quelle menschlicher Wärme. Es macht ihnen nichts aus, durch das Telefon oder durch jemand persönlich unterbrochen zu werden, und sie zeigen sich in beiden Situationen gefällig. Man kann sich darauf verlassen, daß sie genaue Angaben über die Menschen ihrer Umgebung machen können. Sie erwerben diese Daten durch fortwährende Beobachtungen.

ESFPs haben in der Regel wenig Interesse an akademischen Zielen und sind nur insofern an Wissen interessiert, als dies für sie von unmittelbarem Nutzen ist. Sie meiden Wissenschaft und Technik und fühlen sich mehr zum Kaufmännischen hingezogen. Sie sind geschickt als Verkäufer, besonders im Verkauf von Produkten. Sie können auf dem Gebiet des Erziehungs- und Bildungswesens erfolgreich tätig sein, vor allem als Grundschullehrer, und ebenso in der Krankenpflege arbeiten. Sie eignen sich gut für die Beschäftigung mit menschlichen Krisensituationen und sind aufgrund dieser Anlage häufig in sozialen Berufen zu finden. Sie unterhalten gern Gäste und fühlen sich zu den darstellenden Künsten hingezogen. Der Reiz, im Mittelpunkt zu stehen, wirkt auf sie beflügelnd und läßt sie blühen und gedeihen.

Porträt des ISTP

ISTPs sind ebenso impulsiv veranlagt wie die anderen SPs. Ihr Leben ist ein geschicktes, cleveres Handeln, wobei die Handlung an sich schon das Endziel ist. Eine impulsive Tat verschafft ihnen größere Genugtuung als eine vorsätzlich ausgeführte. Soll eine Handlung einem bestimmten Zweck oder Ziel dienen, so darf sie die Art, wie man zu diesem gelangt, nicht beeinflussen. Die Tat hat Eigenständigkeit und Eigenmächtigkeit, beinhaltet eigene Gesetzmäßigkeiten, die sich nicht auf bloße Regeln, Bestimmungen oder Vorschriften reduzieren lassen. ISTPs sind für die Gleichheit aller und können fanatische "brüderliche" Loyalität zeigen, aber sie sind auch fähig, heftigen Widerstand zu leisten und Hierarchie und Autorität als unnötig und überflüssig zu betrachten. Es geht dabei weniger um ein Handeln gegen das Gesetz als um dessen Ignorieren. ISTPs müssen ganz einfach nach ihren Vorstellungen handeln und uneingeschränkt jeden weiteren Schritt abwandeln können. ISTPs sind stolz auf ihre Fähigkeit, den nächsten "Schachzug" mit Geschick auszuführen – zumindest möchten sie es sein.

ISTPs zeigen oft mehr als andere Typen ein völlig unerschrockenes Verhalten, obwohl sie dazu neigen, sich leicht (und sogar häufig) zu verletzen. ISTPs sind diejenigen, die mit großer Wahrscheinlichkeit geneigt sind, das Schicksal herauszufordern, wobei sie stets auf ihr Glück bauen, selbst dann, wenn ihre Chancen schlecht stehen. Sie lieben die Aufregung und brauchen täglich Spannung in der Form von schnellen Bewegungsabläufen – Rennsport, Fallschirmspringen oder Surfing sind einige Beispiele. Dieser Tatendrang bewirkt, daß ISTPs mehr als andere Typen anfällig für Langeweile sind und zu schnellem Tempo angetrieben werden. Eigenartigerweise langweilen sie sich nie, während sie ihren Interessen nachgehen, selbst dann nicht, wenn über längere Zeiträume nichts passiert, beispielsweise auf Reisen, bei Wassersport, Jagen oder Angeln.

Das Naturell der ISTPs zeigt sich am deutlichsten in ihrer Handhabung von Werkzeugen im weitesten Sinne des Wortes. Sie verstehen es, mit jeder Art von "Werkzeug" umzugehen – vom kleinsten Bohrer bis zum Überschallflugzeug. Vom Kindesalter an werden ISTPs von Werkzeugen auf fast magnetische Weise angezogen, sie müssen einfach damit hantieren. Viele Piloten wußten bereits im Alter von fünf Jahren, daß sie diesen Beruf ergreifen würden. ISTPs neigen zu Aktivitäten, die ihnen die Benutzung von Werkzeugen gestatten, zum Beispiel das Führen und Bedienen von Fahrzeugen und Maschinen. Wird ein Werkzeug – ganz gleich ob Skalpell oder Traktor – mit fast unglaublicher Präzision bedient, so ist der Bedienende wahrscheinlich ein ISTP. Natürlich benutzen auch andere Typen Instrumente und

Maschinen, jedoch nicht mit der Virtuosität der ISTPs. Man muß ISTPs Kunstfertigkeit im Umgang mit Werkzeugen und Geräten bescheinigen, denn sie beherrschen in überragender Weise deren Handhabung und wissen sie sich gefügig zu machen. Aber auch hier arbeiten (oder, besser ausgedrückt, spielen) ISTPs – verkörpert durch Michelangelo und Leonardo – mit ihren Werkzeugen aufgrund spontaner eigener Impulse und nicht nach Plan. Stimmt ein von außen auferlegter Plan mit ihren spontanen Eingebungen überein, so ist es gut – wenn nicht, gereicht es dem Plan zum Nachteil.

Ein für den ISTP besonders attraktives Werkzeug ist die Waffe. Sollte sich ein ISTP einmal gegen die Gesellschaft wenden – ganz gleich aus welchem Grund –, so weiß er die tödliche Waffe mit äußerster Geschicklichkeit einzusetzen, um somit seiner Ablehnung größten Nachdruck zu verleihen. Der Profikiller von heute, der Revolverheld des Wilden Westens, der Duellant im Europa des achtzehnten Jahrhunderts, sie alle können als Virtuosen gezielter Tötungen betrachtet werden. Killer, Revolverheld und Duellant sind gleichermaßen stolz auf ihre Tapferkeit und Tüchtigkeit. Glücklicherweise stehen ihnen ähnlich Veranlagte als die Kämpfer für Recht und Ordnung gegenüber: Soldaten, Vollzugsbeamte, Polizisten, Geheimagenten. Das heißt jedoch nicht, daß es sich bei allen Experten der Waffe, den guten und den bösen, um ISTPs handeln muß, oder daß alle ISTPs Waffenexperten sind, sondern lediglich, daß diejenigen mit großer Geschicklichkeit im Umgang mit Waffen vermutlich ISTPs sind.

Nicht nur bei der Arbeit, auch beim Spiel handeln ISTPs spontan und folgen plötzlichen Eingebungen. Sie ziehen sich zum Beispiel zurück, nur weil sie "Lust" dazu verspüren, und es empfiehlt sich, ISTPs, die "Lust" auf etwas haben, nicht aufzuhalten. Der Spezialist der Neurochirurgie, der als Nebenbeschäftigung Feldbestäubung mit dem Flugzeug betreibt oder mit dem Motorrad zum Flugplatz fährt, oder der Finanzexperte, der mitten in einer Bücherrevision einen Jagdausflug unternimmt, sind Beispiele für die Art und Weise, in der ISTPs in ihrer Freizeit prickelnde Erlebnisse suchen. Obwohl sie in ihrer beruflichen Tätigkeit häufig den Anschein von Einzelgängern erwecken, assoziieren sie sich in der Freizeit oft mit ihresgleichen. Bergsteiger, Rennfahrer, Piloten, Jäger und, allgemein gesprochen, bewegliche Menschen finden sich zusammen. Da es aber eine Kameradschaft ist, deren verbindendes Element das Werkzeug darstellt, finden Gespräche nur in kurzen, knappen Worten statt.

Ebenso wie bei ISFPs ist auch bei ISTPs die Handlung das Mittel zur Kommunikation, und sie zeigen wenig Interesse an schriftlichen Formulierungen. Diese mangelnde Kommunikationsbereitschaft kann in der Tat fälschlicherweise für das gehalten werden, was gutmeinende aber irregeleitete Mediziner oder Erzieher als "Lernbehinderung" oder als "Dyslexie" bezeichnen. Beide Begriffe sind als Erklärung völlig absurd. Man braucht einen ISTP nur in die Nähe eines Werkzeugs irgendeiner Art und irgendwelchen Schwierigkeitsgrades zu bringen, um festzustellen, wie schnell er lernt, damit umzugehen, und mit welcher Genauigkeit der Wortwahl er über dessen Merkmale zu reden in der Lage ist.

Trotz ihrer Neigung zur Egalität, Unbotmäßigkeit und Freiheitsliebe eignen sich ISTPs durchaus als Führer. Aber sie müssen in vorderster Linie stehen, mit dem Schwert in der Hand den Angriff führend. ISTPs können beispielsweise sehr erfolgreiche Befehlshaber sein, ganz gleich, wie groß oder klein die Truppe sein mag, die sie befehligen. Ihr überragender Realismus, ihr Zeitgefühl und ihr Sinn für Angemessenheit und Zweckmäßigkeit ermöglichen ihnen, unter Einsatz aller zur Verfügung stehenden Mittel (eigene oder fremde), den Augenblick zu nutzen und aus den Fehlern und Schwächen ihrer Gegner Kapital zu schlagen. Ihren Führungsstil kennzeichnet eine optimale Nutzung aller Ressourcen; er basiert auf einer ganz besonderen Art der Intelligenz, die man künstlerische Fertigkeit nennen könnte. Für den ISTP-Kommandeur ist die Kampfführung in der Tat eine Kunst, ein intellektuelles Spiel. Dies gilt aber nicht im Sinne von Strategien (das ist bei NTs der Fall), sondern im Sinne des Besiegens des Gegners mit geringstmöglicher Schadenzufügung und unter Zuhilfenahme aller verfügbaren Mittel. Führer militärischer Einheiten sind Duellanten. Patton war ein solcher Führer, aber Marshall (ein NTJ-Strategist) durchschaute das grelle, aufsässige, rücksichtslose Äußere des unvergleichlichen Kriegers. In gleicher Weise war es das Verdienst von Grant (ebenfalls ein NTJ), Sheridan (STP) zu berufen, und das von Hitler (ENFJ), Rommel (ISTP) auszuwählen. Patton, Sheridan und Rommel waren aus dem gleichen Holz geschnitzt und bedienten sich der gleichen messerscharfen kunstgerechten Taktiken.

Ruhm und Ehre, Begriffe früherer Jahrhunderte, werden meist besser von ISTPs als von anderen Typen verstanden; zumindest sind sie mehr an ihnen interessiert als andere. Im Kampf liegen Ruhm und Ehre, denn im Kampf kann man seine todbringende Geschicklichkeit mit Billigung der Gesellschaft ausüben. Die Sieben Samurai wurden ebenso glorifiziert wie die Duellanten früherer Jahrhunderte. Foss, Boyington, Fonck und von Richthofen waren Virtuosen des Maschinengewehrs, die bis zum heutigen Tage als Helden verehrt werden. Aber es gibt hunderte von Kämpfern mit dem gleichen Naturell wie dem ihren. Im Duell kann man seinen Mut auf die Probe stellen, es liegen Ruhm und Ehre darin, wie der Film "The Great Waldo Pepper" auf poetische Weise zeigte.

Ausbildung und Intelligenz der ISTPs bedürfen besonderer Erwähnung. Die Intelligenz der ISTPs liegt besonders auf handwerklichem Gebiet, daher zeigen sie nicht das geringste Interesse an den Fächern, die in den Schulen des 20. Jahrhunderts gelehrt werden, wie etwa naturwissenschaftliche oder sprachliche Fächer. Während die anderen SPs, die die Schule ebenfalls langweilig finden, zumindest ein Lerninteresse vortäuschen, ist bei ISTPs nicht einmal das der Fall. Sie starren den Lehrer wort- und teilnahmslos an, und kein Schmeicheln, Überzeugen, Belohnen, Strafen oder Drohen können sie dazu bewegen, ihre Schulaufgaben auszuführen. Abgesehen davon, daß die Schularbeit aufgrund der Talente der SPs für sie irrelevant ist, dient sie in den Augen der ISTPs letzten Endes zur Vorbereitung auf etwas, das sie ohnehin niemals tun werden. SPs mögen sich nicht vorbereiten – auf gar nichts –, und ISTPs sind darauf bedacht, dies ihren Lehrern klarzumachen. Sie fragen vielmehr: Was gibt es jetzt zu tun, das zu tun sich lohnt? ISTPs sitzen nicht still, wenn man ihnen (wie sie glauben, mit Scheinheiligkeit) "banale Kost" serviert. Man scheint sich zwar allgemein darin einig zu sein, daß ISTPs ihre Schulaufgaben ausführen sollten, aber weshalb? Die Argumente, die dafür sprechen, werden von den ISTPs als unbedeutend und unlogisch empfunden und geben ihnen Anlaß zu spöttischer Verachtung. ISTPs sind nicht "gehirngeschädigt" oder "hyperaktiv" oder "dyslexisch". Sie sind aktiv und halten daran fest, in der Schule gewisse Dinge tun zu dürfen, die es ihnen ermöglichen, ihre Intelligenz und ihre natürliche Anlage zu erproben. Sie als dieses oder jenes zu bezeichnen und sie mit einer Vielzahl von Medikamenten zu behandeln, bewirkt keine Veränderungen in ihnen, zerstört aber ihr Selbstvertrauen und macht sie früher oder später wahrscheinlich zu Drogensüchtigen. Ein Lehrplan dagegen, der handwerkliche Fächer anbietet, gibt ISTPs die Möglichkeit, ihre Lernfähigkeit zu beweisen. In ihrem Verhalten gleichen ISTPs den ESTPs mehr als irgendeinem der anderen Typen. Je älter sie werden, umso größer wird diese Ähnlichkeit. In der Jugend gleichen ISTPs vielleicht eher den ISFPs, aber diese Ähnlichkeit läßt unter Zunahme ihres Selbstvertrauens und ihres Stolzes nach. Die Anhänger Jungs sind der Überzeugung, daß ISTPs den INTPs mit nur geringen Abweichungen ähneln. Dies beruht aber auf der Definition des ISTP als "introvertierter Denktypus". INTPs sind in ihrer Denkweise Logiker, Philologen und Architekten, während ISTPs dieser Art der Betrachtung gleichgültig gegenüberstehen. Selbst flüchtige Beobachtungen einiger eindeutiger ISTPs zeigen, wie auffallend der Unterschied und wie geringfügig die Ähnlichkeit zwischen ihnen und INTPs ist.

Das Wichtigste an den ISTPs sind dennoch die Gemeinsamkeiten, die zwischen ihnen und den anderen SPs bestehen. Eine gewisse Ähnlichkeit mit den ISTJs ließe sich vermuten, haben sie doch IST gemeinsam. Dies ist jedoch nicht der Fall. Die Verhaltensweise der ISTJs ist in fast jedem vergleichsmöglichen Aspekt gegensätzlich. Während der eine pessimistisch ist, ist der andere optimistisch, der eine hat elterliche und der andere brüderliche Neigungen, der eine neigt zur Sparsamkeit, der andere zur Verschwendung, der eine hält Regeln für sinnvoll, der andere widersetzt sich ihnen unwillkürlich usw. ISTPs weisen wesentlich größere Gemeinsamkeiten mit den ESFPs als mit irgendeinem der NTs oder SJs auf. Sie sind überdies im allgemeinen fröhlich gestimmt und loyal gegenüber ihresgleichen. Sie mögen keine Verpflichtungen oder bindende Versprechungen, sind unkompliziert in ihren Bedürfnissen, vertrauensvoll, aufnahmefähig und großzügig.

Porträt des ISFP

Obwohl alle SPs ("Sensuous Performers") von Natur aus zum Handwerklichen neigen, betreibt keiner von ihnen seine Kunstfertigkeit mit soviel Sinn für Anmut und Zierde wie der ISFP. Offenbar sind die ISFPs mehr als die anderen SPs den "schönen

Künsten" verschrieben. Wenn also ein besonders begabter Komponist, Maler oder Tänzer in Erscheinung tritt, weist er mit großer Wahrscheinlichkeit die Eigenschaften eines ISFP auf. Beethoven, Toscanini, Rembrandt und Nijinski waren, wie typologisch-historische Forschungen ergaben, eindeutige ISFPs. Das ISFP-Naturell ist jedoch durch Beobachtung nur schwer erkennbar – selbst bei bedeutenden Künstlern –, und so ist der ISFP wahrscheinlich der am häufigsten mißverstandene aller Typen.

Eine der Hauptursachen solcher Mißverständnisse ist die Neigung des ISFP, sich nicht direkt, sondern durch seine Handlungen auszudrücken. Kann er sich anhand eines Mittels oder irgendeiner Kunstform eine Ausdrucksmöglichkeit verschaffen, dann spiegelt sich darin zu einem gewissen Grad sein Charakter wider. Gelingt es ihm jedoch nicht, diese Ausdrucksmöglichkeit zu finden, so kommen seine Charaktereigenschaften nie zum Vorschein. Diese gesellschaftliche Zurückhaltung verbirgt seinen Charakter. Natürlich wird der ISFP in den seltenen Fällen, wo bemerkenswertes Können erreicht wird (zum Beispiel bei einem Virtuosen), zu einer Berühmtheit, aber sein Naturell bleibt trotzdem verborgen. Harpo Marx, ein brillanter Komiker und Schauspieler, ist in seiner Berühmtheit und gleichzeitig verschwiegenen Unsichtbarkeit ein Prototyp des ISFP.

Bei näherer Betrachtung stellt man fest, daß diese relativ seltenen SPs (fünf Prozent der Bevölkerung sind ISFPs verglichen mit 15 Prozent ESFPs) ebenso hedonistisch und impulsiv veranlagt sind wie die anderen SPs. Hier findet man weder das NF-Streben nach dem Sinnvollen und Bedeutungsvollen noch eine Faszination für Wissenschaft (NT) oder Handel (SJ). ISFPs führen ein epikurisches, gegenwartsorientiertes Leben, und zwar so anmutig und würdevoll wie möglich. Das Planen und Vorbereiten liegt ihnen nicht. Wenn sie sich in künstlerische Aktivitäten vertiefen, ist dies nicht als Vorbereitung auf etwas Zukünftiges aufzufassen, sondern es ist intensive, gegenwärtige Erfahrung. ISFPs warten nicht ab, denn Warten bedeutet ein Schwinden und Erlöschen ihrer Impulse. Sie wünschen sich diese plötzlichen Eingebungen, die sie als wertvoll, ja sogar als Schwerpunkt ihres Lebens betrachten. ISFPs sind nicht geneigt, sich aufzuopfern oder sich pflichtbewußt ihrem Tun hinzugeben; vielmehr ist es so, als würden sie von einem Wirbelwind erfaßt und mitgerissen. Die vielen Stunden des "Übens", die der Virtuose dem Künstlertum "opfert", sind somit nicht ein Üben und Opfern – es ist eine bloße Verrichtung, die dem (bereitwilligen) ISFP durch die Aufführung selbst abverlangt wird. Die Handlung ist sein Gebieter, nicht umgekehrt. Deshalb muß man sich von der Vorstellung lösen, ISFPs wären sorgfältig und engagiert im Planen und pflichtbewußt im Vorbereiten und Üben. Sie malen oder singen, spielen oder tanzen, rennen, laufen Schlittschuh oder töpfern – ganz gleich, was es ist – sie tun es, weil sie es müssen. Der Berg wird erklommen, weil er existiert.

Da der ISFP sich stets in alle möglichen Aktivitäten verstrickt, statt sich zukunftsorientiert auf ein bestimmtes Ziel vorzubereiten, setzt er sich Ermüdungserscheinungen, Schmerzen und Gefahren aus. Jedoch schenkt er derartigen Begleiterscheinungen vieler seiner Lieblingsbeschäftigungen kaum Beachtung. Das liegt weniger daran, daß der ISFP solchen Erscheinungen gegenüber abgehärtet ist, als an der Tatsache, daß er so sehr in seine Handlungen vertieft ist und sie somit nicht bewußt wahrnimmt. In diesem Punkt gleicht der ISFP den anderen SPs und unterscheidet sich von allen anderen Typen.

ISFPs besitzen, ebenso wie andere SPs, eine besondere Art der Intelligenz. In diesem Buch wird Intelligenz definiert als die Fähigkeit, unter sich verändernden Rahmenbedingungen Aufgaben zu lösen. Diese Art von Intelligenz könnte als "handwerkliche Konkretisierung" bezeichnet werden. Ein solches Talent unterscheidet sich grundlegend von dem der NFs, NTs und SJs (was nicht heißen soll, daß nicht auch ihnen besondere, von Natur aus eigene Fähigkeiten gegeben sind). Diese besondere handwerkliche Begabung bewirkt, daß ISFPs äußerst realitätsbezogen sind. Während ISTPs in besonderem Einklang mit dem Werkzeug stehen, sind ISFPs ganz auf Farben, Linien, Gewebestrukturen, Schattierungen – Berührung, Bewegung, Sehen und Hören – ausgerichtet. Die Sinne der ISFPs scheinen feiner eingestellt zu sein als die anderer Typen. Rembrandt besaß ein derart ausgeprägtes Feingefühl für Farben, daß er sie fast am Geschmack unterscheiden konnte. Toscanini vermochte, in der komplizierten orchestralen Partitur einer Oper eine einzige falsche Note wahrzunehmen. In Hemmingways Worten lag der Geschmack, der Geruch und das Gefühl der Wellen. Diese extrem greifbare

Wirklichkeit scheint den ISFPs zu liegen und in dem "Material", aus dem sie geschaffen sind, verankert zu sein.

Trotz der spektakulären Leistungen, zu denen manche Vertreter dieser Gruppe fähig sind, sollte die gesellige Seite des ISFP-Charakters nicht übersehen werden. Der ISFP ist mit Abstand der liebenswürdigste und freundlichste aller Typen. Seine Liebenswürdigkeit ist vorbehaltlos. Mitgefühl, dessen wir alle fähig sind, findet man bei ihm in höchster Potenz. Der ISFP ist besonders feinfühlig gegenüber Schmerz und Leid anderer. Wie der Hl. Franz von Assisi gibt er freizügig und mit mitfühlender Leidenschaftlichkeit den Bedürftigen.

ISFPs sind im allgemeinen nicht daran interessiert, Gewandtheit im Sprechen oder Schreiben zu erlangen. Die Sprache ist letzten Endes etwas Abstraktes und nicht etwas Konkretes, und ISFPs bevorzugen es, ihre Hand am Puls des Lebens zu haben. Diesen Puls muß man fühlen können – durch Berühren, in den Muskeln, mit den Augen, mit den Ohren. Diese Beharrlichkeit, mit der die ISFPs die Sinne mit der Realität in Einklang zu bringen suchen, kann bei manchen Vertretern dieses Typus eine Vernachlässigung der Sprache verursachen, so daß die Sprache zur Barriere in der Pflege zwischenmenschlicher Beziehungen wird. ISFPs erwecken bei anderen manchmal den Eindruck, zurückhaltend und reserviert zu sein und dazu zu neigen, Versuche, sich mit Worten auszudrücken, schnell aufzugeben. Dieses Zögern im Gebrauch der Sprache ist weniger Unfähigkeit als Gleichgültigkeit. Hemmingway, der diese Barriere durchbrach, dient als glänzendes Beispiel eines ISFP, der in die Welt der Worte eindrang und aus einer scheinbaren Unartikuliertheit eine Kunst machte, die das Gesicht der Literatur des zwanzigsten Jahrhunderts veränderte.

Die Zahl großer Künstler, die aufgrund von Untersuchungen als ISFPs identifiziert wurden, ist verblüffend. Die übrigen SPs scheinen unter den Meistern der schönen Künste weitaus seltener vertreten zu sein. Gaugin and Puccini, beide ESTPs, sind in diesem Sinne Ausnahmen. Musik und Tanz scheinen fast ausschließlich die Domäne der ISFPs zu sein, und weitere Untersuchungen werden sicher ergeben, daß auch viele große Athleten dieser Gruppe angehören.

Natürlich müssen nicht alle ISFPs notwendigerweise Künstler im eigentlichen Sinne des Wortes sein. Kunst im weiteren Sinn ist jede Handlung, bei der der nächste Schritt frei gewählt werden kann, und so gesehen ist Kunst die Stärke der SPs im allgemeinen und der ISFPs im besonderen. Somit bietet sich den ISFPs ein Spielraum in der Berufswahl, besonders dann, wenn sie nicht vorzeitig die Schule verlassen. Dies aber tun die meisten SPs, da ihnen die Schule wenig Interessantes bietet, das ihre besondere Art der Intelligenz herausfordert. Es ist für ISFPs in der Tat traurig, wenn sie eine Tätigkeit wählen müssen, deren Arbeitsweise aufgrund bestehender Regeln oder Erfordernisse festgelegt ist. Um zufrieden und produktiv zu sein, müssen ISFPs Tätigkeiten mit variablen Arbeistabläufen verrichten, und sie müssen dafür auch Anerkennung erhalten.

Bei einer Vielzahl von ISFPs kann man ein instinktives Verlangen nach dem Natürlichen, dem Pastoralischen, dem LändlichIdyllischen feststellen. Sie sind vertraut mit der Wildnis, und die Natur scheint ihnen freundlich gesonnen. Sie haben meist eine bemerkenswerte Art, mit Tieren umzugehen – selbst mit wilden Tieren – fast so, als existierte ein unsichtbares Band gegenseitiger Sympathie und gegenseitigen Vertrauens. In manchen Situationen kann ein solches Band fast augenblicklich und ganz natürlich entstehen, wie man oft bei Begegnungen von ISFPs mit kleinen Kindern beobachten kann.

Das vielleicht Wesentlichste, das es bei ISFPs zu verstehen gilt, ist die Tatsache, daß sie SPs sind, die viele Gemeinsamkeiten speziell mit ESFPs aufweisen. Außerdem bestehen Ähnlichkeiten zwischen ihnen und ISTPs, und sie gleichen sogar in einigen Merkmalen den völlig anders gearteten ESTPs. Diese Gemeinsamkeiten mit den anderen SPs zusammenfassend, kann man ISFPs als optimistisch und fröhlich, gleichmacherisch, brüderlich und aufsässig bezeichnen. Sie neigen dazu, Verpflichtungen, Beschränkungen und Fesseln von sich zu weisen. Sie lieben die Freiheit, langweilen sich schnell, wollen die Aufregung, das Risiko, den Zufallstreffer, das Spiel mit dem Glück. Sie sind unkompliziert in ihren Motivationen, vertrauensvoll, aufnahmebereit und großzügig und neigen in jeder Weise zum Verbrauchen und nicht zum Bewahren.

ISFPs werden nicht nur deshalb mißverstanden, weil sie sich verschlossen, zurückhaltend und sogar sich selbst verleugnend verhalten, sondern weil die Anhänger Jungs sie als "introvertierten Fühltypus" und daher den INFPs ähnlich eingeordnet haben. Man braucht nur einige typische ISFPs zu beobachten, um festzustellen, wie wenige Gemeinsamkeiten zwischen ihnen und INFPs bestehen. Die anderen Typen sollten sich davor hüten, ihrem natürlichen Hang zur Projektion der eigenen Charaktereigenschaften auf den schweigsamen ISFP nachzugeben.

Order Form

	#	$

▪ ***PERSONOLOGY*** (2010)-Keirsey 340 pages—$19.95

\ifter half a century of technical research and development Keirsey finally tackles the roblem all of us must face in our youth—which career to pursue? Each of us, he says, is orn with a certain kind of ***brain***—tactical, logistical, diplomatic, strategic—which enables s to learn how to use certain ***methods*** efficiently to get certain ***results***. Moreover, he ys, our particular brain pre-determines the particular ***role*** we willingly play—Initiator, ontender, Collaborator, Accommodator. This is Keirsey's last book on normal human tion. Keirsey suggests that we should opt for that career that best suits our inborn ains and acquired roles and methods.

'LEASE UNDERSTAND ME II (1998)—Keirsey 346 pages—$19.95

complete revision and extension of *Please Understand Me* (1978), including a greatly ended analysis of the differing *role variants* that are habitually enacted by the differing aracter types introduced in *Portraits of Temperament* in 1987.

LEASE UNDERSTAND ME (1978)—Keirsey and Bates 208 pages—$14.95

original sorting of Isabel Myers's sixteen "types" into Ernst Kretschmer's four nperaments," the latter harking back over 2000 years to the temperament theory of pocrates. Over two and a quarter million copies sold.

)RTRAITS OF TEMPERAMENT (1987)—Keirsey 110 pages—$9.95

-names the four Myers SPs, SJs, NFs, NTs as (respectively) Artisans, Guardians, alists, and Rationals, and introduces the idea of *role enactment*, some persons more lined to play "directive" roles, others "informative" roles, these inclinations resulting in ht *role varients*—Mentor and Advocate Idealists; Organizer and Engineer Rationals; onitor and Conservator Guardians; and Operator and Player Artisans.

'LEASE UNDERSTAND ME—The DVD 75 minutes—$29.95

epicts the behavior of Artisans, Guardians, Idealists, and Rationals in widely varied uations, using current and historical footage, with commentary by Keirsey, ontgomery, Choiniere, and others in introducing temperament theory to the behavioral ciences—anthropology, psychology, sociology.

THE SIXTEEN TYPES—Keirsey 48 pages—$5.00

ortraits of the sixteen personalities edited from *Please Understand Me II*, plus *The Ceirsey Temperament Sorter II* and *The Keirsey FourTypes Sorter*.

Leadership, Temperament, and Talent—Keirsey 40 pages—$5.00

Edited from *Please Understand Me II*. Examines four different methods of leading in light f four different kinds of intelligence—tactical, logistical, diplomatic, and strategic. Helpful or personnel training and placement, management training, and career counseling. Includes both *The Keirsey Temperament Sorter II* and *The Keirsey FourTypes Sorter*.

▪ ***VERSTEH MICH BITTE***—Keirsey and Bates 276 pages—$14.95

The German translation of *Please Understand Me*. Includes the *The Keirsey Temperament Sorter* in German.

▪ ***POR FAVOR COMPRENDE ME***—Keirsey and Bates 238 pages—$14.95

The Spanish translation of *Please Understand Me*. Includes *The Keirsey Temperament Sorter* in Spanish.

▪ **THE FOUR TYPES BOOKLETS** 12 pages—$1.00

Separate booklets that group the four variants of each temperament. Specify number of each: Artisan (SP) ☐ Guardian (SJ) ☐ Idealist (NF) ☐ Rational (NT) ☐